人類4000年のレシピ

バビロニアのごちそう・アステカの主食・華麗な宮廷料理
──食の歴史をたどる65皿

人類
4000年
の
レシピ

バビロニアのごちそう・アステカの主食・華麗な宮廷料理
——食の歴史をたどる65皿

マックス・ミラー
with
アン・ボークワイン

写真—アンドリュー・ブイ

訳—神奈川夏子
日本語版監修—遠藤雅司（音食紀行）

TASTING HISTORY: Explore the Past
through 4,000 Years of Recipes
by Max Miller, Ann Volkwein

Copyright © 2023 by Tasting History LLC
Photography copyright © 2023 by Andrew Bui
All rights reserved, including the right to
reproduce this book or portions thereof in
any form whatsoever. For information,
address Simon Element Subsidiary Rights
Department, 1230 Avenue of the Americas,
New York, NY 10020.
First Simon Element hardcover edition April
2023 SIMON ELEMENT is a trademark of
Simon & Schuster, Inc.
Japanese translation rights arranged with
THE KATZ COMPANY, INC
through Japan UNI Agency, Inc.
Japanese translation published by Nikkei
National Geographic Inc.

ホセとそのはてしない根気に捧ぐ

CONTENTS

9　はしがき　　10　はじめに　　12　食材について

古代

16　**ラムのシチュー**、古代バビロニア、紀元前1740年頃

19　**トゥフウ**、古代バビロニア、紀元前1740年頃

22　**タイガーナッツケーキ**、エジプト、紀元前1400年頃

26　**キュケオーン**、古代ギリシャ、紀元前700年頃

28　**メラスゾーモス(スパルタの黒いスープ)**、スパルタ、紀元前400年頃

31　**エピテュルム**、共和政ローマ、紀元前160年頃

34　**グロビ**、共和政ローマ、紀元前160年頃

38　**プラケンタ**、共和政ローマ、紀元前160年頃

42　**プルス**、帝政ローマ、2世紀頃

44　**イン・ミトゥリス(ムール貝)**、帝政ローマ、1世紀から4世紀頃

47　**パティナ・デ・ピリス(ナシのパティナ)**、帝政ローマ、1世紀から4世紀頃

49　**揚げ魚のハーブソース添え**、帝政ローマ、1世紀から4世紀頃

53　**プルム・パルティクム(鶏のパルティア風)**、帝政ローマ、1世紀から4世紀頃

55　**仔豚のウィテリウス風**、帝政ローマ、1世紀から4世紀頃

ブリテン諸島

60　**ミード**、イングランド、1300年頃

64　**ジンジャーブレッド**、イングランド、14世紀頃

68　**ドゥースアーム(ケイポンのミルクとハチミツ煮)**、イングランド、1390年頃

72　**ラペ**、イングランド、1390年頃

74　**ブリーチーズのタルト**、イングランド、1390年頃

79　**ヒポクラス**、イングランド、1390年頃

81　**ディリグラウト/バードルフ**、イングランド、1425年頃

84　**クルスタード・ロンバルド**、イングランド、1450年頃

88　**ポルトガル風ファーツ**、イングランド、1597年

90　**ソウルケーキ**、イングランド、1600年頃

93　**パンケーキ**、イングランド、1658年

95　**パンピオンパイ**、イングランド、1670年

97　**エバーラスティング・シラバブ**、イングランド、1747年

99　**パルメザンチーズのアイスクリーム**、イングランド、1789年

102　**サリー・ラン・バンズ**、イングランド、1826年

104　**クリスマスプディング**、イングランド、1845年

109　**シービスケット(ハードタック)**、イングランド、1815年

112　**ストバ・ゲーラ(アイリッシュ・シチュー)**、アイルランド、1900年頃

116　**シムネルケーキ**、イングランド、1914年

本書で使うカップ、さじの分量
大さじ＝15ml　小さじ＝5ml　1カップ＝235ml

原則として、重さはグラム単位、容量はミリリットル単位で表記しています。

＊ 訳者・編集部注
† 監修者注

大陸ヨーロッパ諸国

124　**ラザーニャ**、イタリア、1300年頃

128　**黒いポレ**、フランス、1393年頃

130　**リンゴのタルト**、ドイツ、1553年頃

133　**日用ハーブのパイ**、イタリア、1570年

138　**カボチャのタルト**、イタリア、1570年

141　**牛肉のニンニクソース添えトランシルバニア風**、トランシルバニア、1580年

145　**プレッツェデラ**、ドイツ、1581年

148　**レモネード**、フランス、1651年

151　**ポタージュ・ドニオン・オ・レ**（牛乳入りオニオンスープ）、フランス、1651年

154　**カヌトン・ド・ルーアン・ア・レシャロート**（小鴨のルーアン風エシャロット添え）、フランス、1739年

158　**セムロール**（アーモンド入りヘットベグ）、スウェーデン、1755年

163　**トマトの香草詰め**、イタリア、1773年

167　**ペシュメルバ**（ピーチメルバ）、フランス／英国、1903年

中近東から東アジア

172　**パヤサム**、インド、12世紀頃

175　**サモサ**、ムガル帝国、1590年頃

180　**サーグ**、ムガル帝国、1590年頃

183　**年糕**、中国、544年

188　**元宵**、明、1620年代

191　**にゅうめん**、日本、1643年（江戸時代）

195　**肉団子**、元、1330年頃

197　**カジェユク**、李氏朝鮮、1670年頃

199　**マクシュファ**、バグダード、13世紀

203　**フムス・カッサ**、エジプト、14世紀頃

北米＆中南米

210　**タマル**、メキシコ、1520年頃

217　**アステカ・チョコレート**、メキシコ、1520年頃

219　**ケサディーヤ・セルニダス**、メキシコ、1831年

222　**ジンカクテル**、米国、1862年

224　**ブレッドプディング**、米国、1862年

227　**エッグノッグ**、米国、1887年

230　**ビネガーキャンディー**、米国、1896年

233　**ラズベリーシュラブ**、米国、1911年

236　**テキサス・ペカンパイ**、米国テキサス州、1914年

241　謝辞　　242　図版クレジット

243　出典・参考文献

はしがき

本書、そしてなによりぼくのこれまでの仕事すべてが実現したのは、バカンス中に友だちのモーリーンがひどく体調を崩してくれたからだった。

何があったのか説明しよう。2015年12月、モーリーンとぼくはウォルト・ディズニー・ワールドに来ていた。目いっぱい遊び尽くそうと意気込んでいたのだが、まさかの初日にモーリーンがひどい風邪をひいてしまった。それで、滞在期間中のほとんどの時間、ホテルの部屋で、やたらとナチョスばかり食べながらテレビを見て過ごすはめになったのだ。暗い部屋の中、ベッドでゴロゴロしていたとき、大の英国びいきであるぼくが気に入りそうな英国のテレビ番組があるとモーリーンが教えてくれた。その番組は『ブリティッシュ・ベイクオフ』。アマチュア料理家たちが菓子作りの腕を競う英国のテレビ番組だ。シーズンの全エピソードを2人で一気見した。そしてぼくの人生は一変した。

その頃、ぼくは料理というものにまったく縁がなかった。ひとりではパスタをゆでるための湯を沸かすことさえできなかったくせにと、当時のルームメートはいまだによく言う。情けない奴だと思われていたのだ。でも、番組で審査員を務めるメアリー・ベリーがお菓子作りの奥深い技術について説明するのを見て好奇心が刺激され、挑戦者たちのいろいろな失敗もまるでぼく自身が取り組むべき課題であるかのように思えてきた。それだけじゃない。司会進行役のメルとスーは毎回、キッチンのあるテントから出て、挑戦者（ベイカー）たちがテントの中で作っているお菓子の歴史について視聴者に語ってくれる。ぼくにとっては、歴史が絡めばどんな話題もさらに楽しくなる。

数多くの失敗（パイを焼くときローズウォーターの代わりにローズオイルを使ってしまい、アパートの部屋全体が巨大なポプリ容器と化したこともあった）を重ねて5年、お菓子作りの腕はかなり上がった。当時ぼくは、ウォルト・ディズニー・スタジオでやりがいのある仕事に就いていた。毎週月曜日、最新作のケーキやペーストリーを会社に持っていって同僚に

おすそわけし、故事由来を語り添えることも忘れなかった。もっと多くの人と情報を共有する姿を見てみたいと心から思ってくれたのか、それともぼくの蘊蓄にうんざりしただけなのか、ある同僚がそんなに食と歴史に興味があるのならユーチューブで公開してみたらどうかとすすめてくれた。

番組構成のアイデアはすぐに思いついた。ディズニー・コロラド・スプリングス・リゾートの部屋で、風邪をひいたモーリーンと一緒に初めて『ブリティッシュ・ベイクオフ』を見たときから何年かが経っており、メアリー・ベリー、メル、そしてスーは番組を去り、歴史の解説もなくなっていた。ぼくはそんなすべてを惜しんだ。メアリー、メル、スーをわが家のキッチンに招くことは無理でも、歴史はひとりでも語ることはできるし、なんならもっと歴史のパートを充実させたっていい。というわけで、2020年2月、ユーチューブのチャンネル『マックス・ミラーのテイスティング・ヒストリー』を開設した。その1週間後、コロナ禍が世界を襲い、映画館は閉鎖され、ぼくは職場から一時解雇を言い渡された。それから数カ月間、世界中の人たちが家に閉じこもってサワードウブレッド作りに熱中し始めたときには、よい気晴らしのネタができたとばかりに動画内でサワードウブレッドの歴史について語った。しかし、ほんとうにチャンネルの人気が急上昇したのは、サワードウの回ではなく、家で作るのはすすめられない代物である古代ローマの魚醤「ガルム」のエピソードだった。

というわけで、もしバカンス中にモーリーンがあんなに具合が悪くならなければ、もし世界規模のパンデミックのせいで大好きな仕事から一時解雇されなかったら、このレシピ本はみなさんのもとに届かなかったし、うちのオーブンは古雑誌置き場のままだったろう。つまりはそういうこと。人生何が待ちうけているかなんて、誰にも絶対分からない。

はじめに

「歴史は勝者によって作られる」という言葉がある。でもぼくの経験からすると、歴史はそれを書き留めた人によって作られるのであって、このことは食に関しても例外ではない。

　有史以来人間が食べてきた料理は無数にあり、ぼくたちが知っているのはそのごく一部に過ぎない。でもごく一部でも伝わっているのは、レシピをわざわざ書き残してくれた誰かのおかげだ。こうしたレシピは、ゆきとどいた材料リストや正確な分量、そして詳しい手順を記したものから、たった数個の材料が漠然と描写されているだけのものまで、ピンからキリまである。歴史上の出来事の記述とおなじだ。ちょっとネタバレになるが、太古から1850年までの歴史レシピの大半は「キリ」に属している。そこにこそぼくの本の出番があるというわけだ。

　本書には、正確な分量、調理時間、そして手順を含む現代仕様のレシピをのせた。そして、こうした具体的な記述の大部分はぼくの創作だ。家庭でも簡単に作れるよう現代的にアレンジしたレシピを、オリジナルの歴史的レシピと並べてのせてみた。オリジナルのレシピをよみがえらせ、料理をしながら歴史への興味を再び自分でかき立てようと思って始めたことだったが、言うは易く行うは難しとはまさにこのこと。現代のレシピでも「塩：適量」という謎の指示を見るとイラっとするが、中世のレシピでは「よき材料を加えて適当な頃合いまで調理する」といった記述が頻出するので、この苛立ちは100倍に膨れ上がる。

　とはいえ、歴史上ほとんどの時代において、レシピは料理人によって料理人のために書かれたものであり、レシピを読む人はみな「よき材料」とは何なのか、「適当な頃合い」とはいつなのかを心得ていたのだ。さらに混乱を招くのは、これらの答えが料理によっても年月によっても変化することだ。残念ながら、ルネサンス期のイタリアや16世紀の中国の料理人が身につけていた知識を知ることはできないので、同時代のより詳しいレシピを調べたり、よりあとの時代や現代のレシピを参考にしたりしながら、経験に

基づいた勘を頼りに答えを出している。答えが出せず、この先もその見込みはないと諦めなければならないときもある。そんなときはあてずっぽうに頼るか、そのレシピの再現自体をやめてしまう。どちらにしても、歴史料理の再現とはひたすら推測を重ねることで、正しい情報に基づいている推測もあればそれほどではないものもある。だからぼくの再現レシピがほかの人のものと同じになるわけがない。オリジナルのレシピを現代バージョンと並べているので、みなさんは歴史上の料理人になったつもりで好きなようにアレンジしてみてほしい。

　歴史料理は、少なくともこの本では、学問的な研究というよりは楽しむためにある。子どもの頃のぼくは、中世英国の騎士や古代ローマの剣闘士になりきって遊ぶことが大好きだった。あの頃のぼくは、家じゅう走り回って木の剣で家族を攻撃する遊びにはほとんど興味がなかったかわり、大昔に生きた人びとの気持ちになって生きる遊びに夢中になり、飽くことがなかった。そして、この情熱を追求する一番てっとりばやくておいしい方法を見つけた。当時のレシピ通りに作った、昔の人が食べていたのと同じ料理を食べればよいのだ。とはいうものの、18世紀の家庭における料理人になりきって、エバーラスティング・シラバブを作るために30分かけて生クリームを泡立てていたとき、目の前にある電動スタンドミキサーを使わないのは非効率過ぎると気づいた。だから、それぞれの歴史レシピの本質を損なわないように最善を尽くしながらも、現代のキッチン事情に即した変更を加え、読者のみなさんにも気軽に料理を楽しんでもらえるようにしたつもりだ。

12

食材について

　歴史料理を再現するときに一番苦労するのは、食材を見つけることだ。正直言って、ごくわずかの例外を除けば、ほぼすべて手に入らない。近代農業システムと栽培方法によって、鶏肉や小麦からニンジンにいたるまで、つまりありとあらゆる食材が昔とは別のモノになってしまった。カール大帝の宮廷で食されたニンジンの味について議論するのは学者にとっては興味深いだろうが、ぼくたちのプロジェクトはそこにはこだわらない。以上をふまえたうえで、今の時代のキッチンではあまり見かけないけれど、本書で取り上げる多くの料理の味に深みを与えてくれる、可能なら入手する価値のある食材を以下に紹介する。

エールバーム（エールイースト）Ale Barm：バームとはビールやエールのような発酵飲料に浮かぶ泡状の酵母で、中世から19世紀にかけてパン種を膨らませるイーストとして広く使われていた。バームが必要なレシピでは、大体ドライイーストを使うことにしているが、ビール醸造家と簡単にコンタクトが取れるなら、バームを手に入れてはちみつ酒を作る価値はある。とはいえバームがなくてもはちみつ酒は作れる。

ヒング（アサフェティダ）Asafetida (Asafoetida)：今もインド料理で使われているこの食材は、その刺激臭で悪名高いが、このにおいは加熱すると上品なリーキ（ポロネギ）とニンニクの風味に変化する。紀元後1世紀に絶滅してしまった有名な食材シルフィウムの代替として、ローマ帝国期に用いられていた。アサフェティダはほかの食材での再現が不可能なので、オンラインかインド食材を扱っている輸入食材店で購入する価値はある。空気に触れないように密封ジッパー付きのプラスチックバッグに入れて保存する。バッグを二重にするとなおよい。

カラント Currants：英語ではカラントと呼ばれるものが2つあるせいで混乱を招く食材。最近では、ジャム作りに使うブラックベリーか赤いベリー類を「カラント」と呼ぶことが多い。しかし歴史料理のレシピでは、世界最古のレーズンの品種であるコリント・レーズンを指すのが一般的だ。コリント・レーズンはギリシャ原産で、その多くはコリントという町で収穫されていた。このコリントという名前がなまって「カラント」になったのだ。別名はザキントス・カラント、これもギリシャのザキントス島に由来する名だ。本書のレシピにカラントとあれば、ベリー類ではなく粒の小さいレーズンなどを使ってほしい。

デーフルトゥム Defrutum：モスト（ワインを醸成する前のブドウジュース）を煮詰めたもので、古代ローマの料理で使われる。甘みが強くシロップとほぼ同じくらいの濃度を持つ。デーフルトゥムの現代版、モストコット（別名サバ）はオンラインで手に入る。複雑な味わいには少し欠けるが、80mlのブドウジュースを大さじ1杯にまで煮詰めても似たような調味料になる。

ガランガル（カー）Galangal：ショウガ科の地下茎で、甘くウッディな風味を添えるために多くの中世料理で用いられる。乾燥させてスライス状かパウダー状にしたものがオンラインで手に入る。スライスの場合はチーズおろし器でおろして使う。普通のショウガで代用できる。

ガルム Garum：古代ローマのレシピのほぼすべてにおいて必要不可欠な材料。発酵させた魚の調味料（魚醬）で、塩の代わりに使われることが多いが、その風味は塩とは比べ物にならず、魚醬以外にこの味を再現できるものはない。幸い、アジア系の食料品店には魚醬があるし、オンラインで、イタリアやスペインの現代版ガルム、コラトゥーラ・ディ・アリーチやマティス・フロール・デ・ガルムを手に入れてもよい。

ギニアショウガ（グレインズオブパラダイス、アフリカンペッパー）Grains of paradise：歴史料理でとてもよく使われる深くかぐわしいスパイス。黒コショウの辛みに、かすかな柑橘類と甘いショウガの香りが混ざっている。再現するのが難しい味だが、黒コショウ、ショウガ、そしてカルダモンを同量ずつ合わせると、近い味になる。

ヒソップ（ヒソプ）Hyssop：中世に広く知られていたハーブで、今もハーブティーとして用いられている。ミントとアニスを合わせたような風味がある。フレッシュなヒソップはほとんど流通していない。ハーブティー用のティーバッグやミントにアニスパウダーを1つまみ加えたものでも代用できる。

赤糖 Jaggery：甘藷糖またはヤシの樹液の一種であり、アジアやアフリカの料理で使われることが多い。白砂糖やブラウンシュガーより甘みは控えめで苦みがある。商品はブロック状か円錐状。ラテン・アメリカ系の店ではパネラまたはピロンシージョという名前で売られている。

ヒハツ Long pepper：歴史上長いあいだ人気があった香辛料だが、ここ数世紀で西洋料理を席巻した黒コショウにその地位を取って代わられてしまった。黒コショウ粒に似た風味だが、辛みが強く味わいはさらに複雑だ。どう見ても黒コショウ粒より優れた食材なのだが、普通の食料品店には置いていないという点で負けている。ひとたび手に入れたなら、いつもの黒コショウでは物足りなくなる。ペッパーミルを次に詰め替えるときはヒハツで決まりだろう。

ラベージ Lovage：ほんのりと甘いハーブで古代や中世の料理で用いられる。庭での栽培も可能だが、最近はあまり見かけない。またヘンルーダと同様、妊娠中絶薬としても用いられてきた。セロリの葉で代用できる。

パッスム Passum：古代ローマのレシピによく登場するパッスムは、半生の干しブドウから作られるワイン、つまりレーズンワインだ。とても甘く、ビンサントまたはアイスワインのような甘いワインで代用できる。もう少しお手頃な価格の代替ワインとしては、甘めのリースリングかモスカートでも十分いける。

ペルシャ・エシャロット Persian shallots：乾物として売られているので、水を張ったボウルの中で30分戻して使う。エシャロットよりむしろ匂いの強いニンニクと思って使うのがよい。

ヘンルーダ Rue：古代と中世の料理で使われるハーブで、湿ったような苦い風味を持つ。現在は乾燥した状態で売られていることが多い。少量使う分には問題はないが、大量に摂取すると中毒や妊娠中絶を引き起こすことがある。パセリの葉で代用できる。

白檀粉末（サンダルウッドパウダー）Sandalwood powder：中世、サンダルウッドは食べ物を赤く着色するのに使われていた。今日では、化粧品の成分として使われるほうが多い。味はまったくないので、食紅で代用できる。

セイボリー（セボリー、サボリー）Savory：歴史料理ではよく使われるハーブで、サマーセイボリーとウインターセイボリーの2品種がある。サマーかウインター、どちらかを指定するレシピはめったにないので、料理人の好みで決めてよい。両方とも料理にコクを出しコショウの風味を与えてくれる。サマーのほうがやや辛みが強く、土の香りの強いウインターにはそれがない。ただ、ウインターには、現代の食べ物ではあまり感じられないかすかな松の香りがある。ともに複雑な風味を持つため、別の食材での再現は難しいが、どうしても入手できなければタイムとセージを合わせて代用できる。

甘松 Spikenard：いろいろな形状があり、オイル状の製品がよく流通しているが食用としては適さない。食用できる乾燥根は、甘い、土の香りを料理に添える。入手するのも粉末状にするのも難しいので、ほとんどのレシピで省略しても問題ないハーブである。たいていの場合、ほかのハーブや香辛料がたっぷり使われているからだ。

テケスキーテ Tequesquite：メキシコの湖で採取される天然の岩塩で、通常塩化ナトリウムと炭酸ナトリウムから成る。アステカ人によって調味料として、また膨張剤として使われていた。

古代
The Ancient World

ラムのシチュー[†1]

✳✳✳✳✳✳✳✳✳✳✳✳✳

都市・地域：古代バビロニア
時代：紀元前1740年頃

> ### 当時の文献から
>
> ラムのシチュー。材料は肉。水を用意する。脂肪分を加える。天日塩（微粒塩）、リスナートゥ、タマネギ、ペルシャ・エシャロット、乳を加える。リーキとニンニクを潰して（加える）。
>
> 出典：イェール大学バビロニア・コレクション所蔵の粘土板
> （ゴイコ・バリャモビッチ他による英訳〈2019〉から翻訳）[1]

イェール大学バビロニア・コレクション所蔵の粘土板と調理器具

風味豊かなスープ、というよりもシチューに近い。この料理の主役は、古代バビロニアで最も愛された食材の1つ、ラムだ。また、脂尾羊からその名の通りにとれる脂も使われていたらしい。ぼくが一番気に入っている脂尾羊の描写は、紀元前5世紀の歴史家ヘロドトスが書いたものだ。

> **脂尾羊の尾は長く、少なくとも3ペキュス*はある。その尾を引きずったままにしておくと、地面で[脂をたっぷり含んでいたはずの]尻尾がすり減っていってしまう。しかし羊飼いたちはみな知恵者で、それぞれの脂尾羊のために小さな荷車を手作りし、脂尾の下に結わえ付け、この上に脂尾を固定する。**
>
> ——ヘロドトス『歴史』3.13

脂尾から取れる脂は、おおかたの動物性脂肪に比べると脂っこさが少なく、今日でも珍重されている。残念ながら脂尾羊の脂は入手が容易ではないため、脂は違うものを使うことにして、ラムの肉に主役をがんばってもらおう。この料理のもう1つの特徴は、クルトンのようなサクサクとした食感だ。これには砕いたリスナートゥを使う。リスナートゥもまた訳しようのない食材だが、今のところ乾燥させた大麦のケーキの一種だと考えられている[†2]。リスナートゥはラムによく合うが、シュメールの創世神話によればこの2つの食材の相性はかならずしもよいわけではなかった。

世界のはじめ、地上の人間はパンも肉も衣服も持たず、裸のままうろついて草を食べ、水たまりの水を飲んでいた。偉大なる神々であるアヌンナキは、天と地が出合う「聖なる丘」に座って饗宴を開き、楽しい時間を謳歌するの

---

* ペキュスは長さの単位。ペルシャのキュビット（肘から指先までの長さ）に由来する。1ペキュスはおよそ45cm。そのため、3ペキュスは135cmの長さとなる。

†1 バビロニア・コレクションのアッカド語では、「プハードゥム」と記されています。

†2 リスナートゥの正確な意味は不明です。アッシリア学者のジャン・ボテロ氏は一種の菓子とみて、ゴイコ・バリャモビチ氏は乾燥させた大麦のケーキの一種とし、アッシリア学者の月本昭男氏は別の派生名詞がモルトを表すことから麦芽の一種かと類推しています。

17世紀に描かれた脂尾羊の様子

がつねだった。あるときアヌンナキは宴会用に羊と穀物を創造した。味見をしたら口に合わず、エンキとエンリルという神たちにこれらを渡し、人間にくれてやれと命じた。草を食べなれていた人間たちは好き嫌いするどころか初めての食べ物をたいそう好み、羊と穀物を材料にして、料理はおろか、ビール、衣服、あげくには武器まで作るようになった。すべてはうまくいっていた。羊と穀物が食事をともにし、ワインを飲んで少々酔っぱらうまでは。

　穀物は、自分のほうが羊より偉くて羊より人間に愛されている、と自慢した。羊は、自分のほうが人間に愛されている、王様たちが印章を捺す革を提供しているのだから、と言い返した。それに、人間たちは羊の皮で身を守るための投石機や矢を入れる筒を作る。羊の胃は水筒になるし、羊の皮で履物が作られるではないか。すると穀物はにやっと笑って言った。「ビールは？　穀物がなければビールは作れないのだから」

　「ビール」という切り札で勝負はついたと思いきや、羊はさらに張り合い、自分は肉を提供できると言った。繰り返し言い争ったがどちらも譲らず、結局エンキとエンリルに決着をつけてもらうことにした。神たちは羊と穀物に向かって、どちらも平等に愛している、両者は双子どうしのように仲よくしなければならない、と諭した……と言いたいところだが、神話はそうなっていない。エンキは、穀物のほうが偉いのだから、羊は穀物の前にひざまずき、夜明けから日没まで穀物を称えよ、と言った。

　シュメール神話には、鳥と魚、夏と冬、銀と銅など、関係ある二者の言い争いが多く登場する。喧嘩はさせるけれども、結局は彼らを同じ鍋の中で調理するレシピを発見して、心が温かくなった。

ラムのシチュー

[材料]

リスナートゥ

大麦粉 140g

海塩[†1] 小さじ1/2

水 75ml

エクストラバージンオリーブオイル 60ml

シチュー

エクストラバージンオリーブオイル
　タマネギ炒め用

タマネギ (大きめのもの)[†2] 1個
　さいの目切りにする

精製した羊脂 50g、**またはエクストラ**
　バージンオリーブオイル 60ml

ラム肉 450g
　大きめの一口サイズにカット

海塩 小さじ2
　小分けにして使用

熱湯 1L

ペルシャ・エシャロット[†2] 50g

羊乳 475ml
　山羊乳か牛乳で代用可
　Cook's NoteとP.13「ペルシャ・エ
　シャロット」の項参照

ニンニク[†2] 4〜5片

リーキ[†2] 100g
　みじん切りにする。盛り付け用は分
　量外

本書で使うカップ、さじの分量

大さじ＝15ml
小さじ＝5ml
1カップ＝235ml

原則として、重さはグラム単位、容量はミリリットル単位で表記しています。

作れる量：6人分　調理時間：1時間30分

1. オーブンを220℃に予熱する。

2. リスナートゥを作る。大麦粉と海塩を合わせて泡立て器で混ぜ、水とエクストラバージンオリーブオイルを加えて、おおまかにかたまりにまとめる。こねないこと。この生地をいくつかのかたまりに分け、直径数インチ、そして壊れない程度にできるだけ薄く、5mmほどの厚さにのばし、クッキーのように形作る。オーブンペーパーを敷いた天板にのせて25分ほど焼き、オーブンのスイッチを切ってリスナートゥを庫内に入れたまま冷ます。こうすることによってリスナートゥが乾燥して砕きやすくなる。乾いたら2/3を細かく砕き、残りの1/3は大きめのクルトンのサイズに割る。

3. シチューを作る。フライパンにオリーブオイルを少量熱し、さいの目切りにしたタマネギを混ぜながら約7分、茶色になるまで炒める。その間に、羊脂またはオリーブオイル小さじ1杯を鍋に入れ、強火で溶かし、ラム肉を加えて塩小さじ1杯を振りかける。ラム肉に焼き色が付き始めるまで焼いたら、熱湯を注ぎ入れ、残りの塩と羊脂またはオリーブオイルを加える。沸騰させたら、中火にして蓋をせずに5分、コトコト煮る。それから炒めたタマネギ、ペルシャ・エシャロット、羊乳、細かく砕いたリスナートゥを加えるが、リスナートゥは一部を大きめに割って残しておく。鍋の中身を混ぜてなじませ、さらに20分煮込む。

4. 3を煮ているあいだに、ニンニクをすり鉢でペースト状にし、そこにみじん切りにしたリーキを加えて一緒にすりつぶす。ニンニクとは混ざりにくいが、気にすることはない。これを鍋に加える。煮汁が煮詰まりすぎたと思ったら羊乳を加えて調整する。煮詰め具合はお好みでよい。そうしたら鍋に蓋をして、さらに20分から30分、ラムがホロホロに柔らかくなるまで煮込む。シチューを皿によそって大きく砕いたリスナートゥとみじん切りにしたリーキを散らして供する。

．．．．．．．．．．．．．．．．．．．．．．．．．．．．．

Cook's Note: ペルシャ・エシャロットは乾物として売られていることが多い。分量を計る前に30分水につけて戻すこと。

．．．．．．．．．．．．．．．．．．．．．．．．．．．．．

†1　海塩がなければ、一般の塩を使ってかまいません。
†2　本レシピは古代メソポタミアの野菜3本柱であるタマネギ、リーキ、ニンニクが使われているのが特徴です。元のレシピにはほかにも同定できないネギ属が使われています。リーキは長ネギで代用可能です。ペルシャ・エシャロットが手に入らなければ、タマネギを増量するかワケネギを加えてみるとよいでしょう。

トゥフウ

****

都市・地域：古代バビロニア
時代：紀元前1740年頃

当時の文献から

トゥフウ。ラムの脚肉を用いる。水を用意しておく。
油を加える。肉の表面を焼き付ける。塩、ビール、タマネギ、
ルッコラ、コリアンダーの葉、サミードゥ［サミドゥ］[†]、クミン、
赤（?）ビーツを混ぜ込み、リーキとニンニクを潰す。
コリアンダーを振りかける。シュフティンヌーと
生のコリアンダーを加える。

出典：イェール大学バビロニア・コレクション所蔵の粘土板
（ゴイコ・バリャモビッチ他による英訳〈2019〉から翻訳）[1]

ト ゥフウはイェール大学所蔵のコレクションであるバビロニア粘土板
に記されている多くのレシピの1つだ。ビーツとラムのシチューで、
4000年前のレシピだが、今日のシチューと同じくらい複雑な旨味
がある。ラムは1頭が銀1シェケル*ほどもする高価な食材だったので、春分
の祭りであるアキトゥ祭のような祝宴のときに作られたのだろう。アキトゥ祭
とは、国家神であるマルドゥクが、竜母であり原始の海の女神であるティア
マトに勝利したことを称える祭だった。

*シェケルとは古代に使われていた通貨と重さの
単位の1つ。古バビロニア時代のシェケルは約
8g。

> マルドゥクが射た矢がティアマトの腹を貫き、
> ティアマトの体は真っ二つに割れ、心臓は引き裂かれた。
> 彼女を征服し亡き者にしたマルドゥクは
> 死体を投げ出しその上に立った。
> マルドゥクは首領のティアマトを殺し、彼女の軍勢を壊滅させ、
> 家来たちは散り散りに逃げていった。
> ［中略］
> ティアマトのお気に入りだった悪魔の一団、
> マルドゥクは奴らの鼻面に縄をつけ、腕を縛り、
> 彼らの汚らしい戦意はマルドゥクに完全に踏みにじられた。
> ［中略］
> 主なる神はティアマトの下半身を踏みにじり、
> 棍棒で容赦なく頭蓋骨を割り、
> 動脈を断ち切り、血を流れるに任せ、
> 遺骸をよき知らせとして北風に運ばせた。
>
> ——『エヌマ・エリシュ』[2]

† ゴイコ・バリャモビチ氏はこの語彙を「サミー
ドゥ」と表記していますが、ほかにジャン・ボテロ
氏や月本昭男氏は「サミドゥ」と表記しています。

それからマルドゥクはティアマトの亡骸(なきがら)を利用して天地を創造した。肋骨(ろっこつ)は天を支え、目から流れる涙はティグリス川とユーフラテス川になった。残虐過ぎて、誰が正義の味方なのか分からなくなるような話ではある。バビロニア王でさえマルドゥクとはうまくつきあうよう気をつけていたくらいで、アキトゥ祭を行うのもそのためだ。

マルドゥク神の機嫌を取り続けるためには、エサギラというマルドゥクを奉じる神殿にいる高僧、シェシュガルの助けが必要だ。王は、低姿勢を表すために王冠を頭から外し、王杓(おうしゃく)を地面に置く。シェシュガルは王の耳をつかんで引っ張り、地面にひざまずかせ、その顔に強い平手打ちを一発食らわせる。もう一度言う。王の顔に強力な一発。涙が出るほどでなければならない。王が泣かなければマルドゥクが気乗りでないということを意味し、それは困ることなのである。だからぼくがもし王だったら、名優メリル・ストリープ並みの涙の演技ができるよう練習してから神殿に向かうだろう。なぜなら、王が涙を流せばマルドゥクは喜び、この先1年間、王の権力を保証してくれるからだ。この伝統、現代の政治家たちにも改めて適用されなければならないと思う。

左：バビロンの神マルドゥク
右：イェール大学所蔵のバビロニア粘土板

[材料]

エクストラバージンオリーブオイル
　　大さじ4（60ml）

ラムの脚肉　450g
　　一口大にカット

黄タマネギ（大きめのもの）　1個
　　刻む[†1]

ビーツ（赤または黄）　2～3個
　　刻む[†1]

サワービール　350ml
　　IPAのようなホップの風味が強いビールでないことが大切

ルッコラ　40g

コリアンダーの葉（パクチー）　22g
　　みじん切りにする。盛り付け用は分量外

ペルシャ・エシャロット（サミードゥ）1個
　　刻む[†1]
　　P.13「ペルシャ・エシャロット」の項参照

クミン（挽いたもの）[†2]　小さじ2

海塩[†3]　小さじ1と1/2

ニンニク　3片

リーキ（大きめのもの）　1本
　　みじん切りにする

水　475ml
　　必要に応じて

コリアンダーシード（乾燥）　大さじ1

エジプト・リーキ（シュフティンヌー）
　　200g
　　飾り用

作れる量：8～10人分　調理時間：1時間50分

1. 大きめの鍋にエクストラバージンオリーブオイルを入れて強火で熱する。ここにラムの脚肉を加え、オリーブオイルの中で何度もひっくり返しながら数分間、どの面にも焼き色がついてくるまで焼く。黄タマネギを加えて5分炒める。ビーツを加えてさらに5分、よくかき混ぜながら炒める。鍋にサワービール、ルッコラ、コリアンダーの葉、ペルシャ・エシャロット、クミン、そして海塩を加えて沸騰させる。

2. ニンニクをペースト状になるまですりつぶし、リーキと混ぜてから、鍋に加える。

3. 中火に落として60分から90分、ビーツと肉が好みの柔らかさになるまで煮込む。その間、必要であれば水を足すこと。シチューの濃さは好みなので、2カップの水をすべて使わなくてもよいかもしれない。

4. シチューが煮えたらボウルによそって、コリアンダーシードを散らす。砕いたものでもよいし、ホールのまま使っても、カリカリした食感が楽しめるのでおすすめだ。そしてコリアンダーの葉とエジプト・リーキを添える。

History Fact: サミードゥとシュフティンヌーには対応する英単語がない。シュフティンヌーは根菜のようなものだと考えられており、サミードゥには、エシャロットやリーキ、または根菜の類、もしくはセモリナのような粉だったのではないかという2通りの解釈がある[†4]。真相は誰にも分からないなら、好きな材料を選んでもよいのだろう。風味の点から、ぼくはこの料理の味わいを一番引き立てるエシャロットを選んでいる。ラム1頭は銀1シェケル分、つまりパンが100斤買えるくらいの値段であり、トゥフウは安上がりにできる料理ではないが、ほとんどの人たちは少なくとも年に数回は食べられただろう。

---

†1　タマネギ、ビーツ、ペルシャ・エシャロットの切り方は、ビーツをさいの目切り、タマネギ、ペルシャ・エシャロットを粗みじんにする方法がおすすめです。ラム肉とビーツが中心のスープのため、それらの食材を柱として料理を組み立てていくのがよいでしょう。

†2　市販のパウダーを使うのがよいでしょう。「挽きたて」などの指定がある場合、「ホール」などの語とともに検索すると、挽く前の形の商品が出てきます。

†3　海塩がなければ、一般の塩を使ってかまいません。

†4　月本昭男氏は、香辛野菜の播種（はしゅ）を報告する中期アッシリア文書群でサミードゥ（サミドゥ）がクミンやミントなどと並んで記述され、ほかの文書でも、ニンニクやタマネギ類と並んで言及されているので、ネギの一種と類推しています。

タイガーナッツケーキ

****

都市・地域：エジプト
時代：紀元前1400年頃

大半のレシピは言葉で説明されているが、このタイガーナッツのレシピは絵で表現されている。それは壁画で残っており、古代エジプト第18王朝のファラオのトトメス3世とアメンホテプ2世の宰相、つまりファラオの首席顧問だったレクミラの墓にある。タイガーナッツを砕くところから、ケーキの最後の仕上げにいたるまで、1つひとつの工程が描かれているが、絵だけなので解釈の余地が大きく残されている。油脂を使っているのは明らかだが、それはいったいどんな種類なのか？ ケーキの生地をまとめるつなぎの液体は、水、乳、またはビールとも推測されている。そして調理工程にいたっては不可解きわまりない。確実に分かっている材料はハチミツである。1人の男がハチミツを採取し、もう1人が3本のろうそく付きランプの煙でハチを追い払っている様子を描いた部分があるからだ。とはいえハチミツをどのように使ったかははっきりしない。疑問はまだある。ケーキの濃い色は何に由来するものか？ デーツらしいものを盛った皿の絵から、デーツのシロップをケーキにかけたと解釈する人もいるが、真相は誰にも分からない。唯一判明しているのは、メインの材料であるタイガーナッツの使われ方だ。

　古代エジプトにおいてタイガーナッツは万能な食材で、非常に貴重だったので、宰相みずから数を数えたという。古代ギリシャの歴史家テオフラストス（紀元前371頃〜前287頃）は、他に類を見ないこの塊茎についてこう記している。

> 河川にほど近い砂地では、地下にマリナタッレ（タイガーナッツ）と呼ばれるものが生育している。[中略]エジプトの人びとはこれを採集して大麦で作ったビールでゆでる。すると非常に甘くなるので、甘い果物として用いている。
>
> ——テオフラストス『植物誌』4.8.12

　このレシピの核となるのはタイガーナッツだが、ほかの材料についてはぼく自身が最も妥当だと思うものを選んでみた。レクミラが知っていただろうレシピと同じかどうかはともかく、少なくともいい線は行っていると思う。なんといっても、どんなエジプト宰相の宴席でも喜ばれるような甘いお菓子ができるのだから。

右ページ：レクミラの墓に描かれている、タイガーナッツケーキを作っている様子。ニーナ・ド・ガリス・デイビスによる複製

23

✳✳✳ タイガーナッツケーキ

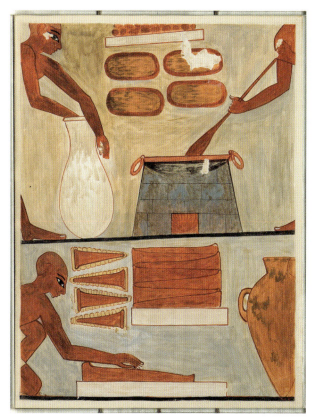

[材料]

タイガーナッツ　500g

ハチミツ　325g

湯　80ml

ギー　100g、またはエクストラバージ
　ンオリーブオイル　120ml

デーツシロップ　325g
　お好みで

作れる量：大きめのケーキ1個　**調理時間**：1時間30分

---

1. 最初にタイガーナッツを粉状にする。タイガーナッツ粉も市販されているが、自家製の粉とは質感が異なる。とはいえ時間を節約したいときには市販品を使っても大丈夫だ。自分で粉状にする場合は、まずタイガーナッツを1時間湯に浸し、水を切る。そしてフードプロセッサーで粉砕しやすいようにハンマーで割る。割ったタイガーナッツをフードプロセッサーにかけて粗目の粉末状にする。一度に全部をフードプロセッサーに入れるより、少量ずつ分けたほうが作業しやすい。

2. 大きなボウルの中でタイガーナッツ粉とハチミツをなじむまで混ぜ合わせ、湯を大さじ1杯ずつ加えながら練り生地のような固さに調整する。湯は80mlの全量はいらないかもしれないが、これより多く必要になるときもある。

3. フライパンにギーまたはエクストラバージンオリーブオイルを入れ、ギーが溶けるまで、またはオイルがフライパンの底全体に広がるまで熱する。タイガーナッツの生地を入れて4～5分、こんがりとした匂いが漂うまで焼く。その間、スプーンを使って生地を動かし続けて、焦げ付かないようにする。

4. こんがりと焼けたら、生地を大きなアルミ箔の上にのせて平らに延ばし、約10分、手で触れるくらいの温度にまで冷ます。冷めたら生地を1つの大きな円錐形に成形する。あとで左ページの写真のように立てられるよう、底面は平たくすることを忘れずに。アルミ箔でふんわりと包んだら、盛り付ける前に冷蔵庫に入れて冷やし固める。

5. タイガーナッツケーキは立たせて供することもできるが、切り分けるときには寝かせて、お好みでデーツシロップをかける。

キュケオーン

✳︎✳︎✳︎✳︎✳︎✳︎✳︎✳︎✳︎✳︎✳︎✳︎✳︎

都市・地域：古代ギリシャ
時代：紀元前700年頃

> ### 当時の文献から
>
> 彼女［キルケ］は彼ら［兵士たち］を家に招き入れ、椅子に腰かけさせ、チーズ、小麦粉、黄色の蜂蜜、プラムノスの葡萄酒で薬をこしらえた。しかし彼女はその中に毒薬も入れたのだった。これを食べれば彼らは故郷のことを完全に忘れてしまうだろう。さて、彼らが酔っぱらってしまうと、彼女は魔法の杖を使って彼らを豚に変え、豚小屋に閉じ込めた。
>
> 出典：ホメロス『オデュッセイア』

ジョン・ウィリアム・ウォーターハウス『オデュッセウスに杯を差し出すキルケ』

キュケオーンはとりたてておいしそうな飲み物ではないし、別に食欲をそそる必要はなかったのだが、これは古代ギリシャで魔法の薬とされていたものだ。キュケオーンは、豊穣の女神デメテルとその娘ペルセポネにまつわる古代信仰の崇拝における古代の通過儀礼である「エレウシスの秘儀」で用いられていた重要な飲み物だった。儀式が行われるテレステリオンと呼ばれる広間で、入信する者は長期にわたる断食のあとに、ハッカ油とおそらく向精神作用がある成分を少量混ぜたキュケオーンを飲まされ、神々と交流することができた。これらの薬物類とキルケがキュケオーンに混ぜた怪しい薬は同じようなものだったかもしれない。オデュッセウスの部下はこれを飲まされて、豚の姿に変えられてしまったのだ。

しかし、キュケオーンはいつも悪用されたわけではない。ホメロスは『イリアス』の中でもキュケオーンについて言及しており、ここでは捕虜となったヘカメデが、戦いで負傷したネストル王とマカオンを癒すために作ったとされている。ヘカメデのレシピには、タマネギを刻んだものが添えてあり、青銅のおろし金でおろした山羊乳のチーズが振りかけられている。

キュケオーンは言及している作品によって、それぞれ作り方も添加する薬も少しずつ異なるが、どのレシピにもかならず含まれているのが大麦、チーズ、そしてプラムノスのワインだ。大麦とチーズは簡単に手に入るが、プラムノスのワインは近所の酒店ですぐ見つかるとは思えない。

プラムノスのワインの原産地はギリシャで、イカリア島のプラムノス山の傾

キュケオーンをネストルにすすめるヘカメデを描いた赤絵式陶器

斜地である。ここで採れるブドウはディオニュソス自身からの贈り物であるといわれ、ワインは楽しみや喉を潤すためのものではなく、それ自体が「滋養に富み強壮効果のある」薬だった。古代ギリシャの文法学者ヘシュキオスは、素晴らしいワインだが強過ぎると言い、喜劇作家のアリストパネスは、アテナイ人に対してこのワインは飲まないほうがよいと忠告した。眉をひそめるような事態や胃のけいれんを引き起こすからだ。というわけで、レシピの材料として簡単に手に入らないことは幸いなのかもしれない。辛口の赤ワインで手を打つことにしよう。

[材料]
精白していない大麦　300g
辛口の赤ワイン[†1]
ハチミツ
山羊乳のチーズ（熟成したハードタイプ。シェーブルなど）[†2]

†1　ワインの分量は、飲みやすい液状に適量注ぐとのことなので、大さじ1〜50ml程度用意して少しずつ注ぐようにするとよいでしょう。
†2　山羊乳のチーズの入手が難しければ、市販のチーズで代用して構いません。10〜20g程度用意して粉状にすりおろしておきましょう。

作れる量：4人分　調理時間：1時間40分

1. 大麦を空のフライパンに入れて中火にかける。絶えずかき混ぜながら、7〜10分、大麦が香ばしくなるまで炒る。すり鉢とすりこ木で大麦を粗くすりつぶす。中くらいの大きさの片手鍋に分量外の水を沸騰させ、その中に大麦を加えて沸騰させたら、60分から90分、おかゆほどの柔らかさになるまで煮る。水を切る。
2. かゆ状の大麦をスプーンでボウルに入れ、赤ワインを適量注いで混ぜ、飲みやすい液状にする。スプーン1杯のハチミツを加え、全体をなじませる。食べる前に山羊乳のチーズをおろし入れる。

メラスゾーモス（スパルタの黒いスープ）

****

都市・地域：スパルタ
時代：紀元前400年頃

当時の文献から

陛下、スパルタのやり方で鍛錬し、
エウロタス川で身体を洗ってきた人間だけが、
このスープをおいしく味わうことができるのでございます。

出典：プルタルコス「スパルタの昔の習俗」『倫理論集』[1]より

プルタルコスが書いたこのスパルタのスープこそ、かの悪名高きメラスゾーモスだ。古代人はレシピを残してくれなかったが、豚肉の入った黒いスープで、スパルタの戦士たちに振る舞われたアイクロンという毎日の食事の一部に見ることができる。シュシティアと呼ばれた集団食の一環である。アイクロンの内容は質実剛健、まさにスパルタ的でさえある。

夕食はまず各個人に配られ、仲間と何か食べ物を分け合うことは決してない。食後は、好きなだけ大麦のケーキを食べてよい。飲み物については、席に置かれているめいめいのコップを使って喉が渇いたらいつでも飲んでよい。肉料理はどんな時も同じものだけが全員に供される。ゆでた豚肉が一切れずつだ。[中略]食事はこれだけであるが、もちろんこの豚肉のゆで汁は例外である。もしかしたら、オリーブかチーズかイチジクか[中略]といった類のものも食べているかもしれない。

——アテナイオス『食卓の賢人たち』[2]

しかしアイクロンが終わると今度は、家で作った料理を持ち寄って食べるエパイクロンという習慣があった。スパルタ人が食べていたのは、粗挽きの大麦をオリーブオイルに浸して月桂樹の葉でくるんだカマータというケーキ、新鮮な生野菜、小麦粉のパン、マメ、ソーセージ、フィシキロスと呼ばれる小さな丸いハチミツケーキなどだった。だが、スパルタ人以外のギリシャ人たちが著作で酷評しているのは、そうした食べ物ではなく、メラスゾーモスという料理だ。散文作家で雄弁家のアテナイオスの『食卓の賢人たち』によれば、シバリスから来た男がスパルタで食事をし、こう宣言したという。

スパルタ人が世界一の勇者であることに疑いはない。まともな神経の持ち主だったら、こんなに惨めな生活を送るより1万回死んだほうがましだと思うだろう[3]。

このレシピを見なかったことにしてもらっても、ぼくはがっかりしたりしない。でも作ってみようと思う勇者へは（じっさい味はそう悪くないと約束する）この言葉を送ろう。「あなたは今、スパルタの戦士に1歩近づいたところだ」

作れる量：8人分　調理時間：1時間30分

---

1. 中くらいの大きさのフライパンにエクストラバージンオリーブオイル大さじ2杯を強めの中火で熱し、白タマネギを入れる。よく混ぜながら、しんなりとして色づくまで10分ほど炒める[†]。

2. 大きめの鍋に、残りのオリーブオイル大さじ2杯を強めの中火で熱して、豚肩肉を入れる。コーシャー塩と黒コショウで味付けし、肉の表面がこんがり色づくまで約3分焼く。ここに**1**の炒めたタマネギ、ローリエ、水、そして白ワインビネガーを加え、強火にして沸騰させる。煮汁が沸騰したら、火を弱めて蓋をし、肉が柔らかくなるまで約45分煮込む。

3. 煮汁を煮ているあいだ、豚の血を液状にしておく。凝固した血の塊を買った場合は、水235mlとともにミキサーにかけて液状にする。ストレーナーでこれを漉して塊を取り除き、煮汁に注ぎ入れ、さらに少なくとも15分煮込み続ける。

[材料]
エクストラバージンオリーブオイル
　　大さじ4（60ml）
　　分けて使う
白タマネギ（大きめのもの）　1個
　　みじん切りにする
豚肩肉　900g
　　約2.5cmの角切りにする
コーシャー塩*　小さじ1
黒コショウ（挽きたてのもの）　小さじ1
ローリエ　3枚
水　710ml
白ワインビネガー　235ml
豚の血　475ml

＊料理用の無添加の塩

[†] 著者のレシピ通りに10分やると焦げてしまうかもしれません。もし焦げそうになったら弱火にして色が変わるまで炒めましょう。

戦闘中の重装歩兵を描いた黒絵式陶器

エピテュルム

****

都市・地域：共和政ローマ
時代：紀元前160年頃

当時の文献から

エピテュルムの作り方。オリーブは緑のもの、黒のもの、
および斑に熟したものを選び、種を取り除く。
オリーブの実を細かく刻む。オイル、ビネガー、
コリアンダー、クミン、フェンネル、ヘンルーダ、
そしてミントで作ったドレッシングをかける。
陶器の皿に入れてオリーブオイルに漬け、
その後食卓に供する。

出典：大カトー『農業論』119[1]

古代ギリシャとローマで、そしておそらく現代のギリシャとローマにおいても、別格扱いされていたと思われるブドウを除けば、オリーブは最も重要な食材だ。オリーブオイルはほぼすべての古代のレシピに登場するが、オリーブの実そのものを使うレシピはごくわずかしかない。このオリーブの付け合わせのレシピではオイルも実も使う。

ギリシャ神話によると、オリーブは女神アテナからの贈り物であるという。ケクロプス王はアクロポリスの岩盤の上に町を建設し、アッティカと名づけた。アッティカに権威を与えるためには守護神が必要だったので、守護神を選ぶことになった。対立候補は、海の神ポセイドンと、知恵をはじめ、さまざまなものを司る神アテナ。両神はアッティカの守護神になるためにこの町に贈り物をした。ポセイドンは三叉の矛をとってアクロポリスの岩に叩きつけ、水を湧き出させた——とはいえ、海神のすることなので、出てきたのは塩水だった。彼よりもはるかに常識的なアテナは、槍を地面に突き刺した。するとそこからアッティカで1本目のオリーブの木が生えてきた。ケクロプス王は勝者を決定し、アッティカの町は守護神にちなんでアテナイと呼ばれるようになった。舌を噛みそうな「ポセイドノポリス」よりは、ギリシャ観光局が歓迎しそうな名前だ。

アテナが贈った木、そしてこの木になったオリーブの種から育ったものはすべて神聖視された。たとえ自分の土地に生えている木でも、切り倒すことは法で禁じられていた。古代ギリシャの弁論家のリュシアス（紀元前445頃

～前380頃）は、この罪で告発された男が評議会で行う演説を書いている。アテナイは民主制で、この都市を日々運営している評議会は500人の市民からなっていた。残念ながら裁判の判決は分かっていないが、もし彼が有罪とされていても、それほど厳しい処罰が与えられなかったことを願う。アテナイのオリーブの木は破壊的な勢いで成長するからだ。

　歴史家のヘロドトスは、クセルクセス王（在位 紀元前486〜前465）がペルシャ軍を率いてアテナイに入城し、アテナ神殿と最初のオリーブの木を焼き払ったと伝えている。罪の意識を感じたか、女神の怒りを恐れたのか、クセルクセスは、数人のアテナイ人に、貢物を持って翌日アテナイに戻り事態を丸く収めるようにと命じた。ところが彼らが神殿の焼け跡に入ってみると、オリーブの木が再び成長して、たった一晩で、ゆうに1ペキュス[†1]、すなわち50cmほどの高さになっていた。被害なければ、おとがめなし。とはいえ、エピテュルムを作るときには、かならず女神アテナに短い感謝の祈りを捧げるようにしている。

作れる量：約2カップ[†2]分　　調理時間：5分

コリアンダーの葉、フェンネルの葉、ミントの葉、ヘンルーダ、そしてクミンを小さなボウルで合わせたら、赤ワインビネガーとエクストラバージンオリーブオイルを注いでよく混ぜる。オリーブの実を冷たい水でさっと洗う。水に浸さないこと。水気をふき取って、薬味用ならみじん切りに、タプナード（フランス南東部のプロバンス地方が発祥のオリーブペースト）のようにペースト状にする場合はすりつぶす。オリーブをハーブのボウルに入れてなじむまでよく混ぜたら、蓋をして味がしみ込むまで一晩寝かせる。数日間寝かせておくとさらに風味がよくなる。くせのない山羊乳のチーズとパンを添え、お好みでオリーブオイルをかけて供する。

....

Cook's Note:　実害はめったにないが、ヘンルーダを妊娠中に摂取するのは安全ではないかもしれない。ヘンルーダなしで作るか、生のタラゴンのような別のハーブで代用するとよい。

....

†1　1ペキュスはおよそ45cm。詳細はP.16参照。
†2　本書に登場する1カップは235mlです。
†3　生のフェンネルの葉は、乾燥ハーブではなく野菜のフェンネルを1個購入し、1個分の葉の部分を使うのがよいでしょう。通販サイトで生鮮野菜のフェンネル（別称：フヌイユ、ういきょう）を入手するのが望ましいです。
†4　市販のパウダーを使うのがよいでしょう。

[材料]

コリアンダーの葉（パクチー）　24g
　みじん切りにする

フェンネルの葉[†3]　135g
　みじん切りにする

ミントの葉　70g
　みじん切りにする

生、または乾燥ヘンルーダ　小さじ2
　刻む
　Cook's NoteとP.13「ヘンルーダ」の項参照

クミン（挽いたもの）[†4]　小さじ1

赤ワインビネガー　大さじ2（30ml）

エクストラバージンオリーブオイル　60ml
　仕上げ用は分量外

緑と黒のオリーブ（手に入れば、クレタ島産緑オリーブやカラマタ産黒オリーブなど）の塩漬け　300g

くせのない山羊乳のチーズ（シェーブルなど）とパン

お好みでオリーブオイルをかけて

34 グロビ

古代

****

都市・地域：共和政ローマ
時代：紀元前160年頃

> **当時の文献から**
>
> グロビの作り方：欲しいだけの数を作るのに十分な量の、チーズとスペルト小麦を同量ずつ混ぜる。銅の鍋にラードを熱し、1個か2個ずつ2本の棒状の用具で転がしながら揚げる。こんがり揚がったら鍋から取り出し、ハチミツをまわしかけ、ケシの実を振りかけて供する。
>
> 出典：大カトー『農業論』79[1]

ポンペイの壁画に描かれた、サイコロ賭博に興じる人びと

＊なんでもあべこべのことをしなければならない日のこと。

グロビは一口チーズケーキの初期形態だと思う。週末のパーティーで、トレイにのせてすすめられるようなタイプの食べ物だ。古代ローマでも、まさしくそんな場面で出される食べ物だった。サトゥルナリア祭（農神サトゥルヌスの祭り）はその1つだ。毎年12月の大いに盛り上がる数日間、ローマ人たちは厳格な階級制度のもとでの体裁を取り払って、お祭り騒ぎに明け暮れた。

> お前はじつに無謀な奴だ
> サトゥルヌスの祭りでトーガなど着て！
> ——マルティアリス『エピグラム』第12巻より[2]

上流階級の人びとはいつものトーガの代わりに、もっと略式のギリシャ風シンテシスという服を着た。これはカジュアルでカラフルな昔のハワイアンシャツのようなものだが、おしゃれなスラックスと組み合わせればドレスアップできる。人びとはまた、解放奴隷がかぶる円錐形のフェルト帽、ピレウス帽をかぶった。みんなが似たような恰好をして支度が整うと、賭博や、宴会や、贈り物の交換が始まる。

ほぼ年間を通じて賭博は違法行為とされていたが、4世紀の「フィロカルスの暦」によると、サトゥルナリアの期間中は「奴隷も主人と自由に賭け事をしてもよい」と許可が出ていた。また、奴隷が主人と一緒に食事をすることもできた。しかも立場を逆転させて、主人が奴隷に給仕する話さえ残っている。「あべこべの日」＊の古代ローマ版だ。

でもぼくに言わせれば、サトゥルナリアで一番盛り上がるのは贈り物だったに違いない。大半の人びとはシギラリアというロウか粘土でできた小さな像を贈りあい、皇帝の知り合いなら彼からもう少し贅沢な品物がもらえるかもしれなかった。しかし、そうでない人もいたという。

> サトゥルヌス祭では——彼がその気になった他のあらゆる機会で——彼［皇帝アウグストゥス］は衣服や金貨や銀貨を贈り物として与えた。［中略］またある時は、髪を覆う布、海綿、火かき棒、火ばさみ、そういった類の品物も、どうともとれる曖昧（あいまい）な名を記して与えたのだった。
>
> ——スエトニウス「アウグストゥス伝」75（『ローマ皇帝伝』より）

　12月に開催される贈り物交換と饗宴という点で、この祭りがのちのクリスマスを暗示していることは確かだ。そしてクリスマスシーズンにはエビニーザ・スクルージがいるように、サトゥルナリアにも欠かせない人物がいる。小プリニウスだ。

> この家のほかの場所が陽気な大声や祝祭の雄叫びで騒がしいサトゥルナリアの期間はとくに、ここに座っていられることは喜びである。なぜなら私は彼らの楽しみに干渉しないし、彼らも私が研究を続ける邪魔はしないからだ。
>
> ——小プリニウス「ガッルスへの手紙」（『書簡集』より）

へえ！　うそつけ。

作れる量：20〜24個　　調理時間：30分

[材料]

小麦全粒粉（スペルト小麦粉、デュラム
　　小麦粉など）　120g

リコッタチーズ　240g

海塩† 　小さじ1

エクストラバージンオリーブオイル　1L

ハチミツ　80ml

ケシの実（ポピーシード）　大さじ1

1. 小麦全粒粉、リコッタチーズ、海塩を大きなボウルに入れて、よく混ぜ合わせる。

2. 1を直径約2.5cmのボール状に丸める。この分量だと20〜24個できる。

3. 中くらいの片手鍋にエクストラバージンオリーブオイルを入れて強火にかけ、165℃になるまで熱する。

4. オイルの温度がそこまで達したら、中火に落として、一度に2〜3個ずつボールをそっと入れる。金属のトングで10〜15秒ごとにひっくり返し、60秒たったら色をチェックする。こんがりキツネ色になったら（60〜90秒かかる）鍋から引き揚げ、ペーパータオルの上に置いた油切り網にのせて、油を切る。この手順を繰り返してグロビを全部揚げる。

5. グロビの油を切ったら、ハチミツを絡める（結晶化したハチミツを戻すときは温めるとやりやすくなる）。ケシの実を振りかけるかまぶしつけて、温かいうちに供する。

† 海塩がなければ、一般の塩を使ってかまいません。

プラケンタ

****

都市・地域：共和政ローマ
時代：紀元前160年頃

当時の文献から

プラケンタの作り方：外皮用に小麦粉2ポンド、
トラクタ［内側の練り粉生地］用に小麦粉4ポンドと
最高級の挽き割り麦2ポンド。
挽き割り麦を水に浸し、柔らかくなったら
清潔なボウルに入れてよく水を切り、手でこねる。
よくこねあげたら、小麦粉4ポンドを少しずつ加えて
よく混ぜ合わせる。このトラクタの生地を
籬かごに平たくのばして置き、乾かす。
［中略］乾いたら［中略］表面にオイルを塗る。
次に2ポンドの小麦粉に水を加えてこね、
薄くのばして下に敷く外皮にする。
酸味の少ない新鮮な羊乳チーズを
14ポンド水に浸す。
水を3回入れ替えて、柔らかくする。［中略］
チーズがよく乾いたら、清潔なボウルに入れてこね、
できるだけ滑らかにする［中略］。
上質なハチミツ4.5ポンドを
チーズに加えてよく混ぜる。
外皮を［中略］オイルを塗った月桂樹の葉の上にのせて、
プラケンタを成型する。まず、トラクタを1枚置き［中略］
ボウルから混ぜ合わせたものを塗り、
その上にトラクタを1枚重ねる。
チーズとハチミツがすべてなくなるまで
これを繰り返して層を作る。一番上にはトラクタを
1枚のせて、外皮にたくし込む。［中略］
プラケンタを熱しておいたかまどに入れて
周りに炭火を置く。［中略］焼きあがったら取り出して
ハチミツを塗る。
この分量で半モディウス*分のケーキができる。

出典：大カトー『農業論』76[1]

＊モディウスは容量の単位で、特に穀物に使われる。穀物の種類や質によって比重が違うため1モディウス当たりの重量は多少の変動はあるものの、小麦1モディウスはおよそ6.3〜6.5kg。半モディウスはおよそ3.15〜3.25kg。

大カトーとされている大理石の胸像

英語でプラセンタといえば胎盤のことであって、まさかケーキの名前とは思わないだろう。だが古代ローマではほかならぬこの同じ単語[†1]がハチミツとチーズの重なり合った食べ物を意味していた。むしろその形状からの連想によって、解剖学で胎盤を意味するラテン語名が定まったと言われているくらいだ。とはいえ、このケーキのほうがおいしそうに見えるので安心してほしい。

レシピの出どころは、マルクス・ポルキウス・カトー（紀元前234〜前149頃）の『デ・アグリ・クルトゥラ（農業について）』、日本では『農業論』として知られているローマの農業に関する著作だ。通称大カトーは保守派の優れた政治家で、ローマ的なもの以外のすべてを憎んでいたことで知られる。ローマ人がギリシャ文化にかぶれることを嫌い、なにより、アフリカ北部に陣取っていたカルタゴ[†2]を生涯嫌悪し続けた。ぼくとしてはギリシャ文化嫌いには同意できないけれど、カルタゴに関しては同情の余地も感じる。

カトーがまだ若かったとき、カルタゴの名将ハンニバル・バルカが、大軍とまだ生きていた数頭の象を率いてイタリア半島に侵攻してきた。象のほとんどはアルプスを越えた先で死んでしまったのだが。スキー旅行におあつらえ向きとされる気候も象には過酷だったとみえる。ともあれ、青年カトーはハンニバルのせいで手塩にかけた農場から追いやられてしまった。戦争中に名をあげたカトーであったが、たとえカルタゴ人が劣勢のときでも、彼らが本当に敗北したとはけっして認めなかった。カトーを有名にし、ときには揶揄の対象にしたのは、ローマの元老院における演説の、結びの決まり文句だった。「カルタゴは滅ぼされねばならぬ！」

だが歴史料理愛好家にとってカトーが重要な存在となったのは、カルタゴやギリシャ文化への憎しみのせいではなく、彼の農業に対する愛ゆえだ。現在知られているローマの料理や農業についての知識は彼の本に負うところが大きい。『農業論』において、カトーはただの耕作についてだけでなく、収益を得るための耕作について語っている。穀類栽培の成功例とともに、どの穀類が一番儲かるか、神々が順調な農場経営をさせてくれるようどんな祈りを捧げたらよいか、などが盛り込まれているのだ。また、不穏な記述もちらほら見られる。たとえば、奴隷たちが熱心に働かない場合はどうやって与える食べ物を減らすか、とか、病気になったり高齢で使えなくなってきた奴隷は売ること、などというアドバイスだ。しかし、現代人のぼくたちがカトーのビジネスをどう判断するかは別にして、やはり彼には感謝しなければならない。彼のおかげで、このレシピが残っただけでなく、当時の平均的なローマ市民の価値観をかいま見ることができるからだ。「立派な人物を褒め称えるときは、このような形で褒め称えた。『立派な農場主』『立派な農民』。［中略］最も勇敢な男や最も頑丈な兵士が生まれるのは農民階級である」[2]

[†1] Placentaの古典ラテン語読みはプラケンタ。現代英語では一般に同じ単語をプラ「セ」ンタと発音します。

[†2] カルタゴは現在のチュニジア北部を中心に栄えたフェニキア人の植民国家。地中海の南側で覇権を誇りローマと敵対し、ポエニ戦争での敵国でした。

40

***

古代

[材料]

トラクタ（練粉生地）

全粒のスペルト小麦またはエンマー小麦
　120g

水　235ml

中力粉　240g

エクストラバージンオリーブオイル
　15ml

フィリング（詰め物）

フェタチーズ　790g

ハチミツ　255g
　コーティング用は分量外

外皮

水　175ml

中力粉　180g

生のローリエ†　12〜15枚
　分量外のエクストラバージンオリー
　ブオイルを塗っておく

---

† 日本では乾燥ローリエが主流です。乾燥ローリ
　エを熱湯にさっとくぐらせて、水気を切ってから
　使うとよいでしょう。

作れる量：6〜8人分　**調理時間：**32時間20分、浸水時間を含む。

---

1. トラクタを作る。全粒のスペルト小麦、またはエンマー小麦をすり鉢に入れて、粗く崩れるまですりつぶす。小さなボウルに入れ、水を注ぐ。蓋をかぶせて粉が水を吸うまで24時間おく。

2. 一晩おいて漬かりきったら混ぜていき、少し水分が残っている程度までなじんだら中くらいのボウルに移し、生地になるよう練る。まとまらない場合は、大さじ1杯ずつ水を足して混ぜる。まとまったら、薄くエクストラバージンオリーブオイルを表面に塗った平たい場所に生地を移し、滑らかになるまでこねる。こね終えたら生地を6つのかたまりに分け、ゆるく覆いをして20分寝かせ、その後、生地をそれぞれ直径約20cmの平たい円盤状にのばす。厚さはトルティーヤくらいの薄さ（厚さ1mm程度が目安）になるようにできるだけ薄くのばす。20cmより少し小さくてもかまわないが、大きくなりすぎないようにすること。全部同じ大きさになるようにととのえて、余った生地は使わないこと。成形を終えたら円盤を天板に並べ、表面が革のように乾いてくるまで4〜6時間ほど置く。ただし乾かしすぎると型崩れを起こし、後で仕上げが難しくなるので注意すること。

3. オーブンを150℃に予熱する。

4. フィリングを作る。フェタチーズを大きなボウルに入れ細かい塊に崩し、水をひたひたに注ぎ、できるだけ塩分を洗い流す。濾し器に移して濾し、可能な限り水気を絞る。それでまだ塩分が強く感じられるようなら、水に浸して塩出しするところからやり直す。最大3回はやり直せるが、大半のフェタチーズは一度で塩味が抜けるはず。清潔なボウルにチーズを移し、手で可能な限りダマを潰す。そこにハチミツを注ぎ、へらで全体が均等になるまで混ぜる。これは次の外皮ができあがるまでそのままとっておく。

5. 外皮を作る。水を中力粉に注いで手で生地状にまとめ、手で5分こねたらボール状にまとめ、覆いをかけて20分寝かせる。薄くオリーブオイルを塗った平らな場所で平たくのばし、生地が破れない程度に薄く、できるだけ大きな円盤状にする。

6. プラケンタを焼くには、蓋つきの陶製グラタン皿で、**2**で作ったトラクタより少し大きい直径23cm程度のものがよいが、蓋ができる浅めの鍋でもよい。オリーブオイルを塗ったローリエの葉を底に並べ、その上にパイ皮の生地をのせ、皿からはみ出した部分はそのまま縁にかけておく。乾かしたトラクタのうち1枚をとり、両面に薄くオリーブオイルを塗り、器の上のパイ皮の中央部に置く。フィリングの1/3をとり、このトラクタの表面に均等に拡げる。そこに次のトラクタを、やはりオリーブオイルを塗ってからフィリングの上に

重ね、次いでフィリングを拡げ……と繰り返し、層状に重ねてゆくと4層目のオリーブオイルを塗ったトラクタをのせたところでフィリングが終わるはず。そこで広げておいたパイ皮を閉じてトラクタを覆う。できるだけしっかり閉じたほうがよいが、もし最後のトラクタが多少見えているくらい隙間ができていても、側面でしっかりトラクタの層がずりおちないよう閉じてあれば問題はない。グラタン皿に蓋をしたらオーブンで70分焼いて、蓋を外してさらに10分焼く。オーブンから出し、へらで器から取り出し皿に盛り、すぐにハチミツを、側面から垂れるくらいたっぷりと、全体にまわしかけ、温かいうちに供する。

41

＊＊＊

プラケンタ

ローマ時代の収穫機械

プルス

****

都市・地域：帝政ローマ
時代：2世紀頃

> ### 当時の文献から
>
> ソラマメの使い道は多く［中略］ローマの剣闘士たちは
> この料理を毎日たっぷり食べることで、体の肉付きを
> よくしている。豚のように硬く引き締まった肉ではなく、
> もっと柔らかいぜい肉をつけるのである。
>
> 出典：ガレノス［『食物の諸特性について』］[1]

伝統的なプルス、つまりおかゆのレシピだ。古代ローマの日常食で、いろいろなバリエーションがあるが、どれも素朴でお腹がいっぱいになる。ペルガモンの剣闘士を診ていた外科医、ガレノスの叙述にあるこのレシピも例外ではない。ガレノスは、腹にガスがたまると文句を言いながらも、詩人ユウェナリスが「剣闘士のごった煮」と呼んだこのレシピの主要材料として、ソラマメをあげている。

時代や場所によっては、剣闘士の食事は何らかの魚または肉を食べることがあったかもしれないが、通常だと、穀物の占める比重が圧倒的に大きかった。博物学者の大プリニウスによると、かつて剣闘士たちはホルデアリイ、文字通り「大麦食いの男たち」という意味の言葉で呼ばれていた。映画の中の剣闘士は波打つ筋肉を誇っているが、豆と大麦ばかりでできている彼らの体は、じつはぜい肉に覆われていたというわけだ。でも、毎日のように刀や槍の攻撃を受ける身であれば、体にちょっとした自前のクッションをつけておくのは悪くないと思う。

普通の剣闘士の場合、肉、チーズ、ワイン、そのほかのさまざまなごちそうを用意した豪華な食事が欲しければ、闘技場での試合前夜に開かれるケナ・リベラという宴会まで待たなければならなかったらしい。ケナ・リベラは通常、翌日の試合の宣伝を兼ねた見世物だったが、大試合の前夜はほとんどの剣闘士が家族と過ごしたり、身辺整理をしたりしていた、という証拠も見つかっている。本書の目的上、ここでは大麦と豆のおかゆにこだわりたいと思う。

[材料]

乾燥ソラマメ　150g

精白していない大麦　170g

エクストラバージンオリーブオイル
　大さじ3（45ml）

タマネギ（大きめのもの）　1個
　粗みじん切りにする

水　1L

ニンニク　3片
　潰す

赤ワインビネガー　大さじ2（30ml）

イタリア、スペイン、アジア圏の魚醤　小
　さじ2（10ml）
　P.12「ガルム」の項参照

作れる量：4人分　調理時間：1時間15分

1. 乾燥ソラマメと大麦をそれぞれ別のボウルに入れ、12時間冷たい水に浸す。水を切り、ソラマメは皮を取り除いておく。

2. 中鍋にエクストラバージンオリーブオイルを入れて中火にかける。タマネギを加えて約5分、透き通るまで炒める。水を加えて沸騰させる。大麦を加えて蓋をし、30分ゆでる。

3. ソラマメ、ニンニク、赤ワインビネガー、そして魚醤を加えてよく混ぜる。煮立ったら、蓋をせずにとろりとしたかゆ状になるまで、約30分煮込む。

History Fact: 剣闘士の試合は、ローマの上流階級の人びとの宴会で催される娯楽として開催されることが多かった。そして「饗応を楽しむ人たちの器の上に闘士が倒れて死ぬこともたびたびあった。流れる血でテーブルが赤く染まるのだった」[2]。

ジャン＝レオン・ジェローム『親指を下向きに』

イン・ミトゥリス（ムール貝）[†]

✳✳✳✳✳✳✳✳✳✳✳✳✳✳

都市・地域：帝政ローマ
時代：1世紀から4世紀頃

> ### 当時の文献から
>
> ムール貝：ガルム、刻んだリーキ、クミン、パッスム、セイボリー、ワインを用意する。
> これらを水と混ぜて、ムール貝を調理する。
>
> 出典：アピキウス『料理帖』

ポンペイの遺跡で見つかった、宴会の様子を描いたローマ時代のフレスコ画

[†] イン・ミトゥリスのインは前置詞で、「〜をまとった、〜をつけた」といった意味を持ちます。「味付きムール貝」というところでしょうか。ただゆでただけでなくて、さまざまな香料を加えて調味した一品です。

アピキウスを抜きにして古代ローマの料理は語れない。古代ローマのレシピの大半は、真の意味で唯一「古代ローマの料理書」と呼びうるこの書物に由来する。正式には「デ・レ・コキナリア（料理について）」と呼ばれる書物だが、単に「アピキウスの本」（『料理帖』とも）と呼ばれることも多い。数世紀にわたるレシピが掲載されているにもかかわらず、それらがすべて古代ローマで最も著名な美食家マルクス・ガウィウス・アピキウスという、たった一人の人物に帰されているためだ。

ティベリウス（在位 後14〜37）の治世下に生きたアピキウスは、贅を尽くした晩餐会のせいで悪名を高めた人物だ。彼の晩餐会にはローマの支配階級の人びとが集い、高価で奇抜な料理を楽しんでいた。雌豚の乳房にウニを詰めたもの、フラミンゴのロースト、豚肉とシルフィウム（とても貴重な食材なので、次のレシピで詳しく説明する）を詰めたヤマネなど、供された料理のいくつかは『料理帖』に取り上げられている。何を食べたらよいか、またはだめか判断に窮したとき、上流階級の人びとにとってアピキウスの言葉は法のごとく頼りにされた。彼は、キャベツの芽や外側の葉などというものは庶民の食べ物なのだから避けるべきだ、と皇帝ティベリウスの息子ドルススを説き伏せたという。一方で自分の客人には、フラミンゴの舌、あるいは最高級の乾燥イチジクを与えて育て、処理場への道中にハチミツ入りワインを飲ませて酔わせた豚のレバーなどを食べるよう推奨した。

酔った豚はさておき、アピキウスは饗宴のための食材として、あっと言わせるような異国の珍味ばかりを飽くことなく追求し続けていた。あるとき、これまでにないくらい大きくて甘いエビがリビア沿岸で捕れたという自慢話を聞きつけた彼は、小舟を雇って地中海を横断した。しかし、現地で噂のエビを一目見るなり興味を失い、舌打ちをして、船から一歩も下りずにイタリアに戻ったという。実力以上に自分をみせびらかしたがる昨今のソーシャルメ

ディアのインフルエンサーのように、古代ローマきっての食道楽アピキウスは浪費癖のせいでみずからに破滅を招いた。

> 料理に1億セステルティウスを費やし、1回の宴会に皇帝からのたくさんの贈り物を合わせたのと同じくらいの金を浪費したあげく、[中略] ある時、ついに家計を見直さざるを得なくなったのだが、そこで財産が1000万しか残らない計算になり、その程度ではもはや飢え死に同然の人生になってしまいかねないと思ったようで、毒を仰いで自殺した。

——セネカ『母ヘルウィアへの慰め』

　フラミンゴの舌や酔っ払い豚のレシピをのせるのはやめておくが、アピキウスの料理書からいくつかのレシピを選んでみた。シンプルでユニークな、このムール貝のレシピはその1つだ。

作れる量：ムール貝1kg分　調理時間：15分

---

1. ムール貝は流水で洗い、口がしっかり閉じられているか1つひとつ確認する。口が開いたものは取り除く。表面をごしごし洗って、殻から生えている毛のような「ひげ」は抜いておく。

2. 大きな鍋にリーキ、水、辛口の白ワイン、ビンサント（あるいは甘口の酒精強化ワイン）、魚醤、クミン、そしてセイボリーを入れ、よくかき混ぜる。鍋底の水は少なくとも約1cmの深さになるようにする。それよりも少なければ、水かワインを足す。強めの中火にかけ、煮立たせる。鍋にムール貝を加えて蓋をし、6〜8分、ほとんどの貝の口が開くまで蒸し煮にする。火からおろし、口が開いていない貝を取り除く。口が開いた貝は鍋に残っている煮汁少量とともに盛り付けて供する。

. . . .

History Fact: 現存する『料理帖』の最古の写本の1つは、『アピキ・エクセルプタ・ア・ウィニダリオ』（ウィニダリウス[4]によるアピキウス料理帖の簡略版）と題された省略版の小編[5]である。近代以前のレシピ本の多くと同様、『料理帖』にも薬効のあるレシピがのっている。そのうちの1つは、太陽が牡羊座の位置にあるときに摘んだネトル（セイヨウイラクサ）を使った料理で、万病に効くとされている。

. . . .

[材料]

生ムール貝　1kg

リーキ（西洋ネギ、大きめのもの）[1] 1本
　輪切りにする

水　180ml

辛口の白ワイン　60ml

ビンサント、または甘口の酒精強化ワイン[2]　大さじ2（30ml）

イタリア、スペイン、アジア圏の魚醤　大さじ1（15ml）
　P.12「ガルム」の項参照

クミン（挽いたもの）[3]　小さじ1/4

セイボリー　乾燥なら小さじ1/2、生なら小さじ1と1/2
　みじん切りにする
　P.13「セイボリー（セボリー、サボリー）」の項参照

---

†1　リーキが入手できなければ、長ネギで代用するとよいでしょう。
†2　発酵過程で特別なアルコール操作を加えた葡萄酒。ポルト（ポートワイン）やバニュルス、マルサラ、シェリーなど色々あり辛口のものもあるため、購入時に確認するとよいでしょう。
†3　市販のパウダーを使うのがよいでしょう。
†4　ウィニダリウスは5〜6世紀頃北イタリアで活動した東ゴート人と目されています。
†5　省略版の小編という意味でタイトルがつけられていますが、その実態は、アピキウスという当時の有名人の名を借りてウィニダリウス自身のレシピを付け加えて発行した異本です。

パティナ・デ・ピリス（ナシのパティナ）†

****

都市・地域：帝政ローマ
時代：1世紀から4世紀頃

> **当時の文献から**
>
> ナシのパティナ：芯を取り除いたナシをゆで、コショウ、クミン、ハチミツ、パッスム、ガルム、少量のオイルを合わせてすりつぶす。卵を加えてパティナを作り、コショウを振って供する。
>
> 出典：アピキウス『料理帖』

ポンペイの遺跡で見つかった、果物かごと花瓶の絵

このレシピは、フリッタータの甘味版といったところで、古代ローマではデザートに分類されていた。ナシとハチミツのせいで甘いことは甘いが、現代人が食後にデザートとして期待するような味ではまったくない。デザートにクミンとコショウが使われているのは許せるとしても、リクアメンとしても知られているガルムが入っていると知ったら、ふつうは無難にチョコレートアイスクリームのほうを選ぶのではないだろうか。ガルムは古代ローマ人がひどく好んだ発酵させた魚の調味料で、塩の代わりに使われることがよくあった。東アジア料理では今でもよくレシピに登場する。

マグロやサバなどの魚、塩、そしてハーブ類を原料とするガルムの製造は、地中海沿岸地域における一大産業だった。大プリニウスはガルムを「極上の飲み物」と呼び、「ガルム・ソキオルム」（同志のガルム）という名のスペイン南部（特にカルタゴ・ノバ郊外、現在のカルタヘナ郊外）で作られるタイプのガルムをとりわけ好んだ。そして味よりも香りのよさのほうを重視すべきだと説いていた。ガルムは食材としても薬としても重宝されている。プリニウスによれば、犬に噛まれた傷や耳の痛みに効くという。胃や腸が痛いときには、奇数個のアフリカ産カタツムリをガルムに漬け込んだものを食べればたちどころに治るらしい（ということは偶数個だと悪化するのだろう）。薬効に関しては、プリニウスだけではなく、ギリシャの外科医ガレノスも、ガルムは潰瘍（かいよう）の治療に使え、浣腸剤（かんちょう）として用いれば座骨神経痛の症状を和らげるとしている。ここでひとつ、現代医学の恩恵をありがたく噛みしめよう。

問題はガルム作りだ。地中海の熱く照りつける太陽のもと、発酵中の魚を入れた大樽（おおだる）を屋外に置けば、近隣の不動産価値が大暴落しかねないほどの悪臭を放つ。ガルムの臭いがあまりにすさまじいので、新設のガルム製

† パティナとは平鍋の意味で、この平鍋は陶器または青銅でできた耐火性のものだそうです。そしてこの平鍋には卵が使われたのが特徴です。

＊ビザンツ帝国の法学者コンスタンティノス・ハルメノプロス（1320頃〜1385頃）が編纂した法の手引き書。6巻本だったので、『ヘクサ（ギリシャ語で6の意）ビブロス（ギリシャ語で本の意）』と呼ばれた。

造工場はすべて市街地から遠く離れた場所に建てるよう法律で規制する地域もあった。ビザンツ帝国の『ヘクサビブロス』＊の中にもそのような条例が見られる。ガルムにはまた、食後どうするか問題があったらしい。ガルムを食べ過ぎたあとの腐敗臭を放つゲップについて多くの作家が語っているし、詩人マルティリアスは、ガルムを6杯も飲んだ女性に平気で言い寄り続けたある青年を猛者に認定している。というわけで、このレシピではガルムは控えめにしてみた。魚臭さは感じられず、塩味系の旨味だけが出ると思う。言葉で語ることが難しいこの旨味は、古代ローマ料理ならではの味だ。ただ念のため、食後の数時間は人にキスするのはやめておこう。

作れる量：4人分　調理時間：1時間

---

1. 白ワインを大きめの鍋に入れ、ナシが浸るくらいの水を加える。火にかけて弱火で沸騰させる。ナシの皮をむいて芯を取り、半分に切って鍋に沈める。10〜15分、完全に火が通るまで煮る。数分ごとにスプーンを使って、ナシがワインに浸かったまま浮かび上がってこないようにする。果物ナイフを刺してみてスッと通れば、火は通っている。ナシを鍋から注意深く取り出し、ハチミツ、黒コショウ、クミンと一緒に手かフードプロセッサーでピュレ状にする。

2. オーブンを175℃に予熱する。

3. ナシのピュレが冷めたら、卵、デザートワイン、魚醬、そしてオリーブオイルを加え、滑らかになるまでよく混ぜる。

4. 小さめのキャセロール鍋に薄くオリーブオイルを塗り、3を注ぎ入れ、中央に火が通るまで20分焼く。オーブンから取り出して、すぐに供する。お好みで挽きたての黒コショウを振りかけてもよい。

[材料]

甘口の白ワイン　1本（750ml）

ナシ（中くらいの大きさで果肉が締まっていて熟したもの）†1　4個

ハチミツ　大さじ2（30ml）

黒コショウ（挽きたてのもの）　1つまみ
　好みにより仕上げ用を分量外に
　少々

クミン（挽いたもの）†2　1つまみ

卵（Lサイズ）　4個

甘口デザートワイン　120ml

イタリア、スペイン、アジア圏の魚醬
　大さじ1（15ml）
　P.12「ガルム」の項参照

エクストラバージンオリーブオイル
　大さじ1（15ml）

†1　アピキウスも本書の著者も洋ナシを使うことを想定していますが、ピュレして味わうので、日本のナシを使って構いません。ナシと洋ナシで味の違いがあるかを調べるのも楽しいでしょう。
†2　市販のパウダーを使うのがよいでしょう。

揚げ魚のハーブソース添え

****

都市・地域：帝政ローマ
時代：1世紀から4世紀頃

寝そべって食事するディドとアエネアス。
5世紀の絵画

> ### 当時の文献から
>
> 揚げ魚に添えるハーブ入りソースの作り方：
> 好みの魚をさばいて塩をし、揚げる。コショウ、クミン、
> コリアンダーシード、シルフィウムの根、オレガノ、
> ヘンルーダを合わせて粉々にすりつぶす。
> 細かくなったらビネガーを加えて湿らせ、
> そこにデーツ、ハチミツ、デーフルトゥム、オイル、
> ガルムを加える。鍋に入れて混ぜながら沸騰させる。
> 沸騰したら揚げた魚にかける。コショウを振って供する。
>
> 出典：アピキウス『料理帖』

　アピキウスはこの甘いハーブ入りソースを揚げ魚に添えているが、ほとんどの料理にとてもよく合う。きっと古代ローマで最も愛好された食材の1つ、シルフィウムが使われているせいだろう。唯一の問題は、大プリニウスによれば、シルフィウムはその最後の1本が皇帝ネロ（在位54〜68）の口に入ったあと、絶滅してしまったらしいことだ。シルフィウムが今でも北アフリカに野生種として残っていると考える人もいるようだが、いずれにせよこの植物の正体は今もなお突き止められていない。ありがたいことに、ネロに食べ尽くされたシルフィウムの代わりにぴったりの、アサフェティダ（すなわちヒング）というハーブをローマ人が発見してくれた。そういうわけで、本書では、パルティア帝国（P.53「プルム・パルティクム（鶏のパルティア風）」参照）から東方世界一帯に広まったこの香草を使うことにする。しかし、元のレシピで使われている有名食材については次のとおり伝えられている。

> ギリシャの著述家たちの中でも最も信頼のおける人びとがこう記している。この植物が最初に発見されたのは、ヘスペリデス*の苑や大シルティス*付近で、真っ黒い雨が降った直後に、水浸しになった地面から生えてきた。ローマ暦143年、キュレネ*の町が建設される7年前のことだった。
>
> ——大プリニウス『博物誌』

＊ヘスペリデスは現在のモロッコの西岸のララシュ（アライシュ）付近。古代名はリクスス。大シルティスはリビアのシドラ湾。キュレネは現リビアにあった古代ギリシャ都市。現在のキレナイカ。

† アピキウスの『料理帖』でのラテン語表記は、「ユース・ディアボタノン・イン・ピスケ・フリスコ」となります。

キュレネは現在のリビアの沿岸地域に位置していた町で、エジプト、ギリシャ、そしてローマにシルフィウムを輸出して富を築いていた。ローマでは、「内戦が始まって間もなく、独裁官カエサルは、金や銀だけでなく国庫から持ち出しまでして、1500ポンドものラセルピキウム（シルフィウムの樹液）を購入した」という。

金や銀にも値する高い価値はその味にあったと思われるが、多くの薬効があることも関係していたかもしれない。プリニウスによれば、シルフィウムは低体温症に苦しむ患者の体温上昇、足にできた魚の目の治療、消化促進や利尿、ヘビに噛まれたときの毒の中和、痛風、胸膜炎、化膿性扁桃腺炎、座骨神経痛、てんかんなどの治療に用いられたという。万能薬のように思えるが、プリニウスは次のように警告している。

歯痛のときはロウでくるんだ樹液の丸薬を虫歯の穴に詰めるとよい、という記述もあるが、個人的にはおすすめできない。ある人がこの治療を試みたあとに屋根から真っ逆さまに飛び降りた、というとんでもない事件が発生したので、やらないほうがよいと忠告されたからだ。そのほか、よく知られた事実として雄牛の鼻面に樹液を擦りこむと怒り狂うということや、爬虫類はワインが大好物なので、ワインと混ぜて蛇に与えると体が破裂するまで飲む、ということも知られている。

薬効だけ見ても、この貴重なハーブの価値は明らかだが、シルフィウムはまた催淫剤や避妊薬としても評価が高く、ローマの国庫にふんだんに備蓄されていたのもうなずける。代わりに用いるアサフェティダについては、惚れ薬や痛風治療薬として役立つかどうかは何とも言えないのが残念だが、味に関しては期待を裏切らないと約束できる。

キュレネのマガス（紀元前4〜3世紀のキュレネ王）が片面に、シルフィウムとカニがもう片面に刻まれている硬貨

[材料]

魚[†1]　1尾（約680g）または切り身で約
　　450g

海塩[†2]　小さじ1

赤ワインビネガー　大さじ3（45ml）

ハチミツ　大さじ2（30ml）

エクストラバージンオリーブオイル
　　大さじ2（30ml）
　　揚げ油用は分量外

モストコット　大さじ1（15ml）、または
　　ブドウジュース80mlを15mlまで煮
　　詰めたもの

イタリア、スペイン、アジア圏の魚醤
　　大さじ1
　　P.12「ガルム」の項参照

デーツ　3個
　　種を取り、みじん切りにする

生のオレガノ　大さじ1
　　みじん切りにする

黒コショウ（挽きたてのもの）　小さじ
　　1/2

クミン[†3]（挽いたもの）　小さじ1/2

コリアンダー（挽いたもの）　小さじ1/2

ヒング（アサフェティダ）　小さじ1/2
　　P.12「ヒング（アサフェティダ）」の項
　　参照

乾燥ヘンルーダ　小さじ1/2
　　P.13「ヘンルーダ」の項参照

作れる量：魚1匹分とソース2人分　　調理時間：20分

---

1. 魚を洗ってはらわたを取り除く。身の両面に斜めに浅く切り込みを数本入れ、全体に塩を振る。切り込みの中も塩で味つけする。ソースを作るあいだ置いておく。

2. ソースを作る。小鍋に赤ワインビネガー、ハチミツ、エクストラバージンオリーブオイル、モストコット、そして魚醤を入れて混ぜる。ここにデーツ、生のオレガノ、黒コショウ、クミン、コリアンダー、アサフェティダ、そして乾燥ヘンルーダを加える。中火にかけて沸騰させたら、そのまま2分煮立ててから、弱火にして魚を用意するあいだ、冷めないようにしておく。

3. スキレット（鋳鉄でできた小型のフライパン）に約1cmの高さにオリーブオイルを入れ、強火で熱してオリーブオイルが205℃になるまで温める。中火にし、魚をそっとオリーブオイルに入れる。片面を4～5分揚げる。スキレットに魚を入れたあとは触らないこと。魚の身が崩れるのを防止するためだ。4分経ったら、魚用のフライ返しで持ち上げてみて、火が通っているかチェックする。スキレットにくっついているようなら、さらに1分揚げ続ける。その後、身を崩さないように魚をひっくり返して、反対側を同じ時間揚げる。揚げ終わったら魚をスキレットから取り出し、ペーパータオルの上に置いた油切り網にのせて、油を切る。油が切れたら、魚を皿に盛り、上からソースをかけて供する。

・・

History Fact: シルフィウムの鞘（さや）はハート形だったそうで、現在のようにハート形が恋愛のシンボルと見なされるようになったのは、古来恋愛と関連づけられてきたこの植物に由来するという説もある。

・・

---

†1　魚を具体的に指定していないのは、アピキウスが「好みの魚」と言っているため、著者もそれを尊重しているようです。『料理帖』の第9巻「海産物」では、イワシ、ボラ、マグロなどの記述が見られるので、それらの中からスーパーで入手しやすい魚を選ぶといいでしょう。

†2　海塩がなければ、一般の塩を使ってかまいません。

†3　市販のパウダーを使うのがよいでしょう。以下、「挽いたもの」についての対応は同様とします。

プルム・パルティクム（鶏のパルティア風）

****

都市・地域：帝政ローマ
時代：1世紀から4世紀頃

> **当時の文献から**
>
> 鶏のパルティア風：丸鶏を開いて4等分にする。
> コショウ、ラベージ、キャラウェイ少々を粉々にすりつぶし、
> ガルムを加えて湿らせ、ワインで味付けする。
> 鶏肉を陶器の皿に入れて調味料を上にのせる。
> シルフィウムをぬるま湯で溶かし、鶏肉の上からかけ、焼く。
> 食べる直前にコショウを振りかけて、供する。
>
> 出典：アピキウス『料理帖』

遊牧民エフタルの銀鉢に施された浮彫。遊牧民族の流儀で後ろ向きに矢を射る姿が象（かたど）られている。

プルム・パルティクムはローマのレシピだが、その名前はローマの貿易相手にして宿敵でもあったパルティア帝国に由来する。パルティアは、中国とローマとを結ぶシルクロードの途中に位置し、現在のアフガニスタン、イラン、そしてイラクにあたる地域を紀元前247年から紀元後224年にかけて支配した。アジアの地で絶好の位置に国を築いたおかげで、パルティアは歴史上偉大な仲介者として名を馳せることができた（そのうえ軍事力に優れ、中東文化に多大な影響を与え続けていることはもちろんである）。

ローマの輸出品は金、銀、香水、ガラス、そしてアスベスト（石綿）でできた布などだった。そう、ぼくが子どもの頃住んでいた家の壁に含まれていたあのアスベストだ。アスベストが肺に刺さって30歳になる前に死ぬと言われてきたが、まだとても元気に生きている。古代ローマにおいて石綿製の布は珍しい品物として使われていたらしい。6世紀、ササン朝の王ホスロー2世（在位590〜628）は、汚れを取るためだと言ってアスベスト製のディナー用ナプキンに火をつけてみせ、宴席の客たちを驚かせるのが好きだったという逸話が残っている。

中国の輸出品はヒスイ、香辛料、そして絹が多かった。しかし同時に、中国もローマから絹を輸入していた。ローマ人は、雑多な繊維でできた分厚い織物が中国から届くと、ほどいて織り直し、現代人にも馴染みのある絹織物に似た薄手の布地を作っていた。しかし商魂たくましいパルティア人は、中国人に対して、ローマから来る絹はローマの蚕（そんなものは存在しない）から作った新品であるとうそをつき続けた。つまり自分たちが糸市場を独占

54

***

古代

*地中海東岸、カスピ海沿岸など諸説ある。

[材料]

丸鶏　1羽、1.5kg

辛口の赤ワイン　235ml

イタリア、スペイン、アジア圏の魚醤　大
　さじ3（45ml）
　P.12「ガルム」の項参照

乾燥ラベージ、または乾燥セロリの葉
　大さじ1
　生のセロリの葉であれば大さじ2

黒コショウ（挽いたもの）[†]　小さじ1と
　1/2
　仕上げ用は分量外

キャラウェイシード（挽いたもの）　小さ
　じ1と1/2

ヒング（アサフェティダ）　小さじ3/4
　P.12「ヒング（アサフェティダ）」の項
　参照

ぬるま湯　60ml

[†] 市販のパウダーを使うのがよいでしょう。以下、
「挽いたもの」についての対応は同様とします。

している事実を知らずにいた中国のおかげで、織物の価格が低く抑えられ
ていたというわけなのだ。パルティア側は自分たちの策略がばれるのを恐
れ、交易相手のローマと中国が互いに直接交渉しないよう立ち回った。「絹
を買いたい？　ガラス製品も欲しい？　でしたら、わが国を通していただか
ないと」。そうしたやりとりの場を仕切るパルティア人たちの能力がいかに
優れていたかは、彼らの鉄壁に何とか風穴を開けられた人物が漢王朝
400年の歴史を通じてただ1人しか記録に残っていないことが証明している。
　5世紀に書かれた漢代の年代記『後漢書』によると、97年に名将・班超
は甘英を大使に任命し、彼らが大秦王国と呼んでいた遠方の国、すなわち
ローマ帝国へ遣わせた。甘英はどういうわけか全く妨害を受けずにパル
ティアを横断、ペルシャ湾*まで到達できた。しかしそこからローマに向かお
うと船を求めたとき、彼はこう言われた。「これは大海ですよ。［中略］向か
い風が吹いたものなら、到着までに2年はかかるでしょう。［中略］大海原と
いうのは故郷を思い出させ、望郷の念をかき立てるもの。辛くて死んでしま
う人もいるのですよ」[1]
　甘英を諦めさせるにはこれで十分だった。ローマから戻った水夫たちか
らの受け売りの報告をたずさえて、甘英は中国へ戻っていった。

作れる量：4人分　調理時間：1時間

1.　オーブンを230℃に予熱する。
2.　丸鶏を開いて4つに分け、オーブン皿に平たく置く。皮をカリッとさせた
ければ、アルミホイルにくるんで一晩冷蔵庫で寝かせるとよいが、やらなくて
もよい。
3.　辛口の赤ワインと魚醤を中くらいのボウルに入れ、ラベージ、黒コショ
ウ、キャラウェイシードを混ぜ入れる。これを鶏肉の上から注ぎ、皮全体に
もみ込むようにする。
4.　小さいボウルにヒングとぬるま湯を入れて混ぜる。鶏肉の上からかける。
5.　鶏肉の入った皿をオーブンの中段に置いて、40〜45分焼く。インスタ
ント読み取り肉温度計を胸肉部分に刺して、74℃になっていればよい。
6.　鶏肉が焼けたら、皿をオーブンから取り出して、そのまま10分ほど置く。
鶏肉から出た肉汁をかけ、挽きたてのコショウを振りかけて供する。

仔豚のウィテリウス風[†]

****

都市・地域：帝政ローマ
時代：1世紀から4世紀頃

当時の文献から

仔豚のウィテリウス風：イノシシ料理と同じ方法で
仔豚の下ごしらえをする。塩を振りかけてオーブンで焼く。
すり鉢にコショウとラベージを入れ、
ガルム、ワイン、そしてパッスムで湿らせる。
鍋にオイルを少々入れて熱し、
焼いた仔豚を入れたらソースを絡めながら加熱して、
皮の中までソースがしみ込むようにする。

出典：アピキウス『料理帖』

皇帝ウィテリウスにちなんで名づけられた料理はいくつかあるが、甘くスパイシーなソースを添えたこの豚肉料理は、ぼくも大好きだ。オリジナルのレシピでは豚を丸ごと1頭使うが、ここでは現代式晩餐の食材事情に応じて分量は減らしている。もし仔豚が手に入ったら、ソースの分量を増やすだけでよい。このレシピやほかの有名な古代ローマ料理にアウルス・ウィテリウスの名がついているといっても、これらの料理が彼の好物だったかどうかは疑わしい。それよりも、食べ物に縁深い暴食の皇帝に敬意を表してのことだろう。なにしろウィテリウスの在位期間は、ほかの業績を成し遂げる時間もないほど短かったのだから。

紀元後69年は「四皇帝の年」と呼ばれている。ウィテリウスは3番目の皇帝だった。ネロの死後、新皇帝ガルバはウィテリウスを軍司令官として現在のオランダである属州の下ゲルマニアへ派遣した。ガルバはウィテリウスの指揮官としての手腕を買っていたのではない。歴史家のスエトニウスによれば「食べることしか考えていない者など全く恐れるに値しないし、属州の実りをあてがえばウィテリウスの底なしの胃袋も満たせるだろう、とガルバは常々公言していたことから、この人事はどう見ても抜擢というより軽蔑ゆえのことだったのである」（スエトニウス「ウィテリウス伝」7〈『ローマ皇帝伝』より〉）。

しかしガルバにとって忌々しいことに、ウィテリウスは属州の軍隊から圧倒的に支持されたのである。そんなわけで、軍人たちはウィテリウスを皇帝として担ぎ上げ、ガルバを退位させるためにローマに戻ってきた。しかし彼

[†] アピキウスの『料理帖』でのラテン語表記は、「ポルケルム・ウィテリアヌム」となります。

ローマ皇帝ウィテリウス

らが町に入る前にガルバは暗殺され、オトが次の皇帝の座についていた。皇帝は1人で十分だとばかりに、ウィテリウス軍はオト軍をベドリアクムの戦いで破り、ウィテリウスがこの年3番目の皇帝になった。かねてからウィテリウスは並外れた食欲で有名だったが、人びとの上に立つ者となったことでその評判も不動のものとなった。

彼は豪勢な食事を1日に3回、ときには4回とった。すなわち、朝食、昼食、夕食、そして大酒呑み勝負である。吐剤を常用していたので、毎回の食事を難なく堪能することができたのである。

スエトニウスによれば、ウィテリウスの毎日の食費は40万セステルティウスにもなったらしい。今日の金額に換算すれば1日20万から80万ドル（3086万円から1億2347万円）だろうか。ウィテリウスの弟が主催した夕食会では、

最高級の魚が2000匹と鳥が7000羽［中略］あまりに大きいために「都の守護神ミネルヴァの盾」と彼が呼ぶ皿の上に［中略］カワカマスの肝、キジとクジャクの脳、フラミンゴの舌、そしてヤツメウナギの白子を盛り合わせた。食材はすべて、パルティアからジブラルタル海峡にいたる帝国全域より、軍の指揮官たちや三段櫂船［ガレー船］乗組員によって持ち帰られたものだった。

スエトニウスはまたウィテリウスについてこう断言した。

彼はただ食欲に限界がなかっただけでなく、その欲望を時宜かまわず発揮したのである。神へ捧げる儀式の最中でさえ、祭壇に置かれた肉や菓子をつかみ取らずにおれず［中略］その場でがつがつ食べ始めてしまうのだった。

スエトニウスはどうみてもウィテリウスの熱烈な支持者ではなかった。だから、ウィテリウスがたった数カ月の在位ののち、短くも血なまぐさい内戦に続いて皇帝の座から降ろされ、この年4人目にして最後の皇帝ウェスパシアヌスが即位したときも、おそらくそれほど動揺しなかっただろう。ウィテリウスは拷問ののちに斬首され、遺体はテベレ川に捨てられ、人びとがその晒し首を持って町中を練り歩いた。血みどろの末期と言うほかないが、ともあれ後世の人間がウィテリウスを話題にするのは専ら食べ物のことであるようだ。

あらゆる種類の最も高価な肉が遠方から運ばれ［中略］非常に金のかかる方法で調理されたので、今もなお、いくつかのケーキ

…さまざまな料理がウィテリウスの名を冠しているのである。

——カッシウス・ディオ（ローマ帝国の政治家、歴史家）[1]

[材料]

豚の骨付き肩肉（または同じような部位）
　1.8〜2.7kg

コーシャー塩

甘口のデザート白ワイン（モスカートなど）　470ml

軽い白ワイン（ピノグリージョなど）
　235ml

エクストラバージンオリーブオイル
　大さじ3（45ml）

生のラベージ、またはセロリの葉
　大さじ2
　みじん切りにする
　P.13「ラベージ」の項参照

イタリア、スペイン、アジア圏の魚醤　大さじ1と1/2
　P.12「ガルム」の項参照

黒コショウ（粗挽きのもの）　小さじ1/2

作れる量：8〜12人分　調理時間：20時間30分

---

1. よく切れるナイフを使い、豚肉の脂肪の層の表面に、約2.5cmの間隔をあけて、網目模様になるよう斜めに切り込みを入れる。赤身の部分は切らないこと。全体に塩を擦りこむ。切り込みの中にも塩がいきわたるようにする。アルミホイルでくるんで12時間から24時間冷蔵庫で寝かせる。

2. オーブンを120℃に予熱し、オーブンラックを一番下の段にセットする。

3. 豚肉を冷蔵庫から出し、1時間室温で置く。ローストパンの中にグリルラックを置き、豚肉の脂肪がついているほうを上にしてのせる。覆いをせずにオーブンに入れ、一番厚みのある部分に温度計を刺して85℃になるまで焼く。オーブンの機能や肉のサイズによって変わるが、だいたい6〜8時間かかる[†1]。正しく温度を計測するには、温度計が骨にあたらないようにすること。焼けたらオーブンから取り出し、アルミホイルで中身に接しないように覆って、30分置く。

4. ソースを作る。デザートワイン、白ワイン、オリーブオイル、ラベージ、魚醤、そして黒コショウを中くらいの鍋に入れたら、中火にかけてふつふつ煮立てる。約30分[†2]、1/3量になるまで、ときどきかき混ぜながら煮詰める。現在一般的なとろみの強いソースではなく、ビネグレットソースのようなさらりとしたソースにする。

5. ローストした豚肉からアルミホイルを外し、ソースの半量をかける。脂肪部分の割れ目にソースが流れ込むようにする。残りのソースは、切り分けたローストにかけるためにとっておき、一緒に供する。

・・

History Fact: 英国最古の英雄叙事詩『ベーオウルフ』の現存最古の写本はコットン・ウィテリウス写本A-15と呼ばれるが、これは16世紀イングランドの政治家ロバート・コットン卿の蔵書だったとき、皇帝ウィテリウスの胸像で飾られた棚に置かれていたためである。

・・

†1　低温調理のローストポークのレシピです。現代式晩餐の時間事情に応じて2時間程度の焼き上げに時間短縮してもよいかもしれません。

†2　中火で30分煮詰めると焦げつく恐れがあります。焦げつきを避けるため、沸騰したら、もしくは最初から、弱火にかけてもよいでしょう。

ブリテン諸島
The British Isles

60

ブリテン諸島

ミード

****

都市・地域：イングランド
時代：1300年頃

> **当時の文献から**
>
> ミードの作り方。
> 上等なハチミツ1ガロンを用意する。
> 4ガロンの水を火にかけ必要なだけ温め、
> ハチミツを溶かす。さらに火にかけて沸騰させ、
> 浮いてくるアクをしっかりすくう。火からおろして
> 別の容器に入れて冷まし、
> 搾りたての牛乳くらいの温度にする。
> 上等なエールの粕または醸造時の泡を
> 水とハチミツの混合物に加え、よく混ぜる。
> このとき、バームを液体に加える前に
> 容器が安定しているか確かめること。
> それからバームかカスを入れるとよい。
> よくかき混ぜたら容器を藁か布地で覆い、
> 寒いときは3日3晩、暖かいときは1昼夜寝かせる。
> しかし少なくとも1〜2時間後にハチミツ酒を味見してみて、
> 甘ければ澱を残して引き上げる。
> ただし、舌を刺すような味がするときはさらに寝かせる。
> 澱を残して上澄みの部分だけをほかの清潔な容器に移し、
> さらに1〜2晩寝かせ、
> 供するときはさらに別の清潔な容器に注ぐ。
>
> 薬効のあるミードを作るなら、
> セージ、ヒソップ、ローズマリー、キンミズヒキ、ユキノシタ、
> ベトニー、ベニバナセンブリ、ギンセンソウ、コタニワタリ、
> タイム、ニガハッカ、セイヨウオトギリを、
> 12ガロンの液体に対して
> それぞれ1つかみずつ入れる。
> 液体が少ない場合はハーブの量も減らす。
> 液体4ガロンに対してエールの粕は1ガロン使う。
>
> 出典：トラクタス写本（13世紀頃の大学の小冊子の写本）、フォリオ20レクト

養蜂の様子を描いた14世紀の絵。
『健康全書』より

＊バラモン教の聖典の1つ。

＊英国最古の英雄叙事詩。8世紀以降成立。
　P.57のHistory Factも参照。

ードすなわちハチミツ酒はワインやビールに比するほど種類が豊富で、ハチミツを利用していたほとんどすべての文明がミードを造っていた。中国、インド、ギリシャ、そしてローマの古代文明はみな、この飲み物を賞賛していた。たとえば、インドのバラモン教聖典『リグ・ベーダ』＊第8巻の第48讃歌にはこうある。「私たちに命を与えてくれる源［中略］すべての神々と生きとし生ける者たちが口にするもの、すなわちミース［ミード］」。

　1300年頃に書かれたこの英語のレシピは、最も簡単で早くできるミードの造り方の1つで、初期中世を通じて大半のミード愛飲者が入手できたレシピだと思われる。甘みが強い、低アルコールの発泡飲料だ。紀元後550年頃に書かれたウェールズの詩『カヌ・イ・メド』すなわち「ミードの歌」では、この発泡性ミードについてこう歌っている。

ミードをくれるのはモナのマエルグン、このミード台から
美しい色の酒を注いだミード用角杯を次々と手渡す。
ハチはハチミツを集めたが、自分たちには使わない。
それは（泡立つ）ミードに役立てるため、
讃えられるべき虫ではないか。

　ヨーロッパ北部の人びとにとってのミードは、たんに酔うためだけの飲み物ではなかった。ミードは部下を引き立てつつ主従関係を強固にする手段として用いられていた。たとえば、『ベーオウルフ』＊では、フロスガール王がヘオロットと呼ばれるミードホール（饗応用の館）へ戦士たちを招いている。そのあとグレンデルがやって来てほとんど全員を殺してしまうのだけれど。

　ヨーロッパ北部の神話に登場するミードは、飲んだ者に不思議な力を授ける飲み物だ。北欧神話では「詩の蜜酒」がとりわけよく知られている。

　神族どうしの抗争が終わったとき、神々は大桶の中に唾を吐くことによって停戦協定を結んだという。分かりやすい方法である。そしてこの唾液の中からクワシルという人間が造られた。クワシルは偉大な詩人であり、誰よりも賢いとされていた。神々は困り事があるとかならず彼の知恵に頼るようになった。北欧神話の神々にとってのウィキペディアのようなものだ。クワシルは、神々から呼ばれていないときはミズガルズ（北欧神話における人間たちの住む領域）へ行って、人間や生き物たちに知恵を授けていた。

　ある日クワシルはフィアラルとガラルという小人に出会う。小人たちは彼を家に招待した。「どうぞ入ってください。ミードを造りますから」。言葉通り小人はミードを造った。しかしそれはクワシルを殺して造ったミードだった。クワシルの血を3つの容れ物に分け入れ、ハチミツを加えて造ったその酒が詩の蜜酒となったのだ。これを飲めば誰でもクワシルの知恵と詩才をほ

*オーディンは戦争と死、知識と詩文、
　そして魔術と計略の神。

んの少し手に入れることができるのだった。フィアラルとガラルにとっては残念なことに、3つの容器に入ったミードはあっけなく巨人スットゥングに横取りされてしまった。ここで唯一無二の大神オーディンに目をつけられる。

　オーディンはいかにも彼らしく*、スットゥングを計略にかけ、3つの容器それぞれから1口ずつミードを飲ませてもらう。しかし神であるオーディンの1口は容器の中身全部を飲み干すに十分で、その味見だけで大樽は3つとも空になってしまった。　それからワシに変身したオーディンは、アースガルズ（神の住む領域）目指して飛んでいった。彼は家に着くとミードを器に吐き出した。この先、詩作に行き詰まったら飲むためにとっておこうと思ったのだ。しかし、このとき口から出たよだれが少し地上に落ちてしまったせいで、世間にくだらない詩が生まれるようになったという。

[材料]

天然水　4L

非加熱ハチミツ（保存料無添加の100％純ハチミツ）　1350g

「薬効のある」ミードを造る場合生のハーブ　110g

お好みで…レシピには多くのハーブがいるとされているが、入手が容易なセージ、ローズマリー、タイムなどでよい

エールバーム、またはドライ・エール・イースト　小さじ2
　P.12「エールバーム（エールイースト）」の項参照

お好みで…イースト栄養剤またはブースター（製品によってはイーストの量を減らしたほうがよいので、各商品のパッケージの指示に従うこと）

作れる量：ミード4L　調理時間：5～9日

---

1. 大きな鍋に天然水を入れ、強火で沸騰させる。火からおろしたら、すぐにハチミツを加えて溶かす。

2. 鍋を再び強火にかけて沸騰させ、アクが浮いてきたらすくう。通常、市販のハチミツからはあまりアクは出ない。5分沸騰させたら火からおろし、清潔なポットか大きめのジャーにゆっくりと注ぎ入れる。ミードの発酵用に陶器のジャーを使う場合は、煮立った液体を直接入れてもよい。ガラスの容器を使う場合は、ガラスが割れるのを避けるため、まず清潔な金属の容器に入れて少し冷ましてからガラス容器に入れたほうがよい。ハーブ入りの「薬効」のあるミードを造るには、ミードを冷ましているタイミングでハーブを加える。

3. ハチミツと水の混合液を37℃まで冷ます。発酵用としてガラス容器を使う場合は、このタイミングでガラス容器に移す。エールバームまたはイースト、そしてイースト栄養剤を加え、溶けるまで混ぜる。

4. アルミホイルか布巾を中身に接しないようにかぶせ、直射日光を避けて3～7日間寝かせる。

5. 瓶に詰める。容器の底にたまっているイーストの澱はなるべくボトルに入れないようにする。ボトルに発酵用エアロックキャップをつけ、ホコリが入らないように、エアロックに水を入れる。直射日光を避けて2晩寝かせる。

6. この時点でミードは飲めるようになっている。ボトルから直接注いでもよいし、サイフォンで抽出してもよい。そのまま注ぐときには、澱（ボトルの底に沈んでいるイースト）が混ざらないよう静かに注ぐ。この澱は次回のミード

詩の蜜酒を容器に次々と吐き出すオーディン。ヤコブ・シゲルソンによる挿画

造りのときに新しいイーストと一緒に加えると風味がよくなる[†1]。

Cook's Note: このレシピは、中世の人がよく飲んでいた甘くて濁った、アルコール度数の低いミードの手軽な造り方だ。アルコール度数を上げ、甘さを抑えるには、発酵期間を3カ月までのばす。発酵中はガスの圧力が高くなっていくので、ミードのボトルは密閉しないように[†2]。

[†1] 使用する容器や道具は、煮沸消毒後しっかりと乾燥させ（煮沸消毒できない場合は中性洗剤でよく洗った後しっかり乾燥させ）、消毒用エタノールで拭いて消毒を行います。

[†2] 個人でのミード造りについて。日本では個人での自家醸造が酒税法によって禁止されています。本レシピの通りに造った場合、お酒の自家醸造に当たるので、罪に問われます。海外では自家醸造が許されている国もあります。そういった国で生活する機会があれば、ぜひ本レシピでミード造りにトライしてください。
根拠法令等：酒税法第7条、第54条

ジンジャーブレッド

****

都市・地域：イングランド
時代：14世紀頃

当時の文献から

ジンジャーブレッドの作り方。
良質のハチミツを火にかけて透き通るまで温める。
上等な白パンを細かく砕いて熱いハチミツに加え、
鍋に焦げつかないようヘラで手早くかき混ぜる。
火からおろし、ショウガ［ジンジャー］、ヒハツ、
白檀［サンダルウッド］を加えて混ぜる。
この生地を平たくのばして砂糖を上から振りかけ、
周りや中心にお好みでクローブを刺せば完成。

出典：『英語による料理指南』

伝 説によれば、ジンジャーブレッドが最初にヨーロッパにやって来たのは992年、持ち込んだのはニコポリスのグリゴリオスというアルメニアの修道士だったという。グリゴリオスは、ハチミツと香辛料入りのケーキをフランスのボンダロワにいる修道士たちに送った。食べてみた修道士たちは、天国の食べ物だと信じたそうだ。これぞジンジャーブレッドではないか、とぼくなどは思ってしまうのだが、このときのジンジャーブレッドはジンジャー（ショウガ）がまったく使われていない、のちのフランス人が「パンデピス」つまりスパイス入りパンと呼ぶようになる食べ物だった可能性もある。奇妙な話だが、中世のジンジャーブレッドのレシピにはショウガが使われていないものも多い。ヨーロッパの宮廷でよく食べられていたパンのうち、何かしらの香辛料が入っていればジンジャーブレッドと呼ぶものと当時は認識されていたのだ。現代でも、ドイツのプフェッファークーヘン（ペッパーケーキ）にコショウが入っていることはまれだが、ショウガは入っている。非常にややこしい。

　昔、ジンジャーブレッドは上流階級の食べ物だった。『カンタベリー物語』の「トーパス卿の話」では、作者ジェフリー・チョーサーがクミンや砂糖といった高価な食材と並ぶ食物としてジンジャーブレッドを挙げている。

　　まずは甘いワインが運ばれてきた、
　　ミードが注がれた盃もあった、

左：ジンジャーブレッドの型を確かめるドイツの男性。16世紀
右：ヘンゼルとグレーテル。ジェニー・ニュストレムの挿画

ジンジャーブレッド

> ジンジャーブレッドの、
> 高貴な香辛料の香りも高く、
> さらに甘草に、クミン、
> 上質の砂糖まで揃っている。

　13世紀、ニュルンベルクの修道士がレープクーヘンと呼ばれるジンジャーブレッドを焼くようになった。この菓子は材料にも製法にも大変お金がかかったので、ギルドが設立されて製造を管理していた。クリスマスとイースターの時期以外は、ギルドのメンバーだけがこの贅沢なお菓子を作ることを許されていた。
　言い伝えによると、神聖ローマ皇帝フリードリヒ3世（在位1440～93）は、人気取りのために自分の顔型のレープクーヘンを4000個焼かせて、町の子どもたちに配ったという。英国のエリザベス1世もまた人型のジンジャーブレッドが好きだったが、彼女は自分の顔ではなく、客人である要人や宮廷人たちの似顔絵を焼かせて、贈り物にしていた。女王が他界して間もなく、幸いにしてジンジャーブレッドの価格は下がり、イングランド中の定期市で一切れ1ペニーで売られるようになった。
　ジンジャーブレッドは大衆のおやつになったことで、18世紀には大半のレシピそのものをまったく新しく作り直さなければならなくなった。柔らかなジンジャーブレッドケーキからビスケットタイプの硬いものまで、何種類ものレシピがのった本まであった。19世紀初頭の童話『ヘンゼルとグレーテル』が

広く読まれるようになってからは、お菓子の家の材料としてもよく使われるようになった。しかし、本書で取り上げる中世のジンジャーブレッドは、そのどちらにも似ていない。実際に材料としてブレッドつまりパンが使われているが、出来上がりはショウガの風味が強いねっとりしたジンジャーキャンディというほうが近く、ショウガが本当に好きな人にしかおすすめできない。

[材料]

白いパン（硬くなったもの）　12〜14切れ（238g）

ハチミツ　330g

ショウガ（挽いたもの）[†1]　大さじ1

ヒハツ（挽いたもの）　小さじ3/4
　P.13「ヒハツ」の項参照

白檀粉末（サンダルウッドパウダー）
　小さじ1/2
　着色したい場合に
　P.13「白檀粉末（サンダルウッドパウダー）」の項参照

砂糖　50gまたはそれ以下
　仕上げに振るのに十分な量があればよい

クローブ（ホール）　20〜25本

金箔[†2]

作れる量：2.5cm大が20〜25個　**調理時間**：2時間25分

1.　フードプロセッサーまたは手で白いパンを粗目の粉状にする。市販のパン粉を使ってもよいが、自分で作るパン粉のほうが食感はよくなる。

2.　ハチミツを大きめの鍋に入れて中火にかけ、シロップのような粘度が出るまで煮立てる。ハチミツは煮たてるとはねるので、小さな鍋は使わないほうがよい。ここにゆっくりとパン粉を入れていき、そのあいだ絶えずかき混ぜる。混ぜていくうちにまとまってきて、鍋肌からはがしやすくなってくる。混ぜ続け、完全にひとかたまりになってきたら火からおろし、ショウガ、ヒハツ、そしてお好みで白檀粉末を加える。オーブンペーパーの上にこの生地をのせ、へらで広げる。その上にもう1枚のオーブンペーパーを置いてめん棒で約1.2cmの厚みにのばす。ラップをかぶせて冷蔵庫で約2時間冷やす。

3.　ジンジャーブレッドが冷えたら、表面に砂糖を振りかけ、2.5cm角の正方形または好きな形に切り分ける。風味が強いので一口サイズにすることを忘れずに。かなりべたつくので、なるべく手で触れないようにする。1つひとつにクローブを刺し、金箔をほんの少しのせる。クローブは刺したままにして置き、食べるときに外す。

†1　市販のパウダーを使うのがよいでしょう。以下、「挽いたもの」についての対応は同様とします。

†2　金箔の分量は指定がないため、適宜と考え、左のページ（P.66）を参考に振りかけてみるとよいでしょう。ちなみに、金箔は製菓材料の売り場などで入手できます。

ドゥースアーム（ケイポンのミルクとハチミツ煮）

都市・地域：イングランド
時代：1390年頃

* リチャード2世の治世期にあたる1390年頃に、王のリクエストに応えて宮廷料理長がまとめた料理指南書。

当時の文献から

ドゥースアーム。良質の牛乳を鍋で温める。
パセリ、セージ、ヒソップ、セイボリー、
そのほか良質のハーブを用意する。
ハーブを刻んで牛乳の鍋に入れて煮る。
ケイポンを半身にして焼き、いくつかに切り分ける。
松の実と温めて濾過したハチミツを加える。
塩を加えてサフランで色付けし、供する。

出典：『ザ・フォーム・オブ・キュリー（料理の方法）』*

甘く仕上げる14世紀の鶏肉料理、ドゥースアームにはケイポンが使われていた。ケイポンとは、13世紀イングランドの学者バルトロメウス・アングリクスによると「睾丸を取り除かれて雌鶏のようになった雄鶏」、つまり去勢鶏のことである。これを見かけることは現代ではあまりないだろうけれど、中世とルネサンス期のヨーロッパの料理書にはよく登場する。しかしその歴史はさらに昔へとさかのぼる。

誰が最初に雄鶏を去勢したのかは不明ながら、一説によれば紀元前162年の古代ローマで干ばつが起きたときに始められたという。『奢侈禁止令』と呼ばれる一連の法律が制定され、そこで、さまざまな条項に混ざって、穀物の節約のため雌鶏を肥やすことを禁じる条項がある。しかし雄のほうの鶏は去勢すると体が大きくなることも判明した。去勢鶏は「切る」を意味する（ラテン語の）「カポ」の語を原義として、ケイポンと呼ばれるようになった。

西ローマ帝国の滅亡とともに去勢鶏の慣習は廃れたが、中世に裕福の証として復活した。詩人チョーサーは托鉢修道士と縁のある食物という認識だった。彼はしばしば修道士や托鉢修道士に対する侮蔑を表すため、その食事の贅沢さをあげつらった。「召喚吏の話」に出てくる托鉢修道士は、大量の食事を手配させておきながら自分が全く大食漢ではないと主張しようとする。

ケイポンは丸ごとではなくレバーだけ、

パンもその柔らかいのを細く1本だけ、
そのあと丸焼き豚の頭はいただくにしても
私用（わたし）に潰していただくお手数は無用。
普通の食事を十分、あなたとご一緒させていただきましたから。
私はわずかな食事でやってゆけるのです。

　シェークスピアも去勢鶏を富と大食に結びつけている。フォルスタッフという登場人物はとりわけケイポンの料理を好み、『お気に召すまま』では、シェークスピアはケイポンを人生の第5段階、つまりある程度の富と知恵をそなえたときに賞味する料理であるとした。

そして次には裁判官
肥育鶏を食べてはち切れそうな太鼓腹、
眼光鋭く髭はいかめしく、
口にするのはごもっともな格言や平凡な判例
そんな役割を演じるのだ。

作れる量：4人分　　調理時間：1時間

[材料]

鶏肉（またはケイポン）　1〜1.5kg
　大きめに切り分ける（脚と手羽はそのまま、ムネとモモは2〜3切れに分ける）

エクストラバージンオリーブオイル、または溶かした無塩バター　大さじ3〜4

牛乳　475ml

生クリーム　235ml
　脂肪分の高いもの

ハチミツ　80ml

生のパセリ　大さじ3
　みじん切りにする

生のセージ　大さじ3
　みじん切りにする

ヒソップ（ヒソプ）、またはミント　大さじ3
　みじん切りにする
　P.13「ヒソップ（ヒソプ）」の項参照

乾燥セイボリー　大さじ1
　P.13「セイボリー（セボリー、サボリー）」の項参照

海塩[†1]　小さじ1と1/2

サフラン　1つまみ

松の実　50g

---

1. オーブンを150℃に予熱する。
2. 鶏肉にエクストラバージンオリーブオイルまたは溶かした無塩バターを薄く塗り、中火にかけたスキレットで一度に数個ずつ焼いていく。全部が軽くキツネ色になるまで焼けたら、別皿に取っておく。スキレットに残った肉汁は取っておく。
3. 小鍋に牛乳、生クリーム、ハチミツ、パセリ、セージ、ヒソップ、乾燥セイボリー、海塩、そしてサフランを入れ、中火でふつふつと煮立つまで加熱する。沸騰させないように気をつけながら5分煮る。松の実と鶏肉を焼いたスキレットに残った肉汁を加えて混ぜ、さらに2分煮る。
4. 耐熱皿に鶏肉を並べ、牛乳とハチミツのソースを注ぐ。蓋をしてオーブンで30分、鶏肉に完全に火が通るまで焼く。
5. オーブン[†2]から取り出し、ソースを敷いた中に鶏肉を盛り付ける。

---

†1　海塩がなければ、一般の塩を使ってもよいでしょう。

†2　オーブンの機種や使用年数等により、火力に誤差が生じることがあります。焼き時間は目安にし、必ず調整を行ってください。焼き色が付きすぎてしまう場合は、アルミホイルをかけてください。

ブリテン諸島

ラペ

****

都市・地域：イングランド
時代：1390年頃

*「ラペ」は英語ではRapeyまたはRapéと綴り「レイプ」を想起させる。

> ### 当時の文献から
>
> ラペ。イチジクと干しブドウを同量ずつ用意して水洗いし、ワインに浸し、すり鉢でつぶす。裏ごし器にかけて鍋に入れ、コショウおよびそのほかの香辛料と米粉を加え、白檀で色を付ける。塩と水分を加えて煮て、よく混ぜる。
>
> 出典：『ザ・フォーム・オブ・キュリー』

18世紀に描かれたイチジクの実と葉

† 果物の濃縮果汁を煮詰めて作られた塗り物。ジャムに比べて糖度が低いのが特徴の1つ。

　ひどい名前*がついた料理だが、とてもおいしいので本書でも取り上げることにした。ラペは香辛料入りのフルーツスプレッド†の総称で、イングランドのレシピで主役を務める材料は、万能選手イチジクである。イチジクは記録に残る中で最古の果物の1つだ。1万1000年も前から小アジアで栽培され、紀元前2500年には神々への捧げ物とされる「シェルク」というイチジクを使った菓子についてシュメール人が書き残している。イチジクは神々と縁深い存在と見なされていたに違いない。その後も古代の多くの宗教でこの果物が活躍している。

　エジプト神話の女神ハトホルはイチジクの木から飛び出して、ファラオの魂をあの世へと導いたとされる。仏教でもブッダ、すなわちゴータマ・シッダールタは菩提樹の下で悟りを開いたとされるが、このインドボダイジュもイチジク属の植物だ。悟りがイチジクそのもののおかげかどうかは分からないが、これもイチジクの経歴を華やかに彩るエピソードには数えられそうだ。預言者ムハンマドは、イチジクを天国からの直接の贈り物だと考えていたようだ。古代ギリシャでは、イチジクはオリュンピア祭における勝者への賞品にもなっていた。古代ローマでは、病気で寝込んでいるときに食べるものであり、また政治の道具としても使われた。政治の道具とはどういうことか……説明しよう。

　大カトー（P.38「プラケンタ」のレシピ参照）は一生をかけてカルタゴを憎み続けた。彼が若い頃、ハンニバル・バルカの軍勢がイタリア半島に侵攻し、ローマを陥落寸前まで追い詰めたことがあった。カルタゴ軍は地中海を隔てた対岸において敗北を喫し、多くの人びとはカルタゴが滅びたものと信じた（第二次ポエニ戦争）。それから何年もたち、第二次ポエニ戦争の記憶は薄れていった。ローマ元老院の若手政治家たちにとってのカルタゴは、はるか海の向こうの没落国家であり、ローマへの現実的脅威としてはあまりに遠い存在となっていた。しかし、カトーは忘れてはいなかった。晩年のカ

トーは、北アフリカ沿岸地域には危険な国家が潜んでいるということを元老院の同僚たちに説き続け、演説の最後はかならず「カルタゴは滅ぼされねばならぬ!」と締めくくり、軍備の必要性を訴えた。ところが耳を傾けるものはひとりとしていなかった。そんなある日、カトーは買い求めたイチジクをふところに入れたまま、元老院で演説を行い、その最中にさりげなくイチジクをいくつか足元に落とした。元老議員たちは新鮮で完熟した見事なイチジクを見て驚いた。カトーは勝ち誇って笑い、こう言った。これは数日前にカルタゴの沿岸地域で収穫された新鮮なイチジクで、イチジクがたった数日でローマに届くなら、カルタゴ軍も同じである、と。それから間もなく勃発した第三次ポエニ戦争では、ローマはカトーの呼びかけに応じてカルタゴを襲撃し、滅亡に追いやった。

　中世に入る頃には、イチジクはその宗教的・政治的な力を失っていくが、とくにヨーロッパの北部では愛され続けた。乾燥させれば何カ月も持つため何千マイルもの長距離運搬にも耐え、最高においしい料理の材料ともなるからだ。このラペというひどい名前の料理のように。

作れる量：2カップ　調理時間：50分

1.　干しイチジクとレーズンを冷たい水に30分浸し、水を切って小鍋に入れる。赤ワイン、黒コショウ、シナモン、ショウガ、そしてナツメグを加える。よく混ぜたら鍋に蓋をして、強めの中火で軽く煮立てる。

2.　煮立ったら、鍋の中身をミキサーにかけて滑らかにする。水分はほとんど飛んでいる状態にすること。もしまだ水分が残っていたら、ざるで水気を切ってから鍋に戻す。米粉と海塩、、お好みで白檀粉末を入れて混ぜ、弱火にかけて5分ほど、水分が飛んでねっとりとしてくるまで煮る。パンにのせたり、チーズに添えたりして供する。とくに相性がよいのはブリーチーズのタルトだ (P.74参照)。

....

Cook's Note:　白檀は入手が難しいし、着色のためなので、入れても入れなくても味は変わらない。料理によっては加えると鮮やかな赤に発色するが、イチジク、レーズン、そして赤ワインを使うこのレシピでは、それほどはっきり発色するわけではない。使うか使わないかはお好みでよい。

....

[材料]

干しイチジク　150g
　果梗と種を取り、細かく刻む
レーズン（色の濃いもの）　160g
軽めの赤ワイン　295ml
黒コショウ（挽きたてのもの）[†1]**　1つまみ**
シナモン（挽いたもの）[†2]**　小さじ1/2**
ショウガ（挽いたもの）　小さじ1/4
ナツメグ（挽いたもの）　小さじ1/4
米粉　大さじ1
海塩[†3]**　1つまみ**
白檀粉末　小さじ1/2。お好みで
　Cook's NoteとP.13「白檀粉末」
　の項参照

†1　「挽きたて」などの指定がある場合、「ホール」などの語とともに検索すると、挽く前の形の商品が出てきます。
†2　市販のパウダーを使うのがよいでしょう。以下、「挽いたもの」についての対応は同様とします。
†3　海塩がなければ、一般の塩を使ってかまいません。

ブリーチーズのタルト

✳✳✳✳✳✳✳✳✳✳✳✳✳✳

都市・地域：イングランド
時代：1390年頃

> **当時の文献から**
>
> ブリーチーズのタルト。パイ皿にクラスト[タルトなどの菓子の土台部分となる生地]を敷き込み、縁の高さを1インチ[2.5cm]にする。生卵の黄身とルーエンチーズを混ぜる。これをショウガ、砂糖、サフラン、塩で調味する。パイ皿に流し入れ、焼いたのちに供する。
>
> 出典：『ザ・フォーム・オブ・キュリー』

＊東ゲルマン語を話すゲルマン人の一派。北イタリアのポー平野に定着。

くのチーズが「チーズの王」を名乗り出る中で、ぼくはブリーチーズに王冠を授けたい。ほかならぬ「王様たちの愛したチーズ」だからという理由で。

たとえばフランク王カール1世は、カール大帝として戴冠する前の774年にランゴバルド族＊を制圧して帰る途中、ルイユ＝アン＝ブリにある修道院に立ち寄った。修道院長が手作りのチーズを少々王に食べてもらったところ、王はこれをいたく気に入り、以来、毎年アーヘンにある自分の宮殿に荷車2台分の修道院製チーズを取り寄せるようになったという。多くの名物の逸話に登場するカール大帝は、チーズでも流行の源になっていたのである。

1217年、フランスの尊厳王フィリップ2世は、王室の貴婦人たちへの新年の贈り物としてチーズの大きな塊を200個用意したという。こういう実用的なプレゼントを喜ばない人がいるだろうか？　そして1594年、フランス王アンリ4世は、ある晩モーの城で王妃マルゴ（マルグリット・ド・バロワ）との夕食で食べたブリーチーズに夢中になる。以後王妃はしばしばこのチーズが王の食卓に上るよう計らった。いくつになってもロマンティックな王は、愛人とではなく王妃と一緒のときだけブリーチーズを食べたといわれている。ここから察するに、中世の間ずっとブリーチーズが王たちに愛されてきたのは明らかだ。しかし18世紀に至って、このチーズに夢中になり過ぎた王が登場する。

1791年6月、フランス革命の収束について希望を失いつつあったルイ16世は、パリ市内の農民の暴動を避け、320km離れたモンメディ要塞への避難をついに決意した。そして、真夜中に警護人のいない扉からテュイルリー

＊パリ中心部に存在した王宮。

宮殿＊をこっそり抜け出し、着替えて使用人に変装する。偽造した身分証明書を持ってお付きの者とともに辻馬車に乗ってパリの裏通りを抜け、市外で馬車を乗り換えて一路城塞へ向かう——という込み入った逃亡計画が、王一家のために練られていた。しかしリハーサルなしのぶっつけ本番は、計画通りにはいかなかった。

　マリー・アントワネットが道に迷ったため、馬車に乗る前にすでに数分間を宮殿近くの路上で無駄にしたのだ。やっと馬車は出発するも、一家は町なかで目立たない地味な馬車ではなく、6頭立ての派手な馬車にゆったり腰を落ち着けている始末だった。それからすぐに、結婚祝いの集まりのせいで塞がっていた道があったため脱出ルートを迂回しなければならなかった。さらに、馬車に不具合が起こって1頭の馬が轡から外れたことでも小一時間を空費したり、何度か馬車を止めて馬の交換をするたびごと、馬車の外に出て農民たちと立ち話をしたいとルイ16世が何度も言い張ったりした。そしてマリー・アントワネットはいつも通りの純朴さで、便宜を図ってくれる地元の役人たちに銀食器を配ったりするのだった。

　遅れたり中断したりしながらも、一行はどうやら気づかれずに済んでいたのか、目的地まであと32kmの町バレンヌまで逃げおおせた。「まだ着かないのかね？」と、パリを出発してから何度も御者に尋ねていたに違いない王は、そろそろブリーチーズ少々と1杯のブルゴーニュ・ワインで一息つきたくなってきた。そこで一行は旅籠を見つけ、欲に甘んじることにした。王の逃亡に関しては諸説あるが、どの説にも共通しているのは、ある時点から2人が王と王妃であることはばれており（ルイ16世の肖像が、誰もが使う硬貨に刻印されていたからだろう）、追跡されていたということだ。バレンヌに立ち寄っていた王の一行は革命勢力に追いつかれ、ワインとブリーチーズを楽しんでいるその最中に身柄を拘束され、パリに連れ戻された。そして約2年幽閉されたのち、ルイはギロチンで処刑された。王の最後の望み†は何かって？ブリーチーズをもう一度味わいたかったに決まっている。

　フランスには王がいなくなってしまったので、「王様たちの愛したチーズ」には新たな擁護者が必要になった。そこで登場したのがシャルル＝モーリス・ド・タレーラン＝ペリゴールだ。フランスの外交官であり、1815年、ウィーン会議の場でヨーロッパにおけるフランスの面目を守り抜いた人物だ。ナポレオンがワーテルローの戦いに敗れた直後のことで、フランスの命運を握るタレーランの責任は重大だった。しかし彼にはとっておきの秘策があった。ブリーチーズである。

　そこで次々と開催した贅沢な晩餐を通じて、タレーランはすでにヨーロッパの元首たちの心をつかんでいた。そして会議の閉会も迫ったあるとき、彼は切り札を出す。美食外交の手腕を見せつけるかのように、ヨーロッパ最高のチーズを決定するコンテストを開催したのだ。英国のカースルレー

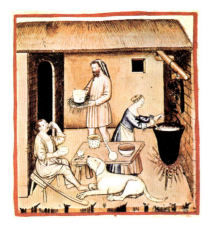

『健康全書』の14世紀の写本に描かれたチーズ作りの様子

† 歴史の記録では、処刑台で執行直前に「わが血でフランスの地が二度と汚れないよう願いたい」ないし「わが血がフランスのために流されんことを」と願ったと伝えられています。

子爵は英国のスティルトンを推し、オランダのファルク男爵はオランダのリンブルフチーズを支持し、スイスはグリュイエールチーズ、イタリアはストラッキーノチーズを推薦した。全部で52種類のチーズがコンテストに出品されるなか、出番の最後を飾ったのがタレーラン持参のブリー・ド・モー。そしてこのブリーチーズこそが敗戦国フランスの尊厳をいくらか保ってくれるものになった。というのも、各国による投票の結果、ブリーが「チーズの王」と認定されたからだ。ブリーはもはや「王たちのチーズ」ではなく「チーズの王」となったのだ！

［材料］

クラスト

粉砂糖　65g

有塩バター　113g
　冷やして約1.2cm角に切り分ける。
　型に塗る分は分量外。

卵黄　Lサイズの卵3〜4個分

中力粉　238g

フィリング

ブリーチーズ　450g

卵黄　Lサイズの卵6個分
　軽く溶きほぐしておく

ショウガ（挽いたもの）[†1]　小さじ1/2

グラニュー糖　50g

サフラン　1つまみ

コーシャー塩　1つまみ

生の果物、または煮た果物
　お好みで添える

---

†1　市販のパウダーを使うのがよいでしょう。
†2　パイの生焼きを避けるべく、焼き時間は12分よりも多く、15分は欲しいと考えます。

作れる量：直径23cmのタルト型1個分　調理時間：2時間

---

1. クラストを作る。中くらいのボウルに粉砂糖をふるい入れる。角切りにしたバターを加え、ハンドミキサーで滑らかになるまで混ぜる。卵黄3個分をミキサーで混ぜながら加えて、均一にする。このボウルの中に中力粉をふるい入れ、全体がほろほろと崩れるような生地になるまで混ぜる。生地をつまんでみて、まとまらないようであれば、卵黄をもう1個分加える。

2. 生地をボール状に丸め、2枚のオーブンペーパーのあいだに挟む。めん棒を使って直径28cm、厚さ3〜6mmの円形にのばす。生地をオーブンペーパーごと冷蔵庫に入れ20分冷やす。直径23cm（深さ2.5cm）のタルト型に薄くバターを塗って用意する。

3. 生地を20分冷やしたら、冷蔵庫から取り出してオーブンペーパーを取り除く。生地をタルト型に置いて、型の底と側面にそっと押しつける。これをラップかアルミホイルで覆い、冷蔵庫に戻してさらに20分冷やす。

4. オーブンを190℃に予熱し、オーブン網を庫内の中段にセットしておく。

5. 生地が冷えたら、冷蔵庫から取り出す。型からはみ出ている生地は切り落とし、フォークで生地の底部にまんべんなく穴を開ける。この生地の上にオーブンペーパーを敷いてパイ生地用の重石をのせる。縁のついた天板にのせてオーブンの中段に入れ、端の部分が少し色づき始めるくらいまで約12分[†2]焼く。オーブンから取り出したら、オーブンペーパーと重石を注意しながら取り除く。パイの縁部分の焼き過ぎ防止のため、パイシールドまたはアルミホイルを縁にかぶせる。何も入っていないパイをオーブンに戻して底部全体が軽く色づくまで10分焼く。オーブンから取り出して網の上で約10分粗熱をとる。

6. オーブンの温度を180℃まで下げる。オーブン網を中段にセットする。

7. フィリングを作る。ブリーチーズの皮を取り除き、小さく切り分け、ほぐ

した卵黄6個分と一緒にフードプロセッサーにかける。滑らかになったら、ショウガ、グラニュー糖、サフラン、そしてコーシャー塩を加えてさらに撹拌して均一にする。

8. 7のフィリングを冷ましたパイの中にスプーンですくい入れて表面をならす。これをオーブン†の中段で表面がしっかりと焼けてこんがり色づくまで、30〜40分焼く。焼けたらオーブンから取り出して、10分そのまま置く。お好みで、生の果物や煮た果物を添えて食べると一層おいしい。

· ·

Cook's Note: 中世のレシピでは、クラストは小麦粉とラードで作られており、食べるためではなく容器として使われていたようだ。このレシピでは、現代版のタルトとしてクラストを食べられるようにするため、より濃厚なものを選んだ。ブリーチーズの風味を強く出したい場合には、取り除いた皮を細かく切って冷ましたクラストの上に均一に散らし、その上からフィリングを流し込むとよい。

· ·

† オーブンの機種や使用年数等により、火力に
　誤差が生じることがあります。焼き時間は目安
　にし、必ず調整を行ってください。焼き色が付
　きすぎてしまう場合は、アルミホイルをかけてく
　ださい。

ヒポクラス

✴︎✴︎✴︎✴︎✴︎✴︎✴︎✴︎✴︎✴︎✴︎✴︎✴︎✴︎

都市・地域：イングランド
時代：1390年頃

＊1　中近世フランスで使われていた通貨。直径約2cm。1リーブル＝20スー＝240ドゥニエ。

> **当時の文献から**
>
> ヒポクラスの作り方：シナモン3オンスとショウガ3オンス、スペインの甘松をドゥニエ硬貨＊1大。ガランガル、クローブ、ヒハツ、ナツメグ、マジョラム、カルダモン、それぞれ1/4オンス。ギニアショウガとシナモンの粉末それぞれ1/10オンス。
>
> 出典：『ザ・フォーム・オブ・キュリー』

ヒポクラテスの袖を使ったヒポクラス製造

＊2　スープ濾し器、シノワ、チーズバッグ、コーヒーフィルターなどでも代用できる。

＊3　瀉血とは、治療のために一定量の血液を抜くこと。中世以降のヨーロッパで長く行われていた。

　ヨーロッパにおける香辛料入りワインの最古のレシピは、古代ローマの料理書であるアピキウスの『料理帖』にある。ワインに香料を加えて飲む習慣は、古代ローマが滅亡したあとも生き残った文化的影響の数少ないものの1つだ。中世初期のレシピ集には、スペインの至るところで飲まれていたピメントと呼ばれる飲み物のレシピがのっている。また1180年代、クレティアン・ド・トロワが綴ったアーサー王の伝説では、騎士ペルスバルが毎食後に盃1杯のピメントを飲んでから聖杯探索の旅を続けている。ほどなくして「ピメント」は「ヒポクラス」または「イポクラス」という呼び名に変わった。香辛料類を濾すためのマニクム・ヒッポクラティクム、つまりラテン語で「ヒポクラテスの袖」と呼ばれた円錐形の濾し器に由来する。「ヒポクラテスの袖」が手に入らなくてもご心配なく。ジェリーバッグ＊2で代用できる。

　ヒポクラスは食べ過ぎたあとの胃のもたれに効くだけでなく、体液のバランスを整えるというさらに大切な効能があるとされていた。四体液説は何世紀ものあいだ医学界を牽引してきた理論で、中世の人びとは血液、黄胆汁、黒胆汁、そして粘液という4種の体液の比率を整えておくことで気分が安定すると信じていた。そのために毎日瀉血＊3をするのは大変なので、食養生によって健康を目指したというわけだ。個々の食材には、一定の割合で熱・冷と湿・乾の要素が含まれているとされ、冷と湿の性質を持つワインには温と乾の性質を持つ香辛料を入れて相殺することがすすめられた。ジェフリー・チョーサーの言葉を大方の人びとと同様に信じるなら、中世の人びとの性欲活性化にヒポクラスが素晴らしい効果を発揮したらしい。

> **彼はヒポクラスを飲んだ、クラレットもベルナッチャもだ。香辛料で熱くなり、やれる気もムクムク育つ。**
>
> ——チョーサー『カンタベリー物語』より「商人の話」

＊ワイン、ビール、またはサイダー、スパイス、砂糖、および通常は焼いたリンゴで作られ、特にクリスマスの時期に伝統的に大きなボウルで出される熱い飲み物。

スペインでは、ヒポクラスは砂糖、生のハーブ、そして果物で作られることが多く、これがのちにサングリアになった。ヨーロッパの北部では、香辛料入りの飲み物は寒い冬の数カ月や11月第4木曜日の感謝祭から元日までの休暇時期に限られていた。今でもマルドワインやワッセイルパンチ＊は英国のクリスマスには欠かせない飲み物だし、ドイツのクリスマスマーケットでは大ぶりの杯でグリューワインをどんどん飲ませてくれる。

スウェーデンや北欧諸国では、香辛料入りのワインの伝統はグロッグとして残っている。グロッグにはラム酒かウイスキーが少々入ることが多いので、人びとを陽気にする効果はさらに高い。中世のヒポクラスのレシピには蒸留酒は入らないが、入れたい気分になったときには、スウェーデンの人びとを真似してみよう。ぼくは責めたりしないから大丈夫。

作れる量：10杯分　調理時間：2日

[材料]

ワイン　750ml
　やや甘口の、白か軽めの赤
シナモンスティック　5本
乾燥ショウガ　スライスなら大さじ3、挽いたものなら大さじ1
ガランガルの根（刻んだもの）　小さじ1
　P.12「ガランガル（カー）」の項参照
クローブ（挽いたもの）[†]　小さじ1
ヒハツ（挽いたもの）　小さじ1
　P.13「ヒハツ」の項参照
ナツメグ（挽いたもの）　小さじ1
乾燥マジョラム　小さじ1
カルダモン（挽いたもの）　小さじ1
ギニアショウガ（グレインズオブパラダイス、アフリカンペッパー）　小さじ1/2
　P.12「ギニアショウガ（グレインズオブパラダイス、アフリカンペッパー）」の項参照
シナモン（挽いたもの）　小さじ1/2
乾燥甘松の根　小さじ1/4
　P.13「甘松」の項参照

1. ワインを大きめのピッチャーに注ぐ。シナモンスティック、ショウガ、刻んだガランガル、クローブ、ヒハツ、ナツメグ、乾燥マジョラム、カルダモン、ギニアショウガ、シナモン、そして甘松の根を加えてよく混ぜる。ピッチャーを布で覆って、冷暗所に2日間置く。1日3回、ピッチャーの中身をやさしくかき混ぜる。

2. 2日たったら、もう1つのピッチャーにジェリーバッグをかぶせ、濾し器をセットする。濾し器を通して、ワインをゆっくりジェリーバッグに流し込み、液体がゆっくりとピッチャーの中に落ちていくようにする。香辛料などのカスがジェリーバッグにたまっていくのでこれを取り除きながら、液体がピッチャーに落ち続けるよう、少量ずつに分けて注ぐ。香辛料はもう一度ヒポクラスを作るのに再利用できる。

3. できあがったヒポクラスは、冷やしても、常温でも、温めてもおいしい。

[†] 市販のパウダーを使うのがよいでしょう。以下、「挽いたもの」についての対応は同様とします。

ディリグラウト/バードルフ

✱✱✱✱✱✱✱✱✱✱✱✱✱

都市・地域：イングランド
時代：1425年頃

＊甘く強いワインの一種。イタリア・トスカーナ地方産が有名なベルナッチャに由来すると考えられている。

当時の文献から

アーモンドミルクにバーネイジ＊を加えて火にかけ、これを煮立たせてケイポンを入れて煮る。砂糖、クローブ、メース、松の実、刻んだショウガを入れる。鶏肉を湯通しして刻み、皮を取り除く。すべての材料を一緒に煮て、火からおろし、ショウガの粉を混ぜたビネガーと水またはローズウォーター少々を混ぜて加える。煮汁の鍋を温め直してから供する。

出典：大英図書館アランデル写本334[†]

マティルダ・オブ・フランダース
（後世の想像図）

[†] 大英図書館所蔵。アランデル伯爵家は17世紀末に蔵書や絵画を大量処分しているので、その時に流出したものかもしれません。

　ある料理が最初に作られた時期については、年代どころか何世紀だったかでさえ特定するのは難しいが、ディリグラウトの場合は正確な日付が分かっているらしい。これはディリグラウトのほかバードルフ、ジラント、マルピジェルノンなど、数世紀のあいだ、さまざまな呼称で知られてきた一品だ。名前はともかく、これを最初に供された人物は、イングランドのウィリアム征服王の妻マティルダ・オブ・フランダースで、1068年5月11日、彼女の王妃としての戴冠を祝う宴席においてだった。王の料理人テゼランが国王夫妻のために作ったこの一皿は、このとき以来、戴冠式のさいには用意すべき料理として法令により定められた。

　ディリグラウト作りは、王室の料理人という職務ではなく、むしろ彼の住居において継承される仕事となった。王はテゼランにアディントンの館を与え、所領として代々継承できるようにしてやった。1068年から1821年のあいだ、戴冠式のさいにはかならず、アディントンの館の所有者が甘く香辛料を効かせたシチューをボウルに3杯分作るよう命ぜられた。1杯は王のため、もう1杯はカンタベリー大司教のため、そして最後の1杯は国王と王妃が与えるに足ると見なした人物のためだった。料理名が時代とともに変わり続けているため、アディントンという固有名詞だけがこの料理の全貌を知る手がかりだ。本書で参考にしているのは、現存している唯一のレシピで、バードルフという料理名がついている。リチャード2世治世下のアディントンの館の主だった人物の名にちなんでいるらしい。

サリー州アディントンにあるこの荘園の領主（バードルフ男爵ウィリアム）が［中略］このアディントンの地を賜ったのは、王室の戴冠式の日に［中略］王室の厨房でそのような食物の数々を作る料理人、または王のためにとある独特なシチューを作れる人物を見出した功績によるものだった。このシチューは「ジロンの煮込み」、脂肪分を加えたものは「モーピジャーノン」と呼ばれる。

——トマス・ブラント
『土地の保有における権利ならびに荘園の慣習』

　数世紀を経れば料理も変化していく。そんななか中世以来変わらなかったディリグラウトは、王室の味覚に合わなくなっていった。1661年、チャールズ2世は慣例に従ってディリグラウトを受け入れたが、実際には口にしなかった。そして1821年の7月19日、ディリグラウトはジョージ4世の戴冠式に登場したのを最後にお役御免となり、続くビクトリア女王の時代にも復権することはなかった。

作れる量：6人分　調理時間：3時間15分

1. アーモンドを冷水に2時間浸して、水気を切る。ミキサーに入れて甘口白ワインを加え、アーモンドが完全に粉末状になるまで撹拌する。ボウルに目の細かい濾し器をのせ、ナッツミルク濾過用バッグまたはチーズクロスを敷く。アーモンドとワインを撹拌したものを布の上から注ぎ、しっかりと液体部分を濾しとる。バッグまたはチーズクロスをやさしく絞って残った液体をボウルに移し、アーモンドの搾りかすが入らないようにする。この搾りかすは使わない。ボウルに取れたアーモンドミルクを取り置いておく。

2. 鍋に水を入れて火にかけ、鶏むね肉すべてを入れて半ゆでになるまで10分ゆでる。鍋から取り出して一口大に切っておく。

3. ケイポンまたは鶏もも肉を小さく切って叩いてミンチ状にする。これを鍋に入れて**1**のアーモンドミルクを上から注ぐ。強火にかけて沸騰させ、ブラウンシュガー、クローブ、メース、松の実、乾燥ショウガ、海塩、そして**2**の鶏むね肉（こちらは叩かない）を加える。中火に落とし、蓋をしたら鍋の底に焦げつかないよう、ときどきかき混ぜながら1時間コトコト煮る。

4. 1時間煮込んだ**3**に、白ワインビネガー、ローズウォーター、そしてショウガを加え、蓋を取ってさらに5分煮る。火からおろして完成。

[材料]

アーモンド（皮むき縦割りのもの）
　120g
白ワイン（リースリングやモスカートなどの甘口のもの）　710ml
鶏むね肉（皮なし）　600g
ケイポンまたは鶏もも肉（皮なし）
　600g
ブラウンシュガー（色の濃いもの）　50g
クローブ（挽いたもの）[†1]　小さじ1/8
メース（挽いたもの）[†2]　小さじ1/2
松の実　35g
ショウガ（乾燥したものを刻んだものか挽いたもの）　小さじ1/2
　3の工程で使用
海塩[†3]　小さじ1
白ワインビネガー　30ml
ローズウォーター　小さじ1（5ml）
ショウガ（挽いたもの）　小さじ1/2
　4の工程で使用

†1　市販のパウダーを使うのがよいでしょう。以下、「挽いたもの」についての対応は同様とします。
†2　メースが入手できなかったら、ナツメグで代用可能です。ナツメグは、常緑高木の一種ニクズクの果実の中にある種子（仁）から作られる香辛料で、メースはニクズクの種子のまわりを覆っている網目状の赤い皮（仮種皮）を指します。ナツメグを使用する場合、「ナツメグ（挽いたもの）小さじ1/2」にして使用しましょう。
†3　海塩がなければ、一般の塩を使ってかまいません。

ハーデクヌーズ王は屈強のデーン人とサクソン人に囲まれて大酒盛り。濁ったエールをたっぷり飲み、粗末な食べ物に食らいついた。
そんな食事が今もなお、輝かしい治世を約束された王が冠を戴くとき供され、この上ない栄誉にあずかっている。

——ウィリアム・キング『料理の技法』

ウェストミンスター・ホールで催されたジョージ4世戴冠の祝宴で、3度目すなわち最後の意義申し立ての儀に臨む「王の守護者」。デニス・ダイトン作

ディリグラウト／バードルフ

クルスタード・ロンバルド

****

都市・地域：イングランド
時代：1450年頃

当時の文献から

良質なクリームとパセリの葉と卵を用意する。
黄身も白身も使う。卵を割ってクリームに入れる。
これを角が立つまで泡立てる。新鮮な骨髄と、
2〜3片に切り分けたデーツ、プルーンを箱型にした
パイ皮に入れ、型をオーブンに入れて
パイ皮が少し硬くなるまで焼く。オーブンから取り出したら、
卵液をパイ皮に流し込み表面に砂糖をたっぷり振る。
四旬節のあいだは卵と骨髄は避けて供する。

出典：大英図書館ハーレー写本4016

ク ルスタード・ロンバルドは、王のほっぺたが落ちるほどおいしい贅沢なデザートだが、修道士のほっぺたもときには落ちていたようだ。中世の修道士というと、一日祈りと庭仕事に精を出し、質素な少量の食事だけで生きていると思いたいところだが、必ずしもそうではなかった。たしかに、ヌルシアのベネディクトゥスはこう規定している。「何よりも［中略］過剰な贅沢は避けなければならず、修道士が消化不良になるなどということは決してあってはならない」(『聖ベネディクトゥスの戒律』)[1]。しかし修道院の財力のおかげで、多くの修道僧は毎日たっぷりのごちそうを楽しんでいたのだ。12世紀のベリー・セント・エドマンズの大修道院長サムソンについてこんな記述がある。「甘い牛乳、ハチミツそのほかの甘いものについては、ほかの何よりも喜んで食べていた」(『ブレイクロンドのジョスリンによる年代記』*)。

12世紀の年代記作家であり、ブレコンの助祭長でもあったウェールズのジェラルドは、禁欲的な『聖ベネディクトゥスの戒律』を文字通りに守っているものと思いながらカンタベリー修道院を訪れた。しかし食事の席についた彼が目にしたものは、ソースや香辛料を使った料理の皿が無数に並び、ミードやありとあらゆる種類のワインがなみなみとつがれているグラスが並ぶ食卓だった。

ウィンチェスターにあった聖スウィジン修道院でも、大量の食事は修道士たちにとって欠かせないものになっていた。ヘンリー2世(在位 1154〜89)の

*1173〜1202年にかけての修道院の年代記。

書記官ウェールズのジェラルドが、この修道院で出す食事を司教が3皿減らしたときの顛末をこう伝えている。修道士たちはその処遇を不服として王に直訴し、泥の中に身を投げ出して泣きながら、正餐の品数を元通りにしてほしいと懇願した。しかし王は彼らがそれでもまだ10皿食べていると知り、叱りつけた。王の食卓でさえたったの3皿だったのだ。

　というわけで、修道院の食卓にふさわしい一皿として、甘いカスタードのデザート、クルスタード・ロンバルド（ロンバルディアのカスタード）は期待を裏切らないレシピだと思う。

[材料]

パイ皮

粉砂糖　65g

有塩バター　115g
　成型できる程度の硬さに冷やして、約1.2cm角に切る

卵黄　Lサイズの卵3〜4個分

中力粉　240g

フィリング

デーツ　15個
　種を取り、約1.2cm大に切る

プルーン　15個
　種を取り、約1.2cm大に切る

骨髄　30g
　細かく刻む

生クリーム（脂肪分の高いもの）235ml

卵（Lサイズ）　2個

パセリ（刻んだもの）　大さじ3

コーシャー塩　小さじ1

グラニュー糖　50g

†1　オーブンの機種や使用年数等により、火力に誤差が生じることがあります。焼き時間は目安にし、必ず調整を行ってください。焼き色が付きすぎてしまう場合は、アルミホイルをかけてください。

†2　パイの生焼きを避けるべく焼き時間15分は欲しいです。多めに時間をとるほうが望ましい考えます。

作れる量：直径23cmのタルト型1個分　調理時間：1時間45分

1.　パイ皮を作る。大きめのボウルに粉砂糖をふるい入れ、角切りにした有塩バターを加え、滑らかになるまですり混ぜる。ここに卵黄を1個ずつ、計3個入れてすり混ぜる。さらに中力粉をふるい入れ、全体がほろほろと崩れるような生地になるまで混ぜる。生地がまとまらないようであれば、卵黄をもう1個分加える。生地をボール状に丸め、2枚のオーブンペーパーのあいだに挟む。めん棒を使って直径28cm、厚さ3〜6mmの円形にのばす。生地をオーブンペーパーごと冷蔵庫に入れ20分冷やす。直径23cm（深さ2.5cm）のタルト型を、バターまたはノンスティック・クッキング・スプレーのオイルでコートする。

2.　生地が冷えたら冷蔵庫から取り出してオーブンペーパーを取り除く。用意したタルト型に生地を敷き、はみ出した縁は折りこんで、型の縁に沿って波型の模様をつける。型をラップで覆い、冷蔵庫でさらに20分寝かせる。

3.　オーブンを190℃に予熱する。

4.　タルト型を冷蔵庫から取り出し、ラップを取り除く。フォークを使って生地の底面全体に穴を開ける。パイ生地にアルミホイルを敷いてパイ生地用の重石を縁まで入れて、天板にのせ、低めの中段のオーブン網に置いて生地の縁が色づき始めるまで15分焼く。オーブンから取り出したら、オーブンの温度を175℃に下げる。

5.　パイ生地がまだ熱いうちに重石とアルミホイルを取り除き、そこに刻んだデーツ、プルーン、そして骨髄を入れる。オーブン[†1]に入れて10分[†2]焼く。もしパイの縁が焦げるようであれば、型の縁に沿ってパイシールドをかぶせる。パイ皮が焼けたらオーブンから取り出してワイヤーラックの上で完全に冷ます。そのあいだにフィリングを作る。

6.　フィリングを作る。生クリームと卵を大きめのボウルに入れて合わせ、

角が立つまで泡立てる。パセリとコーシャー塩を加えてなじむまで混ぜる。ボウルの中身をパイ皮に注ぎ入れる。表面をならし、砂糖を表面全体に振りかける。フィリングと接触していない部分のパイ生地がすでに完全に焼けている場合は、パイシールドで覆う。オーブンに戻し、フィリングに火が通りこんがり色づき始めるまで20分焼く。フィリングの中央部分が少し揺れるくらいの柔らかさになったら焼き上がり。オーブンから取り出してワイヤーラックにのせ、冷ましてから供する。

History Fact: 14世紀には、修道士はでっぷり肥っているというイメージが普通で、『カンタベリー物語』においてチョーサーは、修道士をこう描いている。「彼は非常に肥った健康的なお方だった」

ポルトガル風ファーツ

✳︎✳︎✳︎✳︎✳︎✳︎✳︎✳︎✳︎✳︎✳︎✳︎

都市・地域：イングランド
時代：1597年

> ### 当時の文献から
>
> ポルトガル風ファーツの作り方。羊の脚の肉を細かく刻み、クローブ、メース、塩そしてコショウで味付けする。デーツとカラントを細かく刻んで加える。これを小さな球状に丸めて少量の牛肉のブイヨンでゆで、盛りつけて供する。
>
> 出典：トマス・ドーソン『善き女主人の台所を預かる小間使い』

料理人と小間使いのいる16世紀の台所

ときは1504年、カンタベリー大司教ウィリアム・ウォラムの着座式があった。式典ののち、イングランド貴族のうち最高位の人びとと王室の賓客たちだけを招いての盛大な饗宴が開かれた。その威風堂々と取り澄ました空気に包まれた場にありながら、新任の大司教は「なんとおいしそうなおならであることよ」と言ったとか言わないとか。なんとその饗宴に出された料理のうちには、「おなら」を意味するファーツという単語を名に含む「ポルトガル風ファーツ」があったのだ。

ミートボールあるいはボール型ドーナツにつけられたこの名前については、たまたま語源にまつわる運命のいたずらでこうなったのだ、と説明したいところだが、現実には、この名前はただの下品なジョークらしい。ドイツやオーストリアでは15世紀にノンネンフェルツェがあり、17世紀のフランスの料理書『フランスの料理人』には砂糖をまぶした揚げ菓子「ペ・ド・ピュタン」が紹介されている†。こうしたヨーロッパ大陸のおなら関連料理はすべてペイストリー類で、そのうちの1つが「ポルトガル風ファーツ」なのだった。ミートボールというよりもボール型ドーナツに似ていて、生地が熱によって膨らむところからこのような名がついたのかもしれない。昔の人たちが子どもじみていたことだけは分かる。とはいえこの名前は定着し、トマス・ドーソンのレシピ本にあるような小さなボール状の食べ物はみな、「おなら」と呼ばれるようになった。

† ノンネンフェルツェは「修道女のおなら」、ペ・ド・ピュタンは「娼婦のおなら」の意。

[材料]

ドライカラント　60g
　P.12「カラント」の項参照

コーシャー塩　小さじ1

メース（挽いたもの）[†1]　小さじ1/2

**黒コショウ（挽きたてのもの）　小さじ
　1/4**

クローブ（挽いたもの）　小さじ1/8

マトン肉、またはラム肉[†2]　450g
　余分な脂肪を取り除き、フードプロ
　セッサーでミンチ状にする

デーツ　60g
　カラントと同じ大きさに刻む

牛肉のブイヨン（無塩のもの）　1L

**グレイビーまたはマイルドなラズベリー
　ソース**
　盛り付け用にお好みで

作れる量：12〜15個　調理時間：25分

1.　ドライカラントを1時間水に浸してから水を切る。

2.　小さめのボウルの中でコーシャー塩、メース、黒コショウ、そしてクローブを混ぜる。これを中くらいのボウルに入れた挽き肉（マトン肉またはラム肉）に振りかけ、手でよくもみこむ。刻んだデーツとカラントを加えて肉の中にまんべんなく行き渡らせる。これをゴルフボールよりやや小さめの12〜15個のボール状に丸める。

3.　牛肉のブイヨンを中くらいの片手鍋に入れて中火で熱し、静かに煮立っている状態にする。大きめの鍋を使う場合はブイヨンをさらに1L足して、ミートボールが完全に液体に浸かるくらいの深さにしておく。ブイヨンが沸騰したら、ミートボールを一度に4個ずつそっと中に移し入れ、内部の温度が63℃になるまで6〜7分ゆでる。

4.　穴杓子を使ってミートボールをすくい、ワイヤーラックにのせて水気を切る。ミートボールを全部ゆでたら、温かいうちに供する。お好みでグレイビーやマイルドなラズベリーソースを添えてもよい。

· ·

Cook's Note:　「カラント」という言葉は古代ギリシャの都市コリントに由来する。ここでは茂みになっている果汁を含んだベリー類ではなく、乾燥させたブドウの実の一種を指す。カラントは本来、コリントのレーズン（現代ではザンテカラントとも呼ばれる）だが、ベリー類を乾燥させたものも含めて、ほかの乾燥カラントも何世紀ものあいだ菓子作りに使われてきている。

· ·

---

†1　市販のパウダーを使うのがよいでしょう。以下、「挽いたもの」についての対応は同様とします。メースが入手できなかったら、ナツメグで代用可能です。ナツメグは、常緑高木の一種ニクズクの果実の中にある種子（仁）から作られる香辛料で、メースはニクズクの種子のまわりを覆っている網目状の赤い皮（仮種皮）を指します。ナツメグを使用する場合、「ナツメグ（挽いたもの）小さじ1/2」にして使用しましょう。

†2　日本人向けなら風味の点から、ラム肉を選択するほうが無難かもしれません。今回の調理法ですと、マトン肉で作るには風味がきつく、作って食べるハードルが上がります。

ソウルケーキ

✳✳✳✳✳✳✳✳✳✳✳✳✳✳

都市・地域：イングランド
時代：1600年頃

＊甘口でアルコール度数の高い白ワイン。シェリー酒の前身。

当時の文献から

小麦粉、砂糖、ナツメグ、クローブ、メース、無塩バター、
サック＊、エールバーム少々を用意する。
香辛料をよく砕き、バターとサックが温んでしまう前に
混ぜたのち、すべての材料をよく練り合わせる。
小さなケーキに成型して焼く。
サフランか果物をお好みで入れてもよい。

出典：エレノア・フェティプレイス『レシピ集』[1]

ソウルケーキがいつごろから作られ始めたかは不明だが、ケルトのサウィン祭りにその起源があるとする説もある。ブリテン諸島の住民は精霊イースシーの機嫌を取るために小さなケーキを捧げていたのだという。イースシーは収穫祭の期間中に人間界に入り込んで祭を台無しにしようとする、いたずら好きの精霊や妖精のことだ。しかし、ソウルケーキという名前が実際の記録に登場するのは、キリスト教がブリテン諸島に根付いて何世紀もたった、中世の時代だった。

11月1日の諸聖人の日（万聖節）と、のちにハロウィンと呼ばれるようになる前夜祭の2日間、大人も子どもも、近隣の家々を訪ね歩き、その家で愛されて亡くなった人びとを悼んで、歌と祈りを捧げるソウリングという習慣があった。

この祈り歌の見返りはほんのわずかでよく、1杯のエールやソウルケーキと呼ばれる甘いケーキだけ。ケーキの上に十字架が飾られていることも多かった。ソウリングはほかの伝統行事と融合しながら英国中に広まっていった。ウェールズでは、このケーキは祈りのためのお返しというよりは、死神を家に入れないための賄賂のようなものだった。戸を叩いてケーキを欲しがる訪問者の脅し文句は、言うことを聞け、ケーキをくれなければ死神に頼んで痛い目にあわせるぞ、というものだった。昨今のおとなしいお菓子のおねだりに比べると、先人たちのやり方は荒々しかったのだ。

イングランドのいくつかの地域では、家々をまわってソウリングをする人びとは、ロウソクかランタンを持って道を照らし、魔女や悪魔を避けながら進んだ。そのさい、退散してもらいたい魔物に自分自身が扮したり、自分のお

気に入りの聖人の格好をしたりした。たとえば、聖書のアミアティヌス写本制作に寄与したモンクウェアマスの聖セオルフリスの姿になるわけだが、これは、スニッカーズやベビールースをねだる現代の子どもたちには似合わないかもしれない。しかし13世紀においては、これがゴーストバスターズの作業服と同じくらい普及していた。トリック・オア・トリートと言ってやってくる現代の子どもたちに、アメの代わりにこのケーキをあげるのはもっと似合わないだろう。現代の舌には甘さが控えめなこのおいしいケーキは、家族や友だちと一緒に食べるためにとっておくのが一番だ。

作れる量：12個　調理時間：4時間40分

---

1. ドライカラントをボウルに入れ、ぬるま湯を注いで30分置く。ザルにあげて布で水気をふき、取り置いておく。

2. 小さなボウルでシェリーとサフランを混ぜ、30分置いておく。

3. ダークエール、サフラン入りシェリー、そして溶かしたバターを中くらいのボウルに入れる。大きなボウルに中力粉、イースト、グラニュー糖、コーシャー塩、ナツメグ、メース、そしてクローブを入れて泡立て器で混ぜる。エール、シェリー、溶かしたバターを混ぜたものを粉類のボウルに注ぎ、なじむまで混ぜる。生地はべたつくけれども、手で扱うことはできる。べたついて扱いにくいときは、中力粉を大さじ1杯ずつ、加減を見ながら加える。**1**のカラントの半量を生地に加えて全体に行き渡るようにする。残りの半量は飾り用に取っておく。グルテンの粘りが出るまで生地をよくこねる。こね終わったらボウルに入れて覆いをする。生地が元の2倍の大きさに膨らむまで2〜2時間半発酵させる。

4. 生地が膨らんだら12等分する。それぞれの生地のかたまりを丸めてロールパン形にしてから、そっと押して平たくする。オーブンペーパーを敷いた天板の上にケーキを5cm間隔で並べ、ラップでふんわりと覆う。さらに1時間発酵させる。

5. オーブンを175℃に予熱する。

6. 成形したケーキが膨らんだら、卵と水を小さなボウルに入れてかき混ぜ、ケーキの上に刷毛で塗る。残りのカラントを飾る。こんがりとした焼き色がつくまで20〜25分焼く[†3]。オーブンから取り出してワイヤーラックにのせて冷ます。

92

***

ブリテン諸島

［材料］

ドライカラント、またはほかのドライフルーツを刻んだもの　90g
　P.12「カラント」の項参照

スイートシェリー　180ml

サフラン　6〜8本

ダークエール　120ml

無塩バター　溶かして大さじ6（85g）

中力粉　480g

インスタントドライイースト　小さじ2と1/4（7g）

グラニュー糖　100g

コーシャー塩　小さじ1と1/2

ナツメグ（挽いたもの）[†1]　小さじ1/2

メース（挽いたもの）[†2]　小さじ1/2

クローブ（挽いたもの）　小さじ1/4

卵（Lサイズ）　1
　水大さじ1を加えて卵液にする

[†1]　市販のパウダーを使うのがよいでしょう。以下、「挽いたもの」についての対応は同様とします。

[†2]　メースが入手できなかったら、ナツメグで代用可能です。ナツメグは、常緑高木の一種ニクズクの果実の中にある種子（仁）から作られる香辛料で、メースはニクズクの種子のまわりを覆っている網目状の赤い皮（仮種皮）を指します。ナツメグを使用する場合、「ナツメグ（挽いたもの）小さじ1/2」にして使用しましょう。

[†3]　オーブンの機種や使用年数等により、火力に誤差が生じることがあります。焼き時間は目安にし、必ず調整を行ってください。焼き色が付きすぎてしまう場合は、アルミホイルをかけてください。

パンケーキ

****

都市・地域：イングランド
時代：1658年

> **当時の文献から**
>
> バターまたはラードを使わずにパンケーキを作る方法。
> クリーム1パイントと産みたての卵6個を一緒に
> よく泡立てる。1/4ポンドの砂糖、ナツメグ1個分
> または砕いたメース少々(のどちらか好きなほう)、
> そして小麦粉を加え、通常のパンケーキの生地と
> 同じくらいの粘度の生地にする。
> フライパンをほどよく熱し、清潔な布で拭く。
> ここに生地を好きな厚みに流し入れる。
>
> 出典：W・M『料理大全』

ピーテル・ブリューゲル『謝肉祭と四旬節の争い』

*キリスト教における早春の節制期間。古くはパン種を使わないパンを食すよう定められていた。

　あらゆる形とサイズがあるパンケーキ。材料もありとあらゆるものが使われている。5300年前に氷の中でミイラ化したおかげで現在も会うことができるアイスマン「エッツィ」は、古代小麦アインコーンでパンケーキを作っていたし、日本の「お好み焼き」にはタコやキャベツが入っている。でも17世紀の英国のレシピであるこのパンケーキは、ナツメグの量が多めなことを除けば、IHOP（米国のパンケーキ専門チェーン店）で出すようなものに近い。そしてこれは告解の火曜日のためのパンケーキである。

　告解の火曜日は、40日間の食の節制を行う四旬節*の第1日目にあたる灰の水曜日の前日だ。昨今では、四旬節を守る人びとはチョコレート断ちやアルコール断ちをすることが多いが、中世とルネサンス期のイングランドの人びとはもっといろいろなものを断った。つまり、その節制の前にパンケーキを人事不省に陥るほど詰め込んでもよい最後のチャンスが告解の火曜日だったのだ。

**　告解の火曜日の朝は王国中が静まり返っているが、11時を告げる教会の鐘はパンケーキの鐘と呼ばれ、これが鳴ると少なからぬ人びとがわれを失い、礼儀や思いやりなどを忘れてしまう。やがて小麦粉なる粉が用意され、胡散臭い呪術師たる料理人がそれを水、卵、香辛料など禍々しい妖術の呪物の数々と混ぜ合わせ、**

ちびりちびりと獣脂が煮えたぎるフライパンに流し込んでゆく。シューシューと嫌な音（さながら冥府の川と呼ばれるアケロン川、ステュクス川、はたまたプレゲトン川の葦の上ではい回る大蛇の化け物ことレルネのヒュドラが現れたかのごとく）が続いた末、しまいには料理人の職人芸により形を変えてゆく[中略]それがパンケーキなのである。人びとは何も知らぬまま、ひどくがつがつとこの不吉な呪物をむさぼり食らう。

——ジョン・テイラー『四旬節人形』

腹いっぱいパンケーキを食べたあと、その日はゲームをしたりスポーツをしたりして過ごす。中でも人気だったのは、危険極まりない遊び「モブフットボール」だった。腹は膨れて体中は傷だらけの状態で、人びとは次に罪の許しを請いにどうにかよろよろと教会へ向かうのだった。そして司祭に懺悔を聞いてもらい、この日と前年の行いすべてを無罪にしてもらう。イングランドでは今もいたるところの村落で、告解の火曜日はこうしてパンケーキと競技、そして午後の教会通いをもって祝われている。

作れる量：大きめのパンケーキ12〜15枚　**調理時間**：37分

1. 大きめのボウルに卵を割り入れ、泡立て器で泡が立つまで混ぜる。生クリームを加えて滑らかになるまで混ぜ、ブラウンシュガーとナツメグまたはメースを加えて、均一になるまで混ぜる。中力粉を入れ、粉っぽさがなくなるまでよくなじませる。ボウルに覆いをして、30分間冷蔵庫で生地を寝かせる。

2. 鉄板（グリドル）または大きいスキレットを弱めの中火で熱する。無塩バターを小さじ1〜2入れて溶かし、鉄板またはスキレットにまんべんなく広げる。またはバターの代わりにクッキングスプレーを使ってもよい。バターが溶けて泡立たなくなったら、玉杓子で生地を鉄板またはスキレットに流し込む。このレシピは一度に大きいパンケーキを1枚ずつ焼くことを想定しているが、小さくしてもよい。1枚目は少しだけ火を強めにしたほうがよいかもしれない[†2]。生地が乾き始め、表面の気泡がすべて割れ、底面がキツネ色になるまで、2〜4分焼く。パンケーキを裏返し、キツネ色になるまで約2分焼く。必要であれば鉄板またはスキレットにバターを足す。

[材料]
卵（Lサイズ）　6個
生クリーム（脂肪分の高いもの）
　475ml
ブラウンシュガー（色の濃いもの）
　113g
ナツメグ（挽いたもの）[†1]　小さじ2、またはメース（挽いたもの）　小さじ1
中力粉　240g
無塩バター　小さじ1または2、またはクッキングスプレー

†1　市販のパウダーを使うのがよいでしょう。以下、「挽いたもの」についての対応は同様とします。
†2　原文に「火を強め」とありますが、実際のところ、中火くらいまでにしないと焦げるので、注意が必要です。

パンピオンパイ

****

都市・地域：イングランド
時代：1670年

* P.90「ソウルケーキ」の項参照。

当時の文献から

パンピオンパイの作り方。カボチャの皮をむき、薄くスライスする。小さくちぎったハーブ類を加えた溶き卵数個分をくぐらせたのち揚げて火を通す。これをバター、レーズン、カラント、砂糖、そしてサック*と一緒に混ぜてパイに敷く。この下に酸味の強いリンゴを並べる。焼けたらバターを塗って供する。

出典：ハナ・ウリー『女王のような戸棚、あるいは豊かな吊戸棚』（1670）

大昔のパンプキンパイは、ぼくたちが楽しんでいるクリーミーなカスタード系のパイとはかなり違うものだった。バルトロメオ・スカッピの料理書『オペラ』のレシピ（P.133「日用ハーブのパイ」のレシピ参照）のように、カボチャのチーズケーキ風もあれば、パイ皮の代わりにカボチャの皮を使うものも散見された。本書のパンピオンパイは、英国の著述家ハナ・ウリーの『女王のような戸棚、あるいは豊かな吊戸棚』からのレシピだが、読んでみると材料のパンプキン（カボチャ）が、ヨーロッパ人にとっては最新食材であったことが分かる。なにしろパンプキンの綴り（pumpkin）の「k」まで抜けているのだ。ウリーはちゃんとパイ皮を使ってチーズケーキっぽさもまったくないパイにしているけれど、現代の感謝祭（サンクスギビング）の食卓にデザートとして出されたら、ある種の風味のせいで不思議な感じを与えるかもしれない。

パンプキンパイは、かなり昔から最高にアメリカ的な祝日である感謝祭の料理とされてきたけれど、最初の感謝祭が祝われた1621年の時点では、まだそうなってはいなかったことはほぼ確かだ。ピルグリムたち*とワンパノアグ族の人びとが秋の収穫を祝うごちそうを共にしたとき、彼らにはパイ皮を作る小麦粉も、フィリング（パイやタルトの中身）用の砂糖も、焼くためのオーブンさえなかったのだから。もし彼らがカボチャを食べたとしても、オーブンの代わりに屋外のたき火で焼いただろう。カボチャ類をパイのフィリングとして使い出したのはもっとあとになってからのようだが、18世紀末期にはニューイングランド地方における感謝祭の夕食には欠かせない一品になっていた。1827年にサラ・ジョセファ・ビュエル・ヘイルが著した小説『ノースウッド』には、感謝祭のごちそうがこのように描写されている。

* メイフラワー号で北米に渡り、プリマス植民地を建設した英国の清教徒。ワンパノアグ族の人びとを招待し、神の恵みに感謝して、ごちそうを共にしたことが感謝祭の始まりとされている。

ブリテン諸島

[材料]

カボチャ（シュガーパンプキンまたはパイ
　　パンプキン）　小さめのもの1個
リンゴ（グラニースミスのような酸味の強
　　い品種）　2個
生のローズマリー　大さじ3
　　みじん切りにする
生のパセリ　大さじ3
　　みじん切りにする
生のタイム　大さじ2
　　みじん切りにする
卵（Lサイズ）　3個
　　溶きほぐしておく
ラードまたは植物油　揚げ油
有塩バター　大さじ4（57g）
　　柔らかくしておく
レーズン（色の濃いもの）　50g
カラント　50g
グラニュー糖　100g
クリームシェリー　60ml
パイ皮（直径23cm）　1枚

History Fact: 現在みんなが食べて
いるカスタードタイプのパンプキンパイ。
そのレシピが最初に登場したのは、
1796年に出版されたアメリア・シモン
ズの『アメリカン・クッカリー』だった。

† オーブンの機種や使用年数等により、火力に
　誤差が生じることがあります。焼き時間は目安
　にし、必ず調整を行ってください。 焼き色が付
　きすぎてしまう場合は、アルミホイルをかけてく
　ださい。

巨大なプラムプディング、カスタード、そしてニューイングランドあ
たりで知られていたありとあらゆる種類のパイがあった。でも何より
も特別な地位が与えられていたのはパンプキンパイなのだった。

　特別な地位だったかどうかはともかく、パンプキンパイにしても感謝祭に
しても、合衆国諸州でもニューイングランド地方以外にはなかなか普及しな
かった。筆の立つ奴隷制廃止論者だったヘイルは、感謝祭を国民の祝日に
しようと、大統領への嘆願を17年間続けた。しかし南部の州にしてみれば、
感謝祭は北部の祝日だったので、これに断固反対し、自分たちの州の祝日
にサツマイモのパイを食べることにした。そしてついに1863年、南北戦争
が激化するなか、エイブラハム・リンカーンがヘイルの嘆願を聞き入れ、11
月の最終木曜日を感謝祭として合衆国全体の祝日と定めた（11月の第4木曜
日になったのはずっとのち、1941年のことである）。以来、この祝日とデザートは
国民に愛され続けている。

作れる量：直径23cmのパイ1個　調理時間：1時間40分

1. オーブンを220℃に予熱する。

2. カボチャのヘタを取り、縦に2つに割る。 皮をむき、種をかき出す。
3mmくらいの厚みにスライスし取り置いておく。リンゴの皮をむいて芯を取
り、3mmくらいの厚みにスライスする。

3. 中くらいのボウルにローズマリー、パセリ、そしてタイムと溶きほぐした
卵を混ぜて入れる。カボチャのスライスをこの卵液にくぐらせる。大きめの
スキレットに植物油を深さ6mmまで入れ、中火にかける。油が熱くなった
ら、カボチャのスライスを数回に分けてスキレットの底に重ならないように並
べ、途中1回ひっくり返しながら柔らかくなるまで5〜7分揚げる。 揚げ終
わったカボチャはワイヤーラックにのせて油を切る。 フライパンに残った卵
は取り除く。カボチャを全部揚げる。途中で必要になれば油を足す。

4. 揚げたカボチャを大きめのボウルに移したら、バター大さじ2、レーズン、
カラント、グラニュー糖、そしてクリームシェリーを加えて混ぜる。パイ皮の底
面にリンゴのスライスを並べ、その上からボウルの中のカボチャを入れて表面
を滑らかにする。

5. オーブン†で20分焼いたら、190℃に下げ、パイの表面がふつふつとし
てくるまでさらに40〜50分焼く。パイ皮が焦げそうなときは、パイシールド
かアルミホイルで縁をカバーする。焼けたらオーブンから取り出し、ワイヤー
ラックにのせる。 パイが熱いうちに、残りのバター大さじ2を上面に散らし、
溶けてパイ皮へ流れるようにする。完全に冷ましてから切り分ける。

エバーラスティング・シラバブ

✻✻✻✻✻✻✻✻✻✻✻✻✻

都市・地域：イングランド
時代：1747年

＊1 P.90「ソウルケーキ」の項参照。

> ### 当時の文献から
>
> エバーラスティング・シラバブの作り方。
> 生クリーム5パイント半、サック＊1を半パイント、ダイダイまたは
> レモン2個の果汁、レモン3個の黄色い外皮部分だけを
> おろしたもの、そして二重精製糖1ポンドをすべて合わせ、
> よく混ぜてから休ませる。オレンジの花の
> フレーバーウォーターを1さじ程度加え、
> 30分にわたり泡立て器で全体をよく泡立てる。
> スプーンでグラスの液体の表面にのせていく。
>
> 出典：ハナ・グラス『簡単で分かりやすい料理術』

ジョン・ヘイルズによるサミュエル・ピープスの肖像画

＊2 17世紀英国の政治家で、のちに海軍大臣となった人物。当時の英国風俗を克明に伝える日記でも有名。

ラバブというすてきな名前がついたこの飲み物、当初は凝固しかかったクリームにワインや林檎酒を合わせたものだった。当時は乳脂肪分が凝固して飲み物の上部を覆うにまかせ、その下にある酒類を乳脂肪分越しにすすっていたのである。女性向けの飲み物だという意見もあったが、17世紀の社交界では紳士淑女みんなに人気があった。サミュエル・ピープス＊2も日記に書いている。教会の帰りに造船所監督のペッツ氏の家に行き、そこで「シラバブを飲んだ。そしてペッツ氏の戸棚をのぞいたが、期待したものはあまり収められていなかった。しかし中にあった船の模型はよくできていて、どれくらいの値打ちなのか分からないほどだった」

飲み物の表面に凝固して浮いていただけのクリームは、続く18世紀までには飲み物の上にバラ積みされる大荷物になっていた。エバーラスティング・シラバブのレシピもその頃から徐々に現れるが、概して酒部分の水位を下げ、その分だけ砂糖を加えて泡立てたクリームがたっぷり増やされている。ホイップクリーム部分は酒を吸った状態になるのはもちろん、いい香りをつけてあって単体で味わうこともできた。ハナ・グラスのレシピで提案されているように、トライフルケーキのクリーム層に似た形にもなりえた。ただ彼女が30分と定めているように泡立て時間があまりにも長くかかるため、このエバーラスティング・シラバブはただ泡立ったワイン風の飲み物さえあればよい酒飲みには不評だった。そこで登場したのが、スティーブン・ヘールズ

『簡単で分かりやすい料理術』

ブリテン諸島

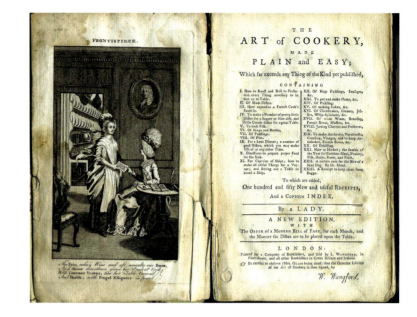

＊英国の牧師、生理学者、化学者。生理学の分野で独創的な研究を数多く行う。

[材料]

生クリーム　2と1/2カップ（590ml）、乳脂肪分の多いもの

粉砂糖　1と3/4カップ（225g）

甘口ワイン（白ポートワインまたはシェリー）　1/2カップ（120ml）

ダイダイの搾り汁　1/4カップ（60ml）
ダイダイが手に入らないときは、レモン半個ぶんと甘ダイダイ半個分の搾り汁を合わせる

レモンの外皮（黄色部分）のすりおろし　2個分

オレンジフラワーウォーター　小さじ1

オレンジまたはレモンのツイスト
飾り用に好みで

History Fact: 1669年、イングランドのケネルム・ディグビー卿が考案した、プラムのシロップを使ったアルコールの入っていないシラバブのレシピが発表された。

博士＊の発明によるシラバブ用の機械だ。管の片端にブリキの入れ物を固定し、もう片方の端にふいごを取りつけ、「このふいごを吹くと生クリームがあっという間にシラバブになる」（アルバート・ハーツホーン『英国の古い杯』1897年刊より）という機械である。

でもこの機械がどうしても見つからなければ、遠慮なく電動ミキサーを使ってほしい。

作れる量：12〜15人分　調理時間：10分

1. 大きなボウルに生クリームを入れ、粉砂糖を少しずつ加えながら、完全に溶けるまで泡立て続ける。泡立てながら、甘口ワイン、ダイダイの搾り汁、レモンの外皮のすりおろし、そしてオレンジフラワーウォーターを加える。スタンドミキサーまたはハンドミキサーを使って、ボウルから飛び散らないくらいの固さになるまで、中くらいのスピードで泡立てる。高速に切り替えて、角が立つまでさらに5〜7分泡立てる。

2. オレンジかレモンのツイストをお好みで飾って完成。冷蔵庫で3日間保存できる。

パルメザンチーズのアイスクリーム

✳✳✳✳✳✳✳✳✳✳✳✳✳✳✳

都市・地域：イングランド
時代：1789年

> **当時の文献から**
>
> 150番。パルメザンチーズのアイスクリーム。卵6個、シロップ半パイント、そして生クリーム1パイントをシチュー鍋に入れ、煮詰まり始めるまで加熱する。ここに3オンスのパルメザンチーズをおろし入れてよく混ぜる。濾し器で濾して凍らせる。
>
> 出典：フレデリック・ナット『完璧なる菓子職人』

ジェームズ・ギルレイ『ケルシー菓子店での新兵勧誘。またはセント・ジェームズの衛兵の日』

＊17世紀イタリアの料理人。給仕係から料理人、給仕長と転身し、ナポリの宮廷では執事を務めた。

凍らせて作るデザートには数千年の歴史がある。古代ギリシャとローマの人びとは、山の雪にハチミツとワインで甘みをつけていたし、唐代（618～906）の中国では、発酵乳に樟脳を入れて温めてから冷やしたものを氷にかけて食べていた。また11世紀までには、ペルシャの人びとがシャルバットを作るようになっていた。のちにトマス・ハーバート卿が、1620年代の旅行を経てシャーベットと呼ぶようになった。

> 彼らの酒は時として、清水に、砂糖、ローズウォーター、レモン汁をまぜたものだった。砂糖はレモンや、スミレをはじめとする食用花類で香りをつけて作られていたが、より繊細な香りとして竜涎香を混ぜることもあった。私たちはこれをシャーベットと呼んでいる。

しかし今日でいうアイスクリームに近いものが生まれたのは1692年、アントニオ・ラティーニ＊が「ミルクソルベ」と呼んだレシピを考案したときだった。このレシピは、レモンとカボチャで味付けしたソルベを雪と塩で凍らせるというものだ。1700年代初頭にはフランス語でクレームグラッセ、すなわちアイスクリームがパリで大流行し、チョコレート、コーヒー、そしてバニラなどの定番だけでなく、パルメザンチーズ、アボカド、アスパラガス、そしてフォアグラといった変わり種の材料を使ったレシピが料理書に登場し始めた。一方米国では、パルメザンやフォアグラのアイスクリームはそもそも出現すらしなかったが、1780年代に駐仏公使を務めたトマス・ジェファーソンは、手書き

のフランス式バニラアイスクリームのレシピを持ってバージニア州モンティチェロへ帰ってきている。

　その後アイスクリームは、米国でも広く人気を博すようになったが、手間がかかりすぎるので、もっぱら自宅で材料をかき混ぜて凍らせるだけの時間的・経済的に余裕のある人びとだけが口にできる贅沢品だった。1843年、フィラデルフィアに住むナンシー・ジョンソンは、手回し式アイスクリームメーカーを発明して特許を取り、家庭でのアイスクリーム作りの時間を大幅に短縮しただけでなく、アイスクリーム製造の産業化への道を開いた。やがて米国の町のメインストリートにはアイスクリームパーラーやソーダショップができて、地元の若者たちのたまり場となっていった。1920年代の禁酒法の下では、アンハイザー・ブッシュ社やイングリング社などのビール事業者が生き残りをかけて事業をアイスクリーム製造に切り替え、それまでは10代の若者向けだったパーラーなどの飲食店は、家族が連れ立って来る場所になった。1930年代に入り、ビールその他のアルコール類が解禁される頃には、アイスクリームは米国人の心をしっかりとつかまえていた。そしてアイスクリームは今、世界で最も人気のあるデザートになったのだ。

作れる量：1L　調理時間：12時間40分

1.　すべての材料を室温に戻しておく。卵を小さい片手鍋にほぐして均一にしたら、生クリームとシロップを加えて混ぜる。この鍋を弱めの中火にかけて、焦げついたり、だまになったりしないよう、絶えずかき混ぜて煮る。10〜15分でもったりとしたカスタード状になる。鍋の中身が76℃になったら火からおろす。温度を測る代わりに、スプーンをカスタードの中に浸してから出し、スプーンの背に指で線を描いてみるとよい。描いた線がそのまま残るくらいカスタードがとろりとしていれば大丈夫。

2.　片手鍋を火からおろしたらすぐにパルメザンチーズを加え、カスタードの中に完全に溶け込むまでかき混ぜる。鍋の中身を濾し器に通して清潔なボウルに注ぎ、氷水につけるか冷蔵庫に入れて室温以下に冷やす。

3.　2が冷めたら、自動または手動アイスクリームメーカーに入れて、機械の説明書通りにアイスクリームを作る。

4.　できあがったアイスクリームは柔らかく溶けやすいので、もう少し硬めで溶けにくくしたければ、食べる前に12時間冷凍庫に入れるとよい。

［材料］

卵（Lサイズ）　5個
　室温にしておく

生クリーム（脂肪分の多いもの）
　475ml

シンプルシロップ　235ml
　水と砂糖の割合を1：1とし、砂糖を煮溶かして冷ます

パルメザンチーズ（おろしたてのもの）
　85g

サリー・ラン・バンズ

****

都市・地域：イングランド
時代：1826年

当時の文献から

フランス式のパンと同じように作るが、温めた牛乳に
砂糖を溶かしておくこと。ケーキの形に整える。
牛乳を温めるときにサフランを少々入れると
きれいな色になる。この方法はほかのケーキにも使える。

出典：マーガレット・ドッズ『料理人と主婦のための手引書』

サリー・ラン・ベーカリーは、イングランドの古都バースを訪れるとかならず行く、ぼくのお気に入りの店だ。いつでも店の外まで長い行列ができているので、多くの人から愛される店なのだろう。その理由は、甘くてフワフワのサリー・ラン・バンズを食べてみれば分かる。

このバンズとサリー・ランという名の起源については意見が分かれるところだが、当の店が説明するところによればこうだ。1680年代後半にソランジュ・リュヨンという若いユグノーの女性が、プロテスタント信者として迫害されてフランスから逃げてきた。バースについたソランジュはリリパット小路にあるパン屋で仕事を貰えることになった。昼間は町でパン屋の商品を売り、夜になって窯が空くと故郷フランスで習い覚えたブリオッシュに似たパンを焼いた。ある日店主がこのパンを食べて気に入り、店で売り出すことにした。しかも店員ソランジュ・リュヨンの考案したパンとして。しかし地元の顧客はこの名前をうまく発音できず、英語風にサリー・ランと呼ぶようになったのだという。 ロマンティックな逸話だが、これは事実なのだろうか？ちょっと疑わしい。でも18世紀後半、バースがイングランドの上流階級の人びとにとって人気の観光地になるにつれ、このバンズがバースのトースト（わざわざトーストしなくても美味だが）として有名になったという事実には疑いの余地はない。

18世紀から19世紀初頭にかけてのバースでは、パブリック・ブレックファストが人気だった。プレジャーガーデン*に集う上流階級の人びとと交流するチャンスであり、またバース特産の薬湯を飲んだりサリー・ランのパンを食べたりする楽しみもあった。しかし1780年、作家のフィリップ・シックネスはその著書『病弱な人びとのためのバース案内』の中で、この習慣に対して

---

*コンサートホール、アトラクション、動物園など娯楽のための様々な施設を設けた庭園で、一般に向けて公開された。その後遊園地に発展していく。

[材料]

牛乳　280ml

砂糖　50g

無塩バター　大さじ6（85g）
　室温にしておく

サフラン　2〜3本
　着色したい場合に

強力粉　450g

インスタントイースト　7g

卵（Lサイズ）　2個

レモンの外皮（黄色部分）のすりおろし
　1個分

コーシャー塩　小さじ1と1/2

卵液

卵（Lサイズ）　1個

水　大さじ1

バター、ジャム、またはクロテッドクリーム
　食べるときにお好みで

．．．．．．．．．．．．．．．．．．．．．．．．．．．．．

History Fact: サリー・ランという名前の由来としてもう1つ考えられるのは、1845年に出版されたイライザ・アクトンの料理書（次ページ「クリスマスプディング」の項を参照）で「味わい豊かなフランス式朝食用ケーキ」として紹介されているケーキの呼称、ソリメーヌである。この名はフランス語で「太陽と月」を意味するソレイユ・エ・リュヌに由来しているそうだ。

．．．．．．．．．．．．．．．．．．．．．．．．．．．．．

† オーブンの機種や使用年数等により、火力に誤差が生じることがあります。焼き時間は目安にし、必ず調整を行ってください。焼き色が付きすぎてしまう場合は、アルミホイルをかけてください。

警告を発している。湯治客の多くが「まずは3パイントから1クォートぐらいのバースの水を飲み、サリー・ランで食事をするか、［中略］熱々のスポンジのようなロールパンを食べる。このような食事をしたら、気分が悪くならずに済むのは、健康そのものの若者でさえごく一部くらいだろう。私は、病弱な人たちがこの食事後ほぼすぐに亡くなってしまったのを見聞きしてきた」。もちろん本書のレシピを試すのに心配はいらない。ぼくはむしろ、こうした死亡例の原因は硫黄を含むことが多いバースの水であって、サリー・ランのバターたっぷりのパンのせいではないと考えている。

───────────────────

作れる量：大きめのバン6個　調理時間：3時間

───────────────────

1.　小さな片手鍋に牛乳を入れて弱火で温める。沸騰させないこと。温まったら砂糖を加えて溶けるようによくかき混ぜる。ここに無塩バターを入れてそっと混ぜながら溶かす。色付けにサフランを使うときはこのときに加え、鍋を火からおろす。ほかの材料を加える前に、43℃以下に冷ましておく。

2.　大きめのボウルに強力粉をふるい入れ、インスタントイーストを混ぜながら加える。冷めた**1**を、サフランを取り除くために濾し器を通しながらこの中に入れ、ぼろぼろしていた生地がまとまってくるまで混ぜる。卵、すりおろしたレモンの外皮、そしてコーシャー塩を生地に加えて均一になるまで混ぜたら、滑らかになるまでこねる。とてもべたつく生地なのでボール状にはまとまらない。バターか植物油を薄く塗ったボウルに生地を入れ、覆いをして60〜90分、生地が2倍の大きさに膨らむまで発酵させる。

3.　生地が2倍の大きさに膨らんだら、ガス抜き（パンチ）として、表面の気泡をつぶすようにして生地を軽く叩く。薄く粉を敷いた台の上にのせ、6個に分ける。生地をボール状に丸めたら、オーブンペーパーを敷いた天板にケーキのような形に整えながら並べる。覆いをしてさらに45〜60分発酵させる。

4.　オーブンを200℃に予熱する†。

5.　卵液を用意する。小さなボウルに卵を溶いて水を加え、滑らかになるまで混ぜる。バン生地の発酵が終わったら、それぞれのバン生地の表面に刷毛で卵液を塗り、オーブンの中段に入れる。キツネ色になるまで15分焼く。表面が焦げそうになったら生地の上にアルミホイルをかぶせる。焼けたらオーブンから取り出し、ワイヤーラックにのせて粗熱を取る。温かいうちにバター、ジャム、またはクロテッドクリームをお好みで添えて食べる。

クリスマスプディング

✳︎✳︎✳︎✳︎✳︎✳︎✳︎✳︎✳︎✳︎✳︎✳︎✳︎✳︎

都市・地域：イングランド
時代：1845年

＊腎臓の周囲の脂肪部分、ケンネ脂。

> ### 当時の文献から
>
> 小麦粉3オンスと同量の軽くすりおろしたパン粉を合わせ、刻んだ牛のスエット＊、種を除いたレーズン、そして汚れを取り除いたカラントそれぞれ6オンス、みじん切りにしたリンゴ4オンス、砂糖5オンス、オレンジの砂糖煮ドライピール2オンス、砕いたメースを混ぜたナツメグ小さじ1/2、塩ごく少々、ブランデーを小さいグラスに1杯、全卵3個を加える。よく混ぜ合わせたら、粉をたっぷりはいた布で固く包み、3時間半ゆで込む。とても軽くて小さい、リッチなプディングでおすすめできる。ジャーマンソース、ワインソース、またはパンチソースを添えて出してもよい。
>
> 出典：イライザ・アクトン『現代の家庭料理』

ロバート・シーモア『家族のためのプラムプディング』

　プラムプディングまたはフィギープディングとも呼ばれるクリスマスプディング。ぼくはこれを一口食べるごとにタイニー・ティム（後述する『クリスマス・キャロル』の登場人物）のあの有名な言葉「ぼくたちみんなに、神のご加護がありますように」を唱える。だが、ちょっとずつかじっていくうちに、みんなへのご加護なんてどうでもよくなってしまう。そして結局、両親の家でのクリスマスディナーにクリスマスプディングを持っていけなくなるぼくである。話が逸れてしまった。甘くて果物がたっぷり入ったゆで込みプディングは数百年来、英国のクリスマスシーズンに欠かせない食べ物だ。英国人が自国の島を出て世界中に移住する時代が来ると、ことにもてはやされるようになった。ゆで込んだプディングは遠方への贈り物として最適だったからだ。英国からカナダやインド、あるいはオーストラリアに送るつもりで6月にクリスマスプディングをこしらえておくことだってできる。しっかりとゆで込めば、日持ちのするプディングにとって、6カ月の船旅など一瞬の出来事に等しい。1887年、『グッドハウスキーピング』誌に掲載されたある記事には、ハザード大佐という男性が、休暇で留守にしているあいだに自宅に届いたプディングを、2年後に帰宅してから食べたという記載がある。そしてこう思ったそうだ。「良質のプラムプディングは、古代エジプトのミ

ジェームズ・ギルレイ『危ないプラムプディング、あるいは軽い夜食をとる大国同士の美食家』＊

＊絵の題ではプラムを意味するplumと同じ発音のplumb（鉛玉・砲丸）が使われている。

イラの棺の中で見つかった小麦のように、1000年たっても問題なく食べられるに違いない」

プディングは、海を渡った英国兵士たちがあまりによく食べていたので、大英帝国の象徴にまでなり、当時の政治風刺画によく登場した。『危ないプラムプディング』と題する作品では、ウィリアム・ピット（英国首相）とナポレオン・ボナパルトが地球の形をしたプディングを切り分けており、英国はあからさまに大きい一切れを取っている。

アクトンのレシピが生まれるわずか2年前の1843年、クリスマスプディングがスター的な役割を演じる小説が書かれる。以下に引用するのは、後に史上最高に有名になるそのクリスマス小説でクラチット夫人が家族で過ごすクリスマスのためにごちそうを作る場面だ。

> わーい！　もうもうと立ちあがる湯気！　夫人は銅釜の中からプディングを取り出す。この匂いはまるで洗濯日のよう！　鍋の中の布巾の匂いだ。隣り合う食堂と菓子屋のそのまたとなりに洗濯女の店があるみたいな匂い！　そう、プディングの匂いだ！　頬を紅潮させ、誇らしげな笑みを浮かべたクラチット夫人は、30秒で部屋に戻ってきた。まだら模様の砲弾みたいなクリスマスプディングを持って。固くてどっしりとしたプディングには、ヒイラギが飾られ、ほんの少し振りかけられたブランデーの炎が揺れている。
>
> ──チャールズ・ディケンズ『クリスマス・キャロル』

クリスマスプディング

［材料］

レーズン（色の濃いもの）　170g

ドライカラント　170g
P.12「カラント」の項参照

スエット（牛や羊の内臓の脂）　170g
細かく刻む。冷凍してすりおろした
バターまたはショートニングでもよ
い。布巾に塗るための分は分量外

**ブラウンシュガー（色の濃いもの）
145g**

卵（Lサイズ）　3個
溶きほぐしておく

ブランデー　80ml

中力粉　90g
布巾にはたくための分は分量外

乾燥パン粉　85g

ナツメグ（挽いたもの）[†1]　小さじ1/2

メース（挽いたもの）[†2]　小さじ1/4

コーシャー塩　1つまみ

リンゴ（小さめのもの）　1個（120g）
皮をむいて芯を取り、みじん切りに
しておく

オレンジピール　60g

[†1] 市販のパウダーを使うのがよいでしょう。以
下、「挽いたもの」についての対応は同様に
します。

[†2] メースが入手できなかったら、ナツメグで代
用可能です。ナツメグは、常緑高木の一種ニ
クズクの果実の中にある種子（仁）から作ら
れる香辛料で、メースはニクズクの種子のま
わりを覆っている網目状の赤い皮（仮種皮）
を指します。ナツメグを使用する場合、「ナツ
メグ（挽いたもの）小さじ3/4」にして使用しま
しょう。

まだら模様の砲弾みたいなプディングに仕上がれば、大成功。ただ、注意すべきなのはプディングを作るタイミングだ。クラチット夫人はクリスマス当日にプディングをゆで込んでいるが、きっとこれはゆで返しただけに違いない。なぜならプディングは寝かせてこそおいしくなるからだ。英国ではプディング作りの日というのが決められていて、それはクリスマスの1カ月以上前なのだ。「混ぜ込み日曜日」は、待降節（クリスマス前の4週間）が始まる直前の日曜日、ぼくたちが古くなったチョコレートを詰め込んだカレンダーをめくり始める日だ。プディングの材料はこの日に混ぜ込むことになっている。とはいえ、「混ぜ込み日曜日」という呼び名はプディング作りから来たのではなく、『聖公会祈禱書』中の一節に由来する。この日曜日の朝、英国全土の英国国教会の教会で聞かれるその一節とは「主よ、願わくば御民の心を励まし給え」。祈りのあと、人びとは教会を出てクリスマスプディングを混ぜ込むためにキッチンに向かうのだ。

作れる量：大きなプディング（12人分）1個　調理時間：4時間30分

---

1. このプディングはプディングボウルに入れて蒸して作ることもでき、そのほうがずっと簡単なのだが、今回はイライザ・アクトンのレシピに従ってゆでる方法をとる。用意するのは布。素材はキャリコかモスリンで、少なくとも60cm四方の大きさ。縮むことを考えると、できればもう少し大きいほうがよい。チーズクロスは織り目が粗過ぎるので適さない。プディングをゆでるのに初めて使う布巾の場合は、沸騰した水の中で20分ゆでて火からおろし、そのまま一晩かけて水分を吸収させる。翌日、大きな鍋の高さ半分まできれいな水を入れ、布巾をさらに20分ゆでる。すでにプディング作りに使ったことがある布巾なら、この2回目の工程（20分煮ること）だけでよい。

2. 布巾をゆでているあいだ、レーズンとカラントを10分ぬるま湯に浸し、水気をきっておく。ここからプディングを作り始める。

3. スエット、ブラウンシュガー、卵、そしてブランデーを大きなボウルに入れ、滑らかになるまで撹拌する。別のボウルに中力粉、パン粉、ナツメグ、メース、そしてコーシャー塩を入れて泡立て器でよく混ぜ合わせる。ここに卵液を加えて、さっくり混ぜ合わせる。さらに、レーズン、カラント、リンゴ、そしてオレンジピールを混ぜ込んで均一になるまで混ぜる。プディング用の布巾を用意するあいだ、置いておく。

4. トングを使ってプディング用の布巾を熱湯から取り出す。水はそのまま沸騰させておく。触ってもやけどしないくらいに布巾が冷めるまで待つか、ゴム手袋を使って、作業を開始する。布巾を平らに広げ、中央部分40cm四

セシル・アルディン『テーブルを囲んでクリスマスのごちそうを食べながら、大きなお盆にのせられて運ばれてくるプラムプディングの登場を歓迎する家族』

方にスエットもしくはバターを塗り付ける。その上からたっぷりの粉をかぶせ、軽く布地に押し付ける。布巾とプディング生地のあいだにバターと粉でできた防水性の膜を作ることが目的なので、想像以上に大量の粉を必要とする。とくに中央部分にはたっぷりと振る。しっかり粉をつけたら、粉の面を上にして布巾を中くらいのボウルに入れ、プディングの生地を布巾の中央にスプーンですくって入れる。ボウルに入れなくてもできるが、側面のカーブのおかげでボール型に成形しやすくなる。生地の形を整えたら布巾の端を集め、プディング生地の上でねじってきっちりと封をする。ねじった部分のできるだけ生地の近くを料理用のタコ糸できつく縛る。布巾の2つの端を結んでハンドル状にする。生地を持ち上げて、今一度砲丸のように形を整えたら、沸騰中の鍋の中に静かに入れる。水の高さはプディングの3/4を保ち、それ以上高くならないようにする。蓋をして4時間ゆでる。ときどき確認して水の高さがプディングの高さの半分以下にならないようにする。もし水がそれ以下に減っていたら、やかんで沸かした熱湯を加える。かならず沸騰している水を使うこと。

5. 鍋を火からおろし、耐熱手袋をはめた手でゆっくりプディングを鍋から引きあげ、水切りカゴに移す。タコ糸を切ったら、布の結び目をほどいてプディングからはがす。食べる前に20分寝かせる。あるいは密閉容器に入れて、熟成期間は最長2カ月を目安に、冷暗所またはできれば冷蔵庫で保存する。数日おきに大さじ1杯のブランデーをしみこませる。寝かせたあとで供するときは、出す1時間前に、最初と同様布巾に粉をはたいたもので包んでゆで直す[†]。

[†] 使用する容器や道具について、煮沸消毒後しっかりと乾燥させて（煮沸消毒できない場合は中性洗剤でよく洗った後しっかり乾燥させましょう）、消毒用エタノールで拭いて消毒を行います。

シービスケット（ハードタック）

****

都市・地域：イングランド
時代：1815年

当時の文献から

シービスケットとはパンの一種で、
海軍向けに保存性を高めるため十分に乾燥させてあり、
焼いてから1年は食用できる。
この海軍向けビスケットの製法は簡潔だが立派で、
概ね以下の通りである。小麦粉と水だけで用意し、
練り合わせて巨大な生地の塊を作り、
台の中央に置いたら「馬」と呼ばれる設備に
人が文字通り馬乗りになって体を上下させ［中略］
生地全体に均等な圧力をかけ、
生地が十分に練り上がるまでこれを繰り返す。
［中略］職人が生地を成形して外見をマフィンの形に成形、
［中略］両面に意匠を押し刻み、［中略］一連の作業で
1分あたり70個のビスケットができあがる。
［中略］こうして焼き上げたビスケットを容器に入れ、
オーブン上部の乾燥棚に置いてオーブンの熱が
あたるようにしておくと、十分に乾燥するので、
袋に入れてもカビが生える心配がなくなる。

出典：ウィリアム・バーニー『改訂版フォルコナー海洋用語大辞典』

シービスケット（海のビスケット）、ガレット、シップビスケット（船のビスケット）、モーラーブレーカー（歯砕きパン）、ウォームキャッスル（虫の城）、ハードタック（堅パン）──など、さまざまな名前を持つ、乾いてどっしりとした、そして歯が立たないほど堅いパン。シービスケットは軍用携帯食として数世紀にわたって食べられてきた。材料は粉と水ときどき塩。以上である。これをレンガみたいに硬くなるまで焼きしめる。ベンジャミン・フランクリンいわく、「シップビスケットは堅過ぎるので、噛めない歯の持ち主も少なくない」。ぼくはこれを噛めない歯の持ち主「しかいない」と言い換えたほうがよいと思う。少なくとも自分の歯を大事にしたいのなら。とはいえ、これをこのまま食べる海軍兵はいなかった。水またはビールに浸して食べたり、ロブスカウス、薄粥、地獄の火のシチューなどと呼ばれたシ

ルイ＝フィリップ・クレパン『戦艦エルキュール』

110

ブリテン諸島

＊P.97「エバーラスティング・シラバブ」の項も参照。

チューのとろみづけに細かく砕いて使ったりしていたのだ。

シービスケットは第一次世界大戦に至る時期まで兵士たちの食料として利用されていたが、何かと話題になるのは17〜19世紀の英国海軍との結びつきだ。日記で有名な英国人サミュエル・ピープス＊は、1670年代に海軍将校として王室海軍の備蓄食料を監督していた。当時、海軍兵の主要食料「3つのB」つまり「ビスケット、ビール、ビーフ」の筆頭とされていたのがシップビスケットだ。「良質・清潔・美味にして劣化のない、馬着で密封した、十分に焼いて状態もよい小麦製ビスケットを1ポンド、ビールを［中略］1ガロン、餌を十分に与えられイングランド国内で屠殺・塩蔵された牛の肉を2ポンド。日曜・月曜・火曜・木曜の分としてこの量が賄われる」。ビール1ガロンは多過ぎるように思われそうだが、これはスモールビールと呼ばれる低アルコール飲料で、酔うほど強くはない。飲酒といえばラム酒のことであり、しかも水で割ってグロッグにして飲むことが多かった。

ハードタックが軍用食として理想的だったのは、水分含有量が限りなくゼロに近いからだ。それが何カ月あるいは何年も樽に入れたままのパンを食べられる状態に保つ、唯一の方法だった。最初にかぶりつくのが虫でなければ、の話だが。ビスケットは、焼き立てのパンや小麦粉ほどには虫がつく心配はないが、船の中では、何にでも虫が湧きがちである。トバイアス・スモレットは『ロデリック・ランダムの冒険』（1748）の中でこう書いている。「それらのビスケットは一つ残らず、ぜんまい仕掛けのように動いていたのだが、それは内なる衝動に駆られて、つまり中に無数の虫が巣くっていたせいである［以下略］」。「虫の城」という名前はここから来たに違いない。そういうわけで、自家製のシービスケットに虫がつくことはないと信じるものの、保存に際してはとにかく密封容器を使いたいものだ。

［材料］

全粒粉　450g

水　235ml

作れる量：大きいビスケット6枚　調理時間：7時間20分

1. オーブン†を150℃に予熱する。
2. 大きめのボウルの中で全粒粉と水を混ぜる。なじむように混ぜてから、残りの水を大さじ1ずつ、全粒粉が生地としてまとまってくるまで加える。分量の水を使い切らなくてもすむかもしれない。べたつきのない生地になったら、滑らかになるまで約15分こねる。こねた生地を6等分する。
3. 等分した生地をそれぞれ丸めて、約1.2cmの厚みの丸型に成形する。イングリッシュマフィンのような形にすること。この生地をオーブンペーパーを敷いた天板に並べて、両面にクラッカーのような小さな穴をあける。天板をオーブンに入れ3時間焼く。この時点でビスケットはオーブンペーパーか

† オーブンの機種や使用年数等により、火力に誤差が生じることがあります。焼き時間は目安にし、必ず調整を行ってください。焼き色が付きすぎてしまう場合は、アルミホイルをかけてください。

洋上での週末の夜

111

シービスケット

ら簡単に外せるようになっているはずだ。ビスケットをオーブンに入れたまま温度を95℃に下げ、さらに3〜4時間、岩のように硬くなるまで焼く。

4. シップビスケット、つまりハードタックは、そのまま食べるものではない。少なくとも歯を大切にするならやめたほうがよい。食べる前に水かビールに浸す、またはハンマーで砕いてシチューのとろみづけにつかうのが正しい食べ方だ。

ストバ・ゲーラ（アイリッシュ・シチュー）

✳✳✳✳✳✳✳✳✳✳✳✳✳✳

都市・地域：アイルランド
時代：1900年頃

> ### 当時の文献から
>
> ストバ・ゲーラ。鍋にジャガイモを敷き詰め、その上に肉の層を重ね、次いでタマネギの層、それから塩とコショウ、鍋が一杯になるまでこの順番で繰り返し重ねてゆく。一番上はジャガイモの層にする。一番上にはジャガイモを並べる。水を注いで火にかける。沸騰したら火を弱めて1時間半コトコト煮る。肉を中央に、ジャガイモをその周囲に盛り付け、グレイビーをかけて完成。
>
> 出典：アイルランド、カランの慈善修道女会『料理の書』[1]

ウィニフレッド・ナイツ『ジャガイモの収穫』

ウォルター・ローリー卿が「エメラルドの島」ことアイルランドにジャガイモを持ち込んだのは1589年のことだった。以来ジャガイモはアイルランドの主食となり、アイリッシュ・シチューはジャガイモなしでは作れない。しかし1845年、この大切な作物が胴枯れ病が蔓延し、ヨーロッパ史上最悪の飢饉の1つを引き起こした。

> 通りすぎた多くの畑ではジャガイモの葉がかなり枯れていて、嗅いだことのないような異様な悪臭が漂っていた。この悪臭は、それから何年ものあいだ「胴枯れ病」の特徴の1つとして知られるようになる。ジャガイモ畑の空気はこの臭いで充満していたのである。[中略]穀物を代表するジャガイモ、そして人びとの命をつなぐ食料であるジャガイモが、突然姿を消したのだ。
> ——コーク県土地管理人ウィリアム・スチュアート・トレンチ『アイルランドの実生活』

このときから2年間、作付けしたジャガイモの3/4が収穫できなかった。当時アイルランドは大英帝国の一部であり、アイルランド人は英国政府に援助を求めるしかなかった。しかし支援政策を委ねられたチャールズ・トレベリアンは、助けるべき相手を冷ややかな眼差しで見ていた。

＊米国政府の政策により、先住民用居留地に強制移住させられた出来事。

[材料]

ジャガイモ (ラセットなどでんぷん質の多い種) 1.4kg

ラムのすね肉 225g
　余分な脂肪を除いて一口大に切る

アイリッシュまたはデニッシュ・ベーコン (カナディアン・ベーコンで代用可) 115g
　約1.2cm角に切る

黄または白タマネギ (大きめのもの) 2個
　みじん切りにする

海塩[†1] 小さじ1と1/2

黒コショウ (挽きたてのもの)[†2] 小さじ1と1/2

水 300ml

塩、コショウ お好みで

†1 海塩がなければ、一般の塩を使ってかまいません。
†2 「挽きたて」などの指定がある場合、「ホール」などの語とともに検索すると、挽く前の形の商品が出てきます。
†3 水を足さないのであれば弱火のほうが無難です。
†4 ジャガイモ丸ごとは30分くらいでゆであがるので、今回大きめの一口大に切っているなら10〜15分でゆであがるはずです。当時の文献に「1時間半コトコト煮る」とあるので、それに準拠しているようです。

神の裁きが災難をもたらしたのは、アイルランド人に教訓を与えるためである。であるから、この災難をそう軽減してやってはならない。[中略]戦うべき本当の害悪、それは「飢饉」という物質的な害悪ではなく、民衆が利己的で、ひねくれて、おびえやすい性格であるという道徳的害悪なのだ。

　英国政府からの支援がほとんど受けられないまま、アイルランドの人びとは他国政府や個人からの義援金に頼ることになった。寄付者の中にはロシア皇帝、オスマン帝国のスルタン、ローマ教皇、カルカッタ市、ビクトリア女王、アメリカ合衆国、そして若手下院議員であったエイブラハム・リンカーンらが名を連ねていた。何より有名な寄付の1つは、チョクトー族 (米国東南部の先住民) から1847年に贈られた170ドルだ。チョクトー族が多くの仲間を飢餓で失くした、あの痛ましい「涙の道」事件＊から、わずか16年しかたっていなかった。また、クエーカーすなわちキリスト友会も、米国から何トンもの食料を輸送しアイルランド全土にスープキッチンを設置した。それでも飢饉の被害は甚大で、これほどの援助ですら焼け石に水であった。悲しいことに、多くの人びとは飢え死にか移住のどちらかを選ぶしかなかった。1845年から1851年のあいだ、死亡者数は100万人以上、国外脱出者は推定で50万人に及んだ。移住先のほとんどがカナダと米国だった。19世紀末までにアイルランドの人口は800万人から450万人に減少し、いまだに飢饉前の人口まで回復していない。だから温かいストバ・ゲーラを食べるときには、主材料であるジャガイモの不作のせいで命を失った人びとのことを悼む時間を持ちたいものだ。

作れる量：4〜6人分　調理時間：1時間45分

---

1. ジャガイモを洗って皮をむく。大きめの一口大に切る。

2. 大きい鍋かダッチオーブンの底に、ジャガイモの半量を敷き詰めたら、ラムのすね肉とベーコンを混ぜたものをジャガイモの上に重ねる。肉の上にタマネギを重ねる。タマネギの上から海塩と黒コショウを振る。最後に、タマネギの層の上に残りのジャガイモを置く (鍋が小さめなら、この順番通りに何回か層を重ねる)。上から水を注ぐ。もう少し水を足したくなるかもしれないが、まだこの時点では必要ない。

3. 鍋を強火にかけて沸騰させる。沸騰したら弱めの中火[†3]に落として蓋をする。ジャガイモが柔らかくなるまで60〜90分[†4]煮る。ときどき鍋の中を見て、ジャガイモの周りで湯が沸きあがっているかどうか確かめる。水気が

ダニエル・マクドナルド『貯蔵していたイモに胴枯れ病を見つけたアイルランドの農民一家』

ストバ・ゲーラ

なくなりそうな時だけ水を足す。最近のシチューと違って、これは汁気の少ないレシピなので。ただ、鍋の底が焦げつかないようにするため、水分がいくらかは必要だ。全体を混ぜる必要はないが、混ぜたければそうしてよい。お好みの仕上がりまで煮えたら、温かいうちに、お好みで塩コショウを足して食べる。

若い恋人を食事に招くなら、
そして彼のあなたへの優しさを試すなら、
彼の美しい口から愛の言葉を聞きたいなら、
彼の口をアイリッシュ・シチューで満たしなさい。
アイリッシュ・シチューはありがたいもの、
まるで糊のようにお腹にしっかり溜まる、
おいしい味付けと、芳ばしさは神々しいほど、
おお！ おいしいアイリッシュ・シチューができますように。
　　　　　　──『歌創り、または陽気な風刺歌集』（1828年）

シムネルケーキ

****

都市・地域：イングランド
時代：1914年

ブリテン諸島

当時の文献から

1/4ポンドの小麦粉、3オンスのミックスフルーツピール、
1/4ポンドのバター、大きめの卵3個、1/4ポンドの
キャスターシュガー［グラニュー糖より細かい粒の白砂糖］、
2オンスのアーモンド粉、3/4ポンドのカラントを用意する。
バターをクリーム状になるまで撹拌し、砂糖と
溶きほぐした卵を少しずつ加え、なじむまでよく混ぜる。
小麦粉をふるい入れ、全体を混ぜてから
残りの材料を加える。型に油紙を敷き、生地を流し入れる。
温度を控えめにしたオーブンで2〜3時間焼く。
焼けたケーキを冷ましているあいだ、アーモンドペーストを
作っておく。ケーキの表面をペーストで覆ったら、
残りのペーストをボール状に成形する。卵の白身を
ケーキの表面に塗り、キャスターシュガーを振りかける。
火を消したあとのオーブンでボールがキツネ色になるまで
焼き、砂糖をまぶしたドライフルーツ類で飾る。

出典：メイ・バイロン『ごちそうのやりくりあるいは英国の家庭料理の書』

シムネルケーキは、マザリングサンデーに食べる英国の伝統的な
ケーキだが、元来母（マザー）とは何の関係もなかった。マザリ
ングサンデーとは、毎年春に、母教会つまり洗礼を受けた教会
を訪ねるための日のことだ。大半の人が生まれ育った町で一生を終えてい
た時代には、いつもの教会に出かけるだけなので特別な楽しみではなかっ
た。しかし18世紀から19世紀にかけて、多くの人びとが田舎の村から都会
に出て工場勤めをするようになると、年に一度の母教会訪問は、実家の母
に会うためのよい口実にもなった。そしてお母さんへの手土産はシムネルケ
ーキと決まっていた。

　といっても、なぜシムネルケーキという名前がついているのだろう？　象
の鼻が長い理由についての奇想天外な説明がある『キプリングのなぜなぜ
話』には書いていないけれど、こうしたことにかけてはビクトリア朝時代に
は、ラドヤード・キプリング一人に限らず存分に才能を発揮した書き手が多

く、シムネルケーキについても突拍子もない逸話をいろいろ提供してくれている。

　たとえば、王位僭称者の話を取り上げよう。1485年、リチャード3世（在位1483～1485）にボズワースの戦いで勝利したヘンリー・テューダーは、ヘンリー7世（在位1485～1509）として王位についた。ところが王としての生活が軌道に乗る前に、10歳の少年が自分こそ真の王位継承者ウォリック伯エドワードであると名乗りを上げた。これは嘘だった。少年の名はランバート・シムネル。王位継承権などなかった。そんなことにはお構いなく、シムネルは新王ヘンリー7世の対抗馬として彼を担ぎ上げた人びとの軍勢と共にストークフィールドの戦いに挑み、あっさりと負けた。彼を操り人形にした大人たちは牢獄に入れられるか処刑されたが、まだ10歳だったシムネルは王室の台所で肉炙り器の回転棒を回す役目を与えられた。ここでシムネルが考案したケーキが、のちにシムネルケーキと呼ばれるようになったという話だ。かなり面白いが、まったくのほら話だ。なぜならシムネルケーキは彼が生まれるはるか前からあったからだ。真相はランバート少年の先祖にパン職人がいて、シムネルというパンの呼称を自分の名字にしたということらしい。

　さて、小さなシムネル君の物語には、それでも何らかの史実的背景はあった。しかし、ビクトリア朝時代の作り話の中にはそれさえないものもある。出どころは、『チェンバーズの日めくりよもやま話』、歴史の話が逸話や「奇妙な人生と個性」についての話と一緒くたに書かれている書物だ。

　この本の1867年版には、サイモンとネリー（話の方向が見えない人のために言うと、都合のよいことに2人の通称はシムとネルだ）夫婦の話がある。2人は、四旬節が終わりに近づいた頃、パン種の入っていない生地が少し残っているのに気づいた。生地を使い切るためにケーキを作ろうとネルが提案した。シムはそれに賛成したのだが……。

　　ケーキ作りのせいでひどい喧嘩になった。シムは生地をゆでるべきだと言い張り、ネルは反対して、焼くべきだと言って聞かない。口喧嘩はやがて殴り合いになり、自分の仕事である家事を邪魔されたくないネルは急に立ち上がり、座っていた椅子をシムに投げつけた。シムはシムで枝ぼうきをつかんで妻の頭や肩を叩いた。対するネルもほうきを構え、喧嘩はさらに激しくなった。結局ネルが、生地を最初にゆでてそれから焼くという妥協策を提案したが、さもなければ、この喧嘩は悲惨な結末に終わっていただろう。

　この話を読んで、ぼくは初めて「枝ぼうき」という言葉を知った。棒の先に枝が結わえ付けられている、魔女が乗っているようなほうきのことだ。掃

き掃除に使うにはすごく不便そうなほうきだ、といつも思っていた。

というわけで、ゆでてから焼くこのケーキにはシム・ネル、つまりシムネルという名がつけられた。こちらもどう見ても作り話なのだが、いまだにイースターの時期になると教会のバザーなどでこの話を聞いたりする。

実際には、シムネルという名前はラテン語で「細挽きの白い粉」を意味する「シミラ・コンスペルサ」に由来しているらしく、もともとは白いパンを指していたらしい。名前の経緯としては面白みに欠ける説で、だからこそビクトリア朝の人たちは別の説をでっちあげたのかもしれない。

[材料]

ケーキ

ドライカラント　340g
　P.12「カラント」の項参照
有塩バター　大さじ8（115g）
　室温にしておく。ケーキ型に塗る分
　は分量外
中力粉　120g
ベーキングパウダー　小さじ1と1/2
コーシャー塩　小さじ1
**ベイカーズシュガー（カスターシュガー
　と同じ）　110g**
卵（Lサイズ）　3個
　室温にしておく
アーモンド粉　60g
ミックスフルーツピール　85g

アーモンドペーストとトッピング

**ベイカーズシュガー　250g。ほかに、
　表面に振りかける分として大さじ1**
アーモンド粉　250g
卵（Lサイズ）　1個
卵白　Lサイズの卵1個分
**果物の砂糖漬けや飾り用の砂糖菓子な
　ど　お好みで**

† オーブンの機種や使用年数等により、火力に
　誤差が生じることがあります。焼き時間は目安
　にし、必ず調整を行ってください。 焼き色が付
　きすぎてしまう場合は、アルミホイルをかけてく
　ださい。

作れる量：直径20cmのケーキ1個　調理時間：3時間30分

---

1. オーブン†を150℃に予熱する。オーブン網を中段にセットしておく。

2. ドライカラントを冷水に30分浸して戻す。水気を切る。

3. 直径20cmのケーキ型の底にオーブンペーパーを敷き、側面にはバターを塗っておく。

4. 中くらいのボウルに、中力粉、ベーキングパウダー、そしてコーシャー塩を合わせて混ぜておく。

5. 大きめのボウルにバターを入れ、ふわふわになるまで撹拌する。そこへ少しずつベイカーズシュガーを加え、次に卵を加えて完全になじむまで撹拌する。ここにアーモンド粉をふるい入れ、生地にそっと混ぜ込む。混ぜておいた小麦粉類をここにふるい入れ、静かに混ぜ込む。フルーツピールとカラントを加え、生地の中に均一に散らばるようにする。混ぜ過ぎないこと。

6. 用意した型の中に生地をスプーンで入れ、表面をへらでならす。オーブンで1時間焼く。真ん中に串を刺してみて生地がついてこなければよい。オーブンから取り出してワイヤーラックにのせて15分粗熱をとり、型からケーキをはずして完全に冷めるまで少なくとも2時間冷ます。

7. アーモンドペーストを作る。中くらいのボウルに砂糖とアーモンド粉を入れて混ぜる。卵を1個加えてよく混ぜ、滑らかなペースト状にして、3等分する。ペーストの2/3を合わせて円盤型に形作り、ラップで包む。残りの1/3はボール状に丸めておいてもよい。これらを1時間以上冷蔵庫で冷やす。

8. ペーストが冷えたら、大きな円盤型にしたほうをオーブンペーパーで挟み、めん棒で直径20〜23cm、厚さ6mmの円形にのばす。きれいな円形にするには、空の焼き型をのばしたペーストの上にのせ、串を使って型の底辺の周囲をなぞって円形を下描きし、よく切れるナイフで円形に切る。これを冷ましたケーキにのせる。ダイヤモンド型に切れ目を入れてもよいが、ペー

ストを完全に切ってしまわないように気をつけること。さらに、端に飾りのひ
だを寄せてもよいし、切れ目または飾りのひだ、どちらかだけでもよい。残り
のペーストを11個のボール状に丸めて、ケーキの上にのせる。

9. アーモンドペーストに卵白を塗り、砂糖を軽く振りかける。オーブンペ
ーパーを敷いた天板の上にケーキを置き、オーブンの上段に入れ、オーブ
ンを低温のブロイラーにセットして2〜4分、軽く色づくまで焼く。焼きむらが
できそうなら、天板を回転させる。焦げやすいのでオーブンはずっと見張っ
ていること。料理用バーナーを使って砂糖をキャラメリゼしてもよい。

10. 焼きあがったケーキは、お好みに応じて果物の砂糖漬けや砂糖菓子な
どで飾ってもよい。

大陸ヨーロッパ諸国

Continental Europe

ラザーニャ

****

都市・地域: イタリア
時代: 1300年頃

当時の文献から

ラザーニャの作り方。
発酵させた生地をできるだけ薄くのばし、
1辺が3フィンガー[1フィンガーは1.95cm]分の長さの
正方形に切り分ける。
水に塩を加えて沸騰させ、生地をゆでる。
ゆで上がったらすりおろしたチーズを加える。

生地を皿に並べ、
良質な香辛料の粉末各種を混ぜ合わせたものを
お好みで振りかける。
その上に生地を並べて
香辛料の粉末を振りかけ、ボウルか皿が一杯になるまで
繰り返す。木串で刺して食べる。

出典:『リベル・デ・コクィーナ(料理の書)』[1]

---

*1 13〜14世紀にイタリア・ナポリで編纂された料理書。

『リベル・デ・コクィーナ』の1ページ

*2 ミートソースのような具を挟んだサンドイッチの一種。

ラザーニャの起源は知られていない。語源的には、古代ギリシャ語で、粉を練った生地を薄くして短冊形に切りわけた平たい食物を意味した「ラガノン」に由来しているらしい。ラテン語の「ラサヌム」に由来するという説もあるが、これはパスタを茹でたり盛り付けたりする鍋の一種を指す。名前がギリシャ由来であろうとローマ由来であろうと、料理自体の起源が古代ローマにあることに間違いはない。本書中の古代ローマの料理のじつに多くが典拠する、アピキウスの『料理帖』には、パティナム・アピキアナム・シク・ファキエスやパティナ・ア・ラ・アピキウスなどの重ね焼き料理のレシピがのっている。これら「パティナ」は、今でいうラザーニャと、中学の学食で出る一見グロテスクだがおいしいスラッピージョー[2]を足して2で割ったような料理だった。ただし、当時はキジバトや雌ブタの乳房が使われていた。そのあたりもまた中学生向きスラッピージョーらしいとぼくは思ってしまう。

このレシピが書かれた中世当時のラザーニャは、現代人におなじみのラザーニャに近い食べ物になっていた。とはいえ、オーブンで焼くスタイルではないし、トマトソースどころかソース自体かかっていなかった。トマトソースがイタリア料理に取り入れられたのは、1500年代に入ってからだ。しかしこの元祖ラザーニャは当時のイタリアの食卓には欠かせない料理になって

ジョス・リーフェリンクス『疫病患者の救済を神に願う聖セバスティアヌス』

おり、料理書以外の書物にもよく登場している。13世紀のフランシスコ会修道士ヤコポーネ・ダ・トーディはこう書いている。「大きさだけを勘案する者は欺かれる。一粒のコショウの強さはラザーニャをも征するのだ」。ラザーニャにコショウをかけるときには、この言葉を思い出したいものだ。

中世には、ほかにもバルダッサーレ・ボナイウーティという人が、フィレンツェの年代記で1348年の出来事を記してゆく中、ラザーニャのチーズ配分をどうしていたかについてヒントになる記述を残している。もっとも、それはその年に黒死病が猛威を振るう中、病死した人びとをどう埋葬したか詳述している箇所で見つかるのだが。

> 土をすくっては遺体を並べた上にかけるのだが、そこにまた遺体が続々届くので今かけた土の上に並べねばならず、その上にまた土をかける。これが何層も重なるので、遺体と遺体の間に土はごくわずかしか使われなくなった。チーズの層をラザーニャに重ねるときと同じ要領である。

おぞましい話だ。でも、当時のラザーニャが、現代風のチーズまみれのラザーニャや、バルトロメオ・スカッピの料理書『オペラ』の中の「ラザーニャのトゥルト[†1]」のようなチーズ味の料理とは別物だったことが、これでよく分かる。イタリア・ルネサンス期に書かれたスカッピのレシピでは、プロバトゥーラ[†2]とパルメザンのチーズに加え、バターや香辛料がふんだんに使われている。

さて、今ここで白黒つけたいラザーニャ神話がもう1つある。それは、ラザーニャを発明したのは英国人だった、という間違った思い込みだ。この思い込みの原因は、1390年代の書といわれる『ザ・フォーム・オブ・キュリー（料理の方法）』にのっている「ロザン」という名前のラザーニャのレシピだ。これほど古いラザーニャのレシピが英国で見つかったのは喜ばしい。しかし同書は、今回のラザーニャの元レシピがのっている『リベル・デ・コクィーナ』の少なくとも50年後に出版されている。両レシピはびっくりするほど似ている。大きな違いはイタリアのレシピでは発酵生地が使われている点だ。数ある中世版ラザーニャのレシピの中では異色だが、おかげで個性的な一品になっている。

†1 実際のスカッピの料理書では「タリアテッリ（平麺パスタ）のトルタ、またはラザーニャ」と表記されています。
†2 ラツィオ州アグロ・ロマーノで生産されるフレッシュチーズ。

126

大陸ヨーロッパ諸国

[材料]

ギニアショウガ（グレインズオブパラダイス、アフリカンペッパー）、または黒コショウ（どちらも挽いたもの）　小さじ1/2
P.12「ギニアショウガ（グレインズオブパラダイス、アフリカンペッパー）」の項参照

ショウガ（挽いたもの）[†1]　小さじ1/2

シナモン（挽いたもの）　小さじ1/4

ナツメグ（挽いたもの）　小さじ1/4

クローブ（挽いたもの）　小さじ1/8

ドライイースト　7g

ぬるま湯　235ml[†2]
分けて使う

強力粉　360g

海塩[†3]　小さじ1。ゆで用は分量外

エクストラバージンオリーブオイル　少々

ペコリーノ・ロマーノまたはパルメザンなどのハードチーズ　226g
あらかじめすりおろしておく[†4]

作れる量：4人分　調理時間：1時間45分

---

1. ギニアショウガまたは黒コショウ、ショウガ、シナモン、ナツメグ、そしてクローブをを用意し、よく混ぜ合わせておく。今回参照したレシピでは、特定の香辛料は指定されていないので、お好みで配合を変えるのも可。砂糖入りと思われる甘めの香辛料ミックスである「パウダードゥース」を指定しているレシピや、味に濃さを出すためにコショウを多めに用いるレシピもある。

2. ドライイーストをぬるま湯60mlに溶かし、10分置いて発酵させる。イーストが発酵してきたら、強力粉の中に混ぜ込み、残りの175mlのぬるま湯と海塩小さじ1を入れて生地を作る。まとまってきたら滑らかになり弾力が出てくるまで15分ほどこね、ボウルに入れて覆いをし、60分発酵させる。

3. 生地が膨らんできたら、ガス抜き（パンチ）として平らに叩く。軽く打ち粉をした台の上で薄く大きいシート状にのばす。このとき生地の厚みは1.5～3mmにすること。作業台の広さにもよるが、生地を半分か1/3にわけてからのばし、少しずつラザーニャ生地に成形したほうがやりやすいだろう。のばした生地は、1辺が5.8cmの正方形に切り分けておく。

4. 大きな鍋に水と塩を入れて強火にかけ、パスタ（生地）が互いにくっつかないよう湯の中にエクストラバージンオリーブオイルをひとまわし垂らす。沸騰したらパスタを鍋に入れ、くっつかないようにときどきかき混ぜながら3～4分ゆでる。パスタが水面に浮きあがってきたらゆで上がりだ。

5. ゆで上がったラザーニャを、玉杓子を使って鍋から引きあげ、皿に入れ、ラザーニャの層を並べる作業を始める。パスタが温かいうちに手早く行うこと。まずラザーニャ皿の底にパスタを一重に並べ、チーズを均一に重ね、香辛料を少々振る。この工程を3回繰り返し、一番上はチーズと香辛料で仕上げる。熱々のところを供する。

---

†1　市販のパウダーを使うのがよいでしょう。以下、「挽いたもの」についての対応は同様とします。

†2　本書では1カップ＝235mlですが、ここは大まかに捉えて、240ml用意していただいていいでしょう。このレシピでは1/4の量と3/4の量に分けて使用します。

†3　海塩がなければ、一般の塩を使ってかまいません。

†4　ハードチーズがなければ、粉チーズで代用できます。

128

*** 大陸ヨーロッパ諸国

黒いポレ

✱✱✱✱✱✱✱✱✱✱✱✱✱

都市・地域：フランス
時代：1393年頃

当時の文献から

黒いポレには塩漬け豚の薄切りに火を入れて使う。
すなわち野菜を掃除して水洗いし、
みじん切りにして軽く熱湯をくぐらせてから、
豚肉の脂肪部分で炒める。そのあとで熱湯を足してのばす
（ここで冷水を使うと見栄えが悪く濃くなってしまうという人もいる）。
しかるのち各人の器に2切れずつ
豚肉を分けて出すのがよかろう。

出典：『メナジエ・ド・パリ（パリの家政）』†

『健康全書』より、キャベツの収穫

本書で取り上げている中世のレシピは、どちらかというと気取ったものが多い。参考にしている料理書では、高級肉やジビエがたっぷり使われ、さらにナツメグ、クローブ、さらには砂糖のような東洋の貴重な香辛料がふんだんに取り入れられている。これらの本が富裕層を読者として設定しているため、金持ちしか手が届かない食材ばかりなのも仕方ない。しかし少なくとも1品は、多分ぼくの祖先であろう農民たちが食べていた料理を盛り込むべきだと考えた。そのためにぴったりのレシピ本がぼくの頭にはあった。

『メナジエ・ド・パリ』は1393年頃に書かれた本で、15歳の新妻に年上の夫が家事を教え込むという設定になっている。庭仕事のコツ、市場に行くときの注意点、寝室で夫にいつも満足してもらうためのアドバイス、そしてもちろん料理のレシピも盛り込まれていて、料理の項には3種類の「ポレ」のレシピがのっている。

ポレは緑の野菜を加熱して作る素朴な料理だ。この本が扱っているのは、リーキを使う白いポレ、チーズまたはバターを使う緑のポレ、ベーコンの脂を使う黒いポレだ。農家ではどのポレも作られていたようだが、今回は豚の脂を使うこのレシピに惹かれた。ごくごくシンプルなこのレシピは、家計のやりくりに励む農家にうってつけだ。

農民たちが領主に家賃を払って住んでいた小さな小屋には、ちょっとした庭もあったと思われる。庭では、新鮮な葉物野菜や香草・薬草類を育てていたのではないだろうか。豚は高価だが、ほとんどの家庭が、少なくとも年に1頭小さな豚くらいは買うなりもらうなりできたので、育てたのち処分して燻すか塩漬けにして、冬の食糧として備蓄していた。塩に関していえば、人類の歴史を通じて何を塩としていたか、どのくらい高価だったことがあっ

---

† 1393年頃刊行の家政書で、道徳論と家事指南をまとめています。食の話題は全体の1/3ほど取り上げられていて、パリの市場での肉の購入法、食材の仕入れ方、基本的な食の献立、肉の日と肉断ちの日（小斎）のさまざまなポタージュの煮込み方、ソースの作り方などが記されています。

＊邦訳は中公文庫、2014年。

たかなど、多くの点で誤解があるようだ。これをテーマにして書かれた本（マーク・カーランスキー『塩の世界史』＊を読んでほしい）もあるので、ここでは深入りしないが、品質のよい塩であれば手が届かなくなるほど高額になることが時々あったにせよ、標準以下の質でもよければ塩そのものは多くの場合、誰でも入手できたのである。海の近くに住んでさえいれば、自分で使う分の塩など簡単に手に入ったくらいだ。もっとも、ヨーロッパの農業従事者の大半はその環境にはいなかったのだが。ともあれ、葉物野菜、豚肉に塩は、当時でも大半の人が手軽に入手でき、完璧な農民料理の材料になっていたのだった。

作れる量：4人分　調理時間：45分

1.　豚バラ肉を大きめに切り分け、大きめの片手鍋に入れて弱火にかけて、豚の脂身をゆっくり溶かしながら、3分ほど調理する。その間に、チャードの下準備をする。

2.　大きな鍋に湯を沸かす。チャードを洗って茎の白い部分を取り除き、葉を2.5cm幅の短冊形に切る。チャードを鍋に入れ、再度湯を沸かし、15秒湯がく。鍋を火からおろしてチャードの水を切り、できるだけ水分を拭き取る。

3.　チャードの水気が完全に切れ、脂身が溶けたら、片手鍋の火を弱めの中火にし、チャードを入れ、豚肉の油分をチャードに絡める。蓋をせずに15分、ときどきチャードをひっくり返しながら火を入れる。

4.　小さな片手鍋に水450mlを沸騰させ、チャードを15分炒めたら、その湯を注いで5〜10分煮込み、塩を加えて味付けする。チャードを皿に盛りつけ、豚バラ肉をのせて供する。

[材料]

豚バラ肉の塩漬け　226g
　　脂身が多いものがよい
チャードまたはそのほかの緑の葉野菜
　　1.5kg[†1]
水[†2]
塩　適量

†1　ホウレンソウやからし菜などを使うとよいでしょう。
†2　水の分量としては、チャードをゆがく用の水（2の工程）、チャードを煮込む用の水450ml（4の工程）が必要です。

リンゴのタルト

✲✲✲✲✲✲✲✲✲✲✲✲✲✲

都市・地域：ドイツ
時代：1553年頃

> **当時の文献から**
>
> リンゴの皮をむいて芯を完全に取り、細かく刻む。
> ここに卵黄3～4個を加える。
> フライパンで溶かしたバターを加える。
> シナモン、砂糖、ショウガも加えて焼く。
> 切り分ける前にバターでこんがり焼く。
>
> 出典：『ザビナ・ベルゼリンの料理書』

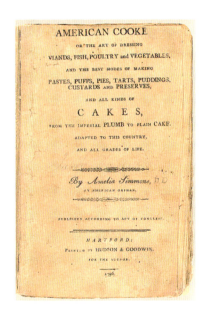

アメリア・シモンズ『アメリカン・クッカリー』

典型的な米国人を表す「アップルパイのように米国人」という言い回しがある。しかしアップルパイは、上のように、16世紀ドイツのレシピに登場している。さらに、これよりも2世紀早く、リンゴとナシとイチジクを入れた英国初のアップルパイのレシピが登場している。ヨーロッパの昔のレシピの中には、リンゴをすりつぶしてソースにし、クリームと混ぜてから焼くものもあるが、今回参照したドイツの料理書のレシピの中には、リンゴとチーズを混ぜるというものもあった。大陸ヨーロッパの多くの国にさまざまなレシピが存在する。人びとのアップルパイへの愛は、アメリカ大陸にアップルパイが伝わるずっと前からあったのだ。

事実、アップルパイについての記述が米国にようやく登場したのは1697年、セイラム魔女裁判で裁判長を務めたサムエル・シューワル判事の日記だ。その10月1日付けに彼は、ホッグ島でのピクニックで「バター、ハチミツ、カード（凝乳）、そしてクリームを食べた。夕食にはとてもおいしいラムのローストやシチメンチョウや鶏肉、アップルパイが出された」と記している。アップルパイは米国上陸後すぐに人気を博したようで、18世紀のスウェーデン人ルター派宣教師イスラエル・アクレリウスは、デラウェア州の入植地ニューユースウェーデンに着いたとき、こんな感想を漏らしている。「人びとは1年を通してアップルパイを食べ、新鮮なリンゴが手に入らない時期は、乾燥リンゴを使って作る。アップルパイは子どもたちの夕食だ。田舎で見られる手作りのパイは、リンゴの皮も芯もついたままで、パイ皮は荷車が上を通っても壊れないくらい硬い」（『ニューユースウェーデンの歴史』）

どう見てもほめているようには思えない書き方をされ、米国のアップルパイの評判が地に落ちかけたところに現れた救世主が、アメリア・シモンズだ。

1796年に出版された米国初の料理本『アメリカン・クッカリー(アメリカの料理)』で、ミズ・シモンズは、アップルパイ2種類のレシピで、当時人気の製菓用食材であるローズウォーターを使っている。ここまで懇切丁寧なレシピが出てきたにもかかわらず、アップルパイが米国の象徴的存在になるまでにはさらに150年かかった。第二次世界大戦中、大西洋を渡ってドイツで戦う米軍兵が何よりも懐かしいものとして挙げたのが、「母さんとアップルパイ」だったのだ*。そう考えると、このアップルパイのレシピがドイツのものであることは皮肉のような気もする。しかし、おいしさは保証する。

作れる量：直径23cmのパイ1個　**調理時間**：3時間

---

1. ペイストリーを作る。中くらいのボウルに中力粉とコーシャー塩を入れてよく混ぜ、約1.2cm角に切ったバターを指で中力粉の中にもみ込み、そぼろ状にする。卵黄を加えて均一な生地になるまで混ぜる。ここに生地がまとまるまで水を大さじ1ずつ加える。水を加え過ぎないこと。この生地を2つのかたまりに分ける。片方をやや大きめのかたまりにしておく。それぞれラップで包んで少なくとも60分、できれば一晩冷蔵庫で寝かす。

2. 寝かせた生地のうち大きいほうを冷蔵庫から出して室温に5分置き、軽く打ち粉をした台の上で直径33cmの円形にのばす。パイ皿に軽く油を塗り、生地を置く。パイ皿の縁からはみ出した生地は、2.5cmだけ残して切り取る。覆いをして冷蔵庫に戻し、フィリング作りに取りかかる。

3. オーブン[2]を220℃に予熱する。

4. フィリングを作る。リンゴの皮をむき、芯をとり、リンゴ1個につき8枚、厚めの薄切りにする。フライパンを中火にかけて、大さじ2のバターを溶かし、リンゴの薄切りを加え、約10分、柔らかくなるまで焼く。火が均一に通るようひっくり返しながら焼き、火からおろして粗熱をとる。

5. リンゴが冷めたら、薄切りをそれぞれ約1.2cm角に切る。ボウルの中で卵黄をよくほぐし、リンゴを混ぜて卵液をよく絡める。残りのバター大さじ6を片手鍋に入れて溶かし、鍋を火からおろしてシナモン、グラニュー糖、そしてショウガを加え、均一になるまでよく混ぜる。この鍋の中身をリンゴにかけてよく絡ませ、5分置いておく。

6. パイ皿と残りのペイストリー生地を冷蔵庫から出す。リンゴを生地の入ったパイ皿にスプーンですくい入れる。もう1つのペイストリー生地を直径28cmの円形にのばし、リンゴの上にかぶせる。下に敷いた生地のはみ出している部分を、かぶせた生地の上に重ね、円の縁に沿ってつまんで留めながら、ひだ飾りを作る。かぶせた生地の4～6カ所に空気穴を開けておく。ま

＊以来「母（性）とアップルパイ」はアメリカ的価値観を表すイディオムになった。

[材料]

ペイストリー

中力粉　385g

コーシャー塩　小さじ1

無塩バター　113g
　冷やしておく

卵黄　Lサイズの卵3個分

冷水　120ml

フィリング

リンゴ（Mサイズ）　8個

有塩バター　113g
　分けて使う

卵黄　Lサイズの卵3個分

シナモン（挽いたもの）[1]　小さじ1と1/2

グラニュー糖　100g

ショウガ（挽いたもの）　小さじ1/2

卵液

卵白　Lサイズの卵1個分

水　大さじ1

---

†1　市販のパウダーを使うのがよいでしょう。以下、「挽いたもの」についての対応は同様とします。。

†2　オーブンの機種や使用年数等により、火力に誤差が生じることがあります。焼き時間は目安にし、必ず調整を行ってください。焼き色が付きすぎてしまう場合は、アルミホイルをかけてください。

たは、ペイストリー生地を格子状に編んでかぶせてもよい。卵白1個分と水大さじ1を小さなボウルに入れてよく混ぜて卵液を作る。パイの上面に卵液を軽く塗る。パイ皿ごと冷蔵庫で15分冷やす。

7. パイが冷えたら、オーブンペーパーを敷いた天板にのせて20分焼く。温度を190℃に落として、フィリングがふつふつ煮立ってくるまでさらに40分焼く。パイの端が焦げそうになったら、パイシールドやアルミホイルで覆う。

8. パイを型から出して、完全に冷めたらできあがり。

ジョン・スマイバート『サミュエル・シューワル』

日用ハーブのパイ

****

都市・地域：イタリア
時代：1570年

当時の文献から

日用ハーブのパイの作り方。
チャードの柔らかい葉の部分、ホウレンソウの葉、
ミントそしてマジョラムを小さく切って洗い、
自然に水気を切る。新鮮なリコッタチーズ2ポンド、
すりおろしたパルメザンチーズ1と1/2ポンド、
脂肪分の多いチーズ6オンス、
新鮮なバター6オンス、コショウ半オンス、
シナモン3/4オンス、クローブ1/4オンス、
新鮮な卵6個を溶きほぐしたもの、
そして砂糖6オンスを混ぜてフィリングを作る。
トルタの型を用意してロイヤル生地を敷き、
側面にはフレーキー・ペイストリー生地[†]を敷く。
ここにフィリングを入れて
上から波型にしたペイストリー生地で覆う。
オーブンで焼くか蒸し煮にする。
熱いうちに供する。トルタの型は深くても浅くてもよい。

出典：バルトロメオ・スカッピ『オペラ』
（料理の技法の師匠スカッピによる著作集）[1]

バルトロメオ・スカッピ

† 折り込みパイ生地の1つ。

バルトロメオ・スカッピはルネサンス期のイタリアでこそ現れ得た セレブリティーシェフ的な存在で、ローマ教皇庁の料理長とし てヨーロッパ中の厨房という厨房にその名をとどろかせていた。 そして1570年には彼のレシピの数々までが有名になる。教皇庁の高位聖職 者たちのために料理を続けた末『料理の技法の師匠スカッピによる著作 集』を出版し、そこで1000以上に上るレシピを公開したのだ。この本は今日 でも『オペラ』の名で知られている。全6巻の『オペラ』は、料理長とその弟 子ジョバンニとの架空の対話で始まる。スカッピはジョバンニに、厨房の運 営方法と偉大な料理人になるための条件を教え込んでいく。

何をするにしても、注意を怠らず、忍耐強く、そして謙虚でなけ

れればならない。また、いつでもできる限りしらふでいなければならない。しらふをしっかりと保っていられない人間は、短気を起こすうえに、味覚も鈍ってしまうからだ。[2]

（今までたくさんの素晴らしいシェフたちと仕事をしてきたけれど、スカッピの忠告は聞き流されていることが多い気がする）

スカッピは次に、イタリアのルネサンス期の厨房で必需品とされた設備について説明する。当時の厨房や料理道具についての細かい描写があり、史上初めてフォークの挿絵が登場している。しかしなによりも大切だったのは戸棚だ。「戸棚は高さ10ハンド幅6ハンド*で、中は仕切りを多くして鍵をつけ、砂糖、香辛料、その他、教皇が毎日召し上がる食事用の材料をしまっておくこと」[3]

香辛料と砂糖はスカッピの料理の最大の特徴だ。今回のハーブパイのレシピでも大量の香辛料が使われているが、彼は香辛料をふんだんに、しかも現代人からすると不思議な配合で用いる。昔は香辛料の保存状態が悪いうえに輸送期間も長かったため、ぼくら現代人がなじんでいるほどの強い風味や効き目はなかったのかもしれない。ぼくはこれを考慮に入れて現代版レシピを作った。また砂糖については、現在はごくわずかな例外を除いて、デザートや数種のソース、サラダ用ドレッシングなどにしか使われないが、スカッピのレシピでは1000点のうち900点で砂糖が使われている。食事の時には甘いものと塩味のものを別々の時に食べるという発想が生まれるのは、スカッピの時代からさらに1世紀近く先のことだ。

『オペラ』はこの冒頭巻のほか2〜6巻がレシピ集になっていて、ぼくたちが慣れ親しんでいる料理に近いものも多い。パンプキンパイの初期形態、当時はインドのクジャクと呼ばれていたシチメンチョウを使うヨーロッパ初のレシピ、そして鴨のローストにかける黒ブドウソースなどで、これらは現代の食事に取り入れても問題なくなじみそうだ。一方で、ハリネズミ、仔豚、ヤマアラシ、クマ、そして砂糖漬けの甘い牛の睾丸などにも砂糖が登場する。これらは非常にスカッピらしいレシピだが、今回は残念ながら見送ることにして、日用ハーブのパイを取り上げた。

＊1ハンドは10cm

[材料]

ペイストリー生地
（Cook's Note参照）

中力粉　385g

コーシャー塩　小さじ2

無塩バター　340g
　　冷やして6mm角に切る

冷水　177ml
　　分けて使う

フィリング

リコッタチーズ　340g

パルメザンチーズ　225g

マスカルポーネ　115g

卵（Lサイズのもの）　3個

有塩バター　85g
　　柔らかくしておく

グラニュー糖　100g

ミントの葉　みじん切りで大さじ2

マジョラムの葉　みじん切りで大さじ2

シナモン（挽いたもの）[†1]　大さじ1と1/2

黒コショウ（挽きたてのもの）　大さじ1

クローブ（挽いたもの）　大さじ1と1/2

チャード　みじん切りで70g

ホウレンソウ　みじん切りで50g

卵液

卵（Lサイズのもの）　1個

水　大さじ1

---

†1　市販のパウダーを使うのがよいでしょう。以下、「挽いたもの」についての対応は同様とします。

†2　オーブンの機種や使用年数等により、火力に誤差が生じることがあります。焼き時間は目安にし、必ず調整を行ってください。焼き色が付きすぎてしまう場合は、アルミホイルをかけてください。

†3　「端が色づき始めるまで」とありますので、20〜25分くらいのほうがよいかもしれません。

作れる量：直径23cmのトルタ1個　**調理時間**：2時間45分

1. ペイストリー生地を作る（市販の生地を使うときは、生地を2対1の割合で分けておき、直接ステップ2から始める）。大きなボウルに中力粉とコーシャー塩を混ぜ、無塩バターを入れて粉を軽くまぶす。指先を使って、バターが豆粒ほどの大きさになるまで粉をもみ込んでいく。冷水120mlを加え、さっくりと混ぜてひとまとめにする。残りの冷水は必要であれば様子を見ながら加えていく。ラップで覆い、生地がのばしやすい硬さになるまで冷蔵庫で30分寝かす。

2. 軽く打ち粉をした台の上で生地をやさしくこねてひとまとまりにする。1辺が30cmの正方形に整えたら、めん棒を一定方向に動かし、91×40cmの長方形にする。折りたたんで伸ばしてを繰り返して、バターがまんべんなく混ざるようにすること。長方形の上1/3を真ん中方向へ折り、下1/3をその上に折り重ねる。生地を90度回転させ、もう一度めん棒でのばす。そして再び上下を1/3ずつ重ねる。この生地を2対1の割合で分ける。それぞれをラップでくるんで冷蔵庫で20分冷やす。

3. オーブン[†2]を190℃に予熱する。22.5cmのスプリングフォーム型か底が抜ける型に、バターを塗るか焦げつき防止スプレーで軽く油膜を作っておく。

4. 打ち粉をした台の上で大きいほうの生地を直径38cm、厚み6mmの円形にのばす。型に入れ、空焼き中に生地が垂れないよう、側面からはみ出した分は2.5cmを残して切り取り、余った生地は空焼き中にできた割れなどの修繕用にとっておく。生地を入れた型を冷蔵庫で20分寝かせる。

5. 残りのペイストリー生地を直径25cmの円形にのばして、冷蔵庫に戻す。

6. 冷やした生地にオーブンペーパーを敷き、重石を生地の高さまで入れ、角が浮かないように重石をそっと押さえる。縁のある天板に置き、オーブンの下寄りの中段に入れて、端が色づき始めるまで30分[†3]焼く。オーブンから取り出し、オーブンペーパーと重石をゆっくり取り除く。さらに15分、底全体が軽くキツネ色になるまで焼く。オーブンから取り出し、ワイヤーラックの上で冷ます。オーブンの温度を180℃に下げる。

7. フィリングを作る。リコッタ、パルメザン、そしてマスカルポーネのチーズ群を大きなボウルに入れて、かたまりがほとんどなくなるまでよく混ぜ合わせたら、卵を加えて滑らかになるまで撹拌する。ここにバター、グラニュー糖、ミント、マジョラム、シナモン、黒コショウ、クローブを加えて均一になるまで混ぜる。最後にチャードとホウレンソウを加えたら、葉類を傷つけないよ

う器具は使わずに手で混ぜる。フィリングの材料がよく混ざったら、6で焼き上がった台に注ぎ入れ、表面をならす。フィリングはペイストリーケースの縁一杯まで入れる。

8. 冷蔵庫から25cmのペイストリー生地を出し、トルタの上部に蓋をするようにのせる。この生地の端はフィリングと外側の生地のあいだにたくし込むようにする。ただ、あまりきっちりとたくし入れてしまわないようにすること。焼いているあいだに膨張するフィリングのための空間が必要なので、蓋にする生地の上に緩いひだをよせて余裕を持たせておく。トルタの上部に蒸気を逃がすための小さな穴を開ける。

9. 卵液を作る。卵と水をしっかり混ぜて均一な液にする。トルタの上部に卵液を刷毛で塗り、オーブンの下段に入れてクラストがキツネ色になるまで60分焼く。焼けたらオーブンから取り出して15分粗熱をとり、温かいうちに切り分けて供する。

Cook's Note このペイストリー生地は、スカッピによるいくつかのペイストリーのレシピを真似したものだが、現在使われているようなパフペイストリー生地でも同じようにできる。

カボチャのタルト

✳✳✳✳✳✳✳✳✳✳✳✳

都市・地域：*イタリア*
時代：1570年

当時の文献から

クラストのないカボチャのタルト[†]の作り方。
カボチャの種とワタを取り、
肉の出汁または塩とバターを加えた水でゆでる。
ザルにあげて水気を切る。すり鉢に入れて、
カボチャ2ポンドにつき新鮮なリコッタチーズを
1ポンドとクリーミーで塩気の少ないチーズを
1ポンドの割合で加えて、摺り混ぜる。
滑らかになったら濾し器にかける。
ここによく解きほぐした卵10個、砂糖1ポンド、
シナモンパウダー1ポンド、牛乳1ポンド、
新鮮なバター4オンス、
そしてショウガパウダー半オンスを加える。
タルト型に溶かしたバター6オンスを塗って用意し、
フィリングを流し込む。オーブンで焼くか蒸し焼きにし、
砂糖とシナモンを混ぜたもので照りを出す。
熱いうちに供する。

出典：バルトロメオ・スカッピ『オペラ』[1]

　このカボチャのタルトのレシピは、ヨーロッパで最初に作られたカボチャのレシピの1つだ。ウリ科の植物がアメリカ大陸からもたらされてまだ数十年しかたっていなかった当時のヨーロッパで、この食材を使い始めた料理人の1人がバルトロメオ・スカッピだった。実際にどの品種を使ったのかは不明だが、現在流通している品種とは違うようだ。しかしこのレシピに関していえば、シュガーパンプキンやバターナッツスクワッシュを使うと、とてもおいしくできる。

　ぼくがこのレシピを気に入っているわけは2つある。まずはクラスト、つまりタルトの皮に相当する部分がないところ。クラストはフィリング（パイやタルトの中身）にわりあてられるべき貴重な領分を奪っているのではないか？と、ぼくはしばしばそう感じる。2つ目の理由は、スカッピは「トルタ（タルト）」と呼んでいるけれど、むしろこれは「チーズケーキ」と呼びたいレシピだからだ。

[†] 『オペラ』に記されている料理名をそのまま音読すると、「トルタ・ディ・ズッケ」となります。

＊米国のチェーンレストラン

[材料]

カボチャのピュレ

牛肉のブイヨンまたは水　2L

有塩バター　大さじ2

コーシャー塩　大さじ1

パンプキン（皮がオレンジ色の品種）また
　　はスクワッシュ（西洋カボチャや日本
　　のカボチャ）　1個（Cook's Note参
　　照）

フィリング

リコッタチーズ　240g

マスカルポーネまたはクリームチーズ
　　225g

卵（Lサイズのもの）　6個

ブラウンシュガー（色の薄いもの）
　　250g

シナモン（挽いたもの）[†1]　大さじ2

ショウガ（挽いたもの）　小さじ4

コーシャー塩　小さじ1

牛乳　120ml

無塩バター　55g

有塩バター　30g

トッピング

グラニュー糖　大さじ1

シナモン（挽いたもの）　小さじ1

†1　市販のパウダーを使うのがよいでしょう。以
　　下、「挽いたもの」についての対応は同様と
　　します。
†2　オーブンの機種や使用年数等により、火力
　　に誤差が生じることがあります。焼き時間は
　　目安にし、必ず調整を行ってください。焼き色
　　が付きすぎてしまう場合は、アルミホイルを
　　かけてください。

しかしこの原初のパンプキンチーズケーキ、どんな種類の原初のチーズケーキとも全然似ていない。

　紀元前2000年、エーゲ海東部にあるサモス島の住民が結婚式や宗教行事の祝宴で食べていたチーズケーキは甘いデザートではなかった。その後、紀元前776年に史上初のオリュンピア祭が行われたときにも、競技に向けて調整する選手たちは同様のチーズケーキを食べていたらしい。だから、現代のオリンピックの選手村にザ・チーズケーキ・ファクトリー＊が出店していないのは合点がいかない。共和政時代まで、ローマでチーズを使った菓子といえばハチミツで甘くするものであって、それは先の大カトーによるプラケンタの記述からも分かる通りだ。ただ大カトーは、ほかにもう2種、リブムとサウィルムという別のチーズ菓子にも言及しており、そのうちサウィルムのほうは彼の時代より1000年以上ものちに登場するチーズケーキの類にかなり近いものとなっている。チーズケーキといえば何世紀も前から英国の特産品の1つだが、おそらく入植したローマ人たちもそのサウィルムに類する何かをブリタンニア、すなわち英国諸島に持ち込んだのだろう。

　中世イングランドの料理書『ザ・フォーム・オブ・キュリー』（1390頃）では、イングランド王リチャード2世の料理人たちがサンボケードのレシピを残している。サンボケードはエルダーフラワーで香りづけしたチーズケーキのことで、フィリング自体は200年後のスカッピのカボチャのタルトと大きくは変わらない。違うのは、スカッピがチーズの銘柄を指定し、十八番である香辛料の大盤振る舞いをしていることだ。本レシピでは、シナモンをスカッピの分量どおりに入れたらシナモンが強過ぎておいしくなくなってしまう。これは、16世紀の香辛料事情のせいだろう。シナモンやそのほかの香辛料は、東洋からバチカンへとても長い時間をかけて運ばれ、木製の引き出しや金属の箱に保管されていた。ぼくたちが使っているような密閉容器などなかったわけだ。このことを考慮の上、シナモンの分量を減らすことで、この原初のカボチャのチーズケーキに近いものを作ってみようと思った。スカッピがこのケーキにどんな味を求めていたのかを想像しながら。

作れる量：直径23cmのタルト1個　調理時間：6時間30分

1.　オーブン[†2]を180℃に予熱する。

2.　カボチャのピュレを作る。大きな鍋に牛肉のブイヨンまたはバターとコーシャー塩を加えた水を入れ、強火にかけて熱する。カボチャのヘタと底の部分を切り、2つに割る。皮をむき、種や筋っぽい部分を取り除く。2.5〜3.5cm角に切り分ける。ブイヨンまたは水が沸騰したら、カボチャを入れて

20分ゆでる。ナイフ（竹串でも可）を刺してみてスッと通ればゆで上がっている。

3. カボチャをザルにあげて水気をきり、つぶすかミキサーにかけて滑らかなピュレにする。大きな鍋に目の細かい濾し器をセットしてピュレを入れ、5分そのままにしてピュレから自然に水分を落とす。濾し器の中のピュレをやさしくかき混ぜてさらに水分を切ってもよいが、ピュレを網目に押し付けないこと。

4. フィリングを作る。カボチャのピュレの水気が切れたら、中くらいのボウルに入れ、リコッタチーズとマスカルポーネを加えて滑らかになるまで混ぜる。別の容器で卵を溶きほぐし、カボチャのピュレのボウルに加えて全体が均一になるように混ぜる。さらにブラウンシュガー、シナモン、ショウガ、そしてコーシャー塩を加えて混ぜる。最後に牛乳と無塩バター大さじ4を加えて撹拌する。

5. 小さな片手鍋に有塩バターを入れて中火にかけて溶かし、深めのパイ皿またはケーキ型に注ぎ、型を回して底と側面にバターを行き渡らせる。ここに4のフィリングを注ぎ入れ、トッピングとしてグラニュー糖とシナモンを混ぜ合わせ、上に散らす。

6. 5をオーブンの中段に入れて、フィリングがふんわり膨らみ、生地がふんわりと膨らみ中央あたりがぷるんと揺れるような感じになるまで、約75分[†1]焼く。焼けたらオーブンの中で45分ゆっくり冷ます。その後、オーブンから取り出し、ラックにのせて完全に冷ます。240分くらいかかるが、完全に冷めるまで切り分けないように。温かいものを食べたい場合は、低温のオーブンで15分、温め直す[†2]。

....

Cook's Note: このカボチャの分量でピュレが450gできる。代わりに缶詰のカボチャのピュレ450gを使ってもよい。

....

†1　75〜80分を目安に焼くとよいでしょう。
†2　温め直しは、予熱温度180度、時間は15分で設定します。焦げそうな場合はアルミホイルで覆いをするとよいでしょう。トースター使用の場合は入れる際に表面にアルミホイルをかぶせ7〜8分ほど焼くとよいでしょう。

牛肉のニンニクソース添え
トランシルバニア風

****

都市・地域：トランシルバニア
時代：1580年

当時の文献から

牛肉のニンニクソース添え。

前項と同じ手順。ニンニクソースについては前述の通り、

卵を溶いてビネガーに混ぜ、

房1つひとつの皮をむいたニンニクを

細かく砕いて卵とビネガーに加え、

これも前述したように、

それ（出汁かビネガーを加えたもの）を薄める。

つまり、液体（出汁かビネガー）を入れたら、

ダマにならないよう注意しながら、

先が枝分かれした棒でよく溶きあわせるのである。

出典：『トランシルバニア侯の宮廷料理書』
（ペンツェ・コバーチュによる英訳から翻訳）[1]

---

*紀元前1550年頃に成立した医学書。

† 当該出典は16世紀のトランシルバニア侯国で記され、1620年に筆写された写本を原典とし、1893年に出版された書物ですが、オスマン帝国支配下のハンガリー領の総君主であるトランシルバニア侯に仕えた宮廷料理人の書とまでは特定できず（1893年の本では「15世紀以来の、美味なるハンガリーとチェコの料理さまざまの記録」と題されています）、あくまで「トランシルバニア侯国の」どこかの宮廷に仕えた料理長が著した宮廷料理書と捉えるのが妥当と思われます。

この料理はトランシルバニア侯の料理長が残したレシピ集†にあるのだが、当の書物は会話調で記されているうえ、たびたび同書内の別のレシピを参照する指示があり、料理の再構成に至るまで大いに想像力を働かせねばならなかった。確かなことは、この料理長のニンニクへの愛だ。ニンニク、それは、トランシルバニアきっての嫌われ者である、あの吸血鬼から身を守るとされている食べ物だ。トランシルバニア侯の食卓から生ける屍を追い出そうとしてニンニクを料理に取り入れたのかどうかは疑わしいとして、そもそも、なぜ吸血鬼はニンニクを恐れるのだろうか？

1つには、ニンニクと血液との関連を主張する説だ。古代エジプトまでさかのぼり『エーベルス・パピルス』*をひもとくと、ヘビ、サソリ、ハチ、そして蚊をはじめとする吸血虫を除けるためにニンニクが用いられていたと記されている。また古代ギリシャやローマでは、ニンニクはあらゆる血液の病気の治療に使われていた。時代が下って中世になると、ニンニクを嫌がる症状が見られる病気のせいで、吸血鬼の存在自体を信じる風潮が生まれた

大陸ヨーロッパ諸国

[材料]

牛かたまり肉（骨なし）　1.75kg
　タコ糸などで縛っておく
黒コショウ（挽きたてのもの）　小さじ2
コーシャー塩　小さじ2
　分けて使う
エクストラバージンオリーブオイル　大
　さじ2（30ml）
ルートパセリまたはパースニップ　みじ
　ん切りで300g
タマネギ（大きめのもの）　1個
　みじん切りにする
パセリの葉　ちぎって15g
水　700ml

ソース

卵（Mサイズのもの）　6個
　室温にしておく
白ワインビネガー　80ml
ニンニク（皮をむいて潰したもの）　大さ
　じ2
黒コショウ（挽きたてのもの）　小さじ
　1/2

† オーブンの機種や使用年数等により、火力に誤差が生じることがあります。焼き時間は目安にし、必ず調整を行ってください。焼き色が付きすぎてしまう場合は、アルミホイルをかけてください。

可能性がある。ポルフィリン症がその一例だ。ポルフィリン症患者の中には、ニンニクなどの硫黄化合物を含む食品を嫌悪し、皮膚は青白く、日の光に対して非常に過敏になる人たちがいる。また、唇や歯茎が後退するために歯が牙のように見えたりもする。

　さらに吸血鬼と関係が深そうなのは狂犬病である。狂犬病は人狼伝説の起源とも考えられているが、この病気は人がイヌやコウモリに咬（か）まれて感染拡大することが多かった。発症後わずか数日のあいだに、見た目も行動もまったく別人のようになる。攻撃的で暴力的になり、しまいには口から血の混じった泡を垂らすようになる。嗅覚は鋭敏になり、ある種のハーブやニンニクなどに不快感を表す。これらの症状の原因が不明だった当時は、悪魔に憑（と）りつかれたせいで人が変わってしまったのだと考えられることが多かった。だから、こうした厄害から身を守るにはニンニクひとかけらがうってつけなのだった。

　長いあいだヨーロッパの南東部でしか聞かれなかったこの迷信が広まったのは、アイルランド人作家のブラム・ストーカーが1897年の小説『ドラキュラ』の中で、対ドラキュラ伯爵の武器としてニンニクを用いたからだ。ストーカーは、吸血鬼との戦いについてのノウハウの大半をエミリー・ジェラードが1888年に著した『森の彼方の国：トランシルバニアの事実・調査結果・流言』から得ている。ジェラードはこう書いている。「何をやっても死なない吸血鬼に対しては、頭を切り離して、その口にニンニクを詰め込んで棺（ひつぎ）に戻すことを勧める」。ドラキュラ伯爵によって吸血鬼に変えられた哀れなルーシー・ウェステンラが棺から立ち上がったとき、バン・ヘルシング教授のとった方法がまさにこれだった。吸血鬼が窓から入ってくるのを真剣に恐れている人はもうほとんどいないけれど、ニンニクを家に常備しておくのは悪いことではないと思う。少なくとも、牛肉のニンニクソース添えという最高においしい一皿を作ることができるのだから。

作れる量：12人分　**調理時間：**4時間15分

1.　オーブン†を150℃に予熱する。

2.　牛かたまり肉に黒コショウとコーシャー塩小さじ1を擦りこんでおく。ダッチオーブンまたは大きめのオーブン対応鍋にエクストラバージンオリーブオイルを入れ、強めの中火で熱する。オイルがふつふつしてきたら牛かたまり肉を入れて8〜10分、表面全体に焦げ目がつくまで焼く。焼けたら肉を鍋から取り出して皿にのせておく。

3.　ルートパセリまたはパースニップ、タマネギ、パセリの葉、残りのコー

シャー塩小さじ1を鍋に入れ、タマネギが柔らかくなり色づき始めるまで、8～10分炒める。野菜が焦げつきそうだったら、オリーブオイル大さじ1をさらに足す。火が通ったら鍋からできるだけ野菜を取り出すが、完全に空にする必要はない。水700mlを加えて鍋肌や鍋底に焦げついている旨味をこそげ落す。

4. 3の鍋に2で取り出した牛肉とその肉汁を静かに戻す。野菜も鍋に戻し、肉の周りに並べる。火にかけて沸騰したら蓋をしてオーブンに入れ、肉450gにつき1時間焼く。かたまり肉1.6kgであれば210分かかることになる。肉にフォークを突き刺してみて簡単に回せたら焼けている。鍋をオーブンから出し、焼けた肉を注意深く取り出して皿にのせ、15分休ませる。そのあいだにソースを作る。

5. ソースを作る。肉を焼いた鍋から235ml（できるだけ多くのそれに近い量）の脂と肉汁をスプーンですくい出す。タマネギの切れ端が混ざるくらいは大丈夫だが、大きな野菜の類はよけること。中くらいの片手鍋に卵をしっかりと溶きほぐし、泡立て器でかき混ぜながらゆっくりと白ワインビネガーを加えて完全に滑らかな液状にする。ニンニクと黒コショウを加え、よくかき混ぜる。そして卵液を激しくかき混ぜながら、肉汁235mlをゆっくりと注ぎ入れ、卵のテンパリング*をする。ここで熱い肉汁を一気に入れてしまうと卵が凝固してしまうので注意してほしい。肉汁が卵と完全に混ざったら、片手鍋を弱めの中火にかけてやさしくかき混ぜながら、生クリームくらいのとろみがつくまで5分温める。これでソースは完成。

6. 肉を厚めにスライスし、野菜と一緒に盛り付けて、ソースを少々かける。濃厚なソースなので、かけ過ぎないように。

＊ゆっくりと温めることで凝固を防ぐ作業。

プレッツェデラ

****

都市・地域：ドイツ
時代：1581年

> ### 当時の文献から
>
> 小麦粉をたっぷり、卵黄は適量、ワイン少々、砂糖、
> そしてアニスを混ぜて生地を作る。
> 清潔な手で生地を細長くのばしてから丸く形作り、
> 小さなプレッツェルにする。温めたオーブンに入れて焼く。
> 焦がしてはいけないが、
> カリッとおいしくなるよう十分に水分が抜けるまで焼く。
> シナモンは使っても使わなくてもよい。
> これをプレッツェデラと呼ぶ。
>
> 出典：マルクス・ルンポルト*『最新式料理書』

* 1525〜1593。マインツの大司教の大膳職の長
　という役職にあった料理人。

『最後の晩餐』ドイツ・バイエルン地方、J・ポール・ゲティ美術館蔵（ロサンゼルス、ルートウィヒ写本 VII 1、フォリオ38）

† 古代の発音「ブラケッルス」から中世ラテン語
　読み「ブラツェルス」へと変容し、プレッツェル
　へと近づいてきました。

プレッツェルの起源にまつわる最古の説は、紀元後610年にさかのぼる。子どもたちに四旬節の祈りを教えていたイタリアの修道士が、子どもたちになんとか大仕事を無事こなしてもらうためのご褒美として、おやつをあげた。そのおやつは、生地をひねってお祈りをする子どもの腕の形に焼いたパンで、「ささやかなご褒美」を意味する「プレティオラ」と名づけられた。とてもすてきなプレッツェル誕生物語だが、これはほぼ作り話である。残念ながら、プレッツェルがどこで生まれてこの名前になったのか、はっきりしたことは分かっていない。ドイツ語圏の人びとは、最初にパンをひねって結び目を作り、ラテン語でブレスレットを意味する語にちなみ「ブラツェルス」†と名づけたのは自分たちだと主張している。発明者はともかく、プレッツェルを有名にしたのがドイツ語圏の人びとであることは確かだ。ドイツでのプレッツェル人気は相当なもので、1111年にはパン屋のギルドの紋章にプレッツェルの図柄が現れはじめるし、10世紀、バイエルン各地の教会で描かれていた「最後の晩餐」にはプレッツェルが登場する（たとえば、左の絵）。

イタリアの修道士が登場する誕生物語と同じく、もう1つの誕生エピソードもプレッツェルを作る修道士の話で、実話とは思えないけれど、ここに記すだけの価値はあると思う。1529年、ウィーンは市壁の外を「大帝」スレイマン1世（在位1520〜66）率いるオスマン軍に包囲されていた。スレイマンは市壁の下から市内に侵入すべく、兵士たちに命じてトンネルを掘らせた。しか

146

***

大陸ヨーロッパ諸国

しオスマン軍の技術者たちは、修道院に地下室があるということにまでは頭が回らなかった。地下でプレッツェルを焼いていた修道士たちは、オスマン軍がシャベルで土をひっかく音が反対側の壁から聞こえるのに気づき、すぐに警告の使いを出した。そこで神聖ローマ帝国の傭兵隊が駆けつけてオスマン軍を食い止め、計画を阻止できたのである。ハプスブルク家の皇帝カール5世(在位1519〜1556)は町を救ってくれたことへの感謝のしるしとして、プレッツェルをかたどった紋章を修道士たちに与えたという。

現代のプレッツェルは、もはや修道院とは何の関係もない。でも、強アルカリ性の「苛性ソーダ」を溶かした液に浸して作る柔らかいバイエルンのプレッツェルからバター味のデンマーク風クリンゲルまで、プレッツェルの人気はますます高まるばかりだ。というわけで、そんなプレッツェルの1つである「プレッツェデラ」を作ってみよう。

作れる量：プレッツェル8個　調理時間：40分

---

1. オーブン[†3]を180℃に予熱する。天板にオーブンペーパーを敷いておく。

2. 中くらいのボウルに中力粉をふるい入れ、アニスシード、シナモン、そして海塩を混ぜ入れる。

3. 別のボウルに卵黄とグラニュー糖を合わせて、滑らかでクリーム色になるまで撹拌する。ここにワインを加えて滑らかになるまで混ぜる。さらに混ぜておいた**2**の粉類を、3回に分けて混ぜ込む。1回ずつ、完全に粉っぽさがなくなるまで混ぜてから、次の粉類を加えること。手でひも状にのばせるくらいの固さの生地にする。生地が緩過ぎる場合は、ほどよい固さになるまで様子を見ながら中力粉を大さじ1ずつ加える。できあがった生地を8つに分ける。

4. プレッツェルを成形する。1個分の生地を約1.2cm幅のひも状にのばす。これで輪を作り、ひもの両端を輪の中央で絡ませる。両端を輪の下側、時計の針の位置で表すと7時と5時のあたりにそれぞれ押し付け、左右対称になるよう形を整える。成形した生地を、フライ返しを使ってオーブンペーパーを敷いた天板に並べる。

5. プレッツェルの生地をすべて成形したら、小さなボウルに卵と水を混ぜて卵液を作り、刷毛でプレッツェル生地の表面に塗る。軽く焼き色がつくまで12〜15分焼いて出来上がり。

[材料]

中力粉　300g

アニスシード（挽いたもの）[†1]　小さじ1/2

シナモン（挽いたもの）　小さじ1/2
　　添えて出す、または味をみて好みで使用

海塩[†2]　小さじ1/2

卵黄　Lサイズの卵3個分

グラニュー糖　150g

甘口の白ワイン　80ml

卵液

卵（Lサイズのもの）　1個

水　大さじ1

---

†1　市販のパウダーを使うのがよいでしょう。以下、「挽いたもの」についての対応は同様とします。

†2　海塩がなければ、一般の塩を使ってかまいません。

†3　オーブンの機種や使用年数等により、火力に誤差が生じることがあります。焼き時間は目安にし、必ず調整を行ってください。焼き色が付きすぎてしまう場合は、アルミホイルをかけてください。

147

*** プレッツェデラ

レモネード

****

都市・地域：フランス
時代：1651年

> ### 当時の文献から
>
> 水1パイントに、砂糖半ポンド、
> 果汁を絞ったあとのレモン3個分とオレンジ半個分
> それぞれの外皮を加える。
> きわめて清潔にした容器を2つ用意し、
> 液を双方の容器に何度か移し替えて、
> 中身がよく混ざるようにする。最後に白い布巾で濾す。
>
> 出典：ラ・バレンヌ『フランスの料理人（フランス料理の本）』

リチャード・ブリジェンス『大きな容器を背負ってパリの通りを歩く、レモネードと大麦飲料の売り子』

　現在飲まれているレモネードはフランス生まれで、かの国における17世紀の料理書の中でも指折りの影響力で知られた『フランスの料理人』と同じ頃の発明だ。ぼくのレシピもこの本による。レモネードは瞬く間にパリで愛飲されるようになった。1676年にはレモネード業者を総括する団体が発足している。レモネード売りはさわやかな飲み物を提供していただけなのだが、彼らのおかげでパリ市民は17世紀後半のペスト大流行に巻き込まれずにすんだ、という説がある。当時はフランスでもこの疫病が各地で猛威を振るったのだが、パリはあまり影響を受けなかった。これに一役買っていたのが、レモネード業者たちが道端に廃棄していた大量のレモンの皮だったかもしれないのだ。レモンの皮に含まれているリモネンとリナロールには、ノミの幼虫を殺す効果があり、現在もペット用シャンプーの原料として使われている。つまり、あくまで1つの説ではあるものの、科学的根拠がないわけではないのだ。

　疫病の勢いを食い止めた功績は当時まだ認知されなかったけれど、その後レモネードは18〜19世紀を通じて回復期にある病人によい飲み物とされ、薬用飲料としても認識されていた。1887年、『ヨークビル・エンクワイアラー』紙に、レモネードの治療効果を報ずる記事が掲載されている。

ある女性が風邪をこじらせている夫に亜麻仁入りレモネードをすすめた。すると夫は苛立たしげにこう言った。「ふん！　どいつもこいつも適当な食事療法を押し付けてくる。おちおち風邪もひいてられん。俺は医者に来てもらうぞ」。やってきた医者は、

ルイ＝シャルル・フェルウェー『レモンの汁をグラスに絞り入れながらもの思いにふける女性の物語風習作』

＊「ロングアイランド・レモネード」はウォッカベースのカクテル。

[材料]
レモン（小さめのもの）　6個
オレンジ（小さめのもの）　2個
グラニュー糖　200g
水　1L

病人に往診料2ドルを請求したうえ、亜麻仁入りレモネードを処方した。

　すでに米国南部では人気だったレモネードが、国内全域で飲まれるようになったのもこの頃だった。薬効があるからではなく、レモネードがノンアルコール飲料だからだ。ロングアイランドのレモネードは例外だが＊。19世紀の米国には、おむねずっとアルコールを悪とする禁酒運動を叫ぶ人びとがいた。しかし1877年に登場した、大統領夫人にして禁酒運動の熱心な擁護者であるルーシー・ウェブ・ヘイズは別格だった。彼女は夫である第19代大統領ラザフォード・B・ヘイズに大きな影響力を持っており、ヘイズは連邦政府のすべての集会においてアルコールを禁止した。そして酒の代わりに飲まれた飲料の1つがレモネードだったというわけだ。そのため彼女は後年「レモネード・ルーシー」というあだ名で知られたほどだ。

　禁酒運動が政治的な力を持つようになると、キリスト教婦人禁酒連合は「アルコールよさようなら、レモネードに乾杯」のスローガンをかかげた。20世紀初頭、多くのカクテルブックがレモネードのレシピをノンアルコールの章で紹介するようになった。反対に、従来のカクテルレシピにレモネードが取り入れられることもよくあり、レモン果汁を減らしてシェリー酒を加えたりした。シェリー酒入りのレモネードを試してみてもよいけれど、本書ではノンアルコール版のレモネードを作ることにした。せっかくならレモネード・ルーシーの食卓にありそうな飲み物がいい。

作れる量：4人分　　調理時間：10分

1. レモン1/2個とオレンジ1/2個の外皮をすりおろしておく。レモンとオレンジ全部の果汁を搾る。
2. 大きなピッチャーに水を入れてグラニュー糖を加えて溶かす。1のレモンとオレンジの外皮と果汁を加えて混ぜる。もう1つのピッチャーにチーズクロスをかぶせ、レモネードを濾し入れる。よく冷やしてから供する。

149
＊＊＊
レモネード

ポタージュ・ドニオン・オ・レ
（牛乳入りオニオンスープ）
✳︎✳︎✳︎✳︎✳︎✳︎✳︎✳︎✳︎✳︎✳︎✳︎✳︎

都市・地域：フランス
時代：1651年

> **当時の文献から**
>
> タマネギを薄切りにし、
> バターで全体が茶色になるまで炒めたら
> 塩とコショウで味をつけた少量の水で煮る。
> 煮えたら牛乳を加えて沸騰させる。
> パンの皮をカリッと焼いて添え、すぐに供する。
>
> 出典：ラ・バレンヌ『フランスの料理人』

料理人バテルの自殺を描いた19世紀の想像図

　ぼくはメニューにフランス風オニオンスープを見つけるとかならず注文する。牛乳入りのこのレシピは、そうしたオニオンスープより素朴な、いわばその原型のような料理だ。おもな違いは、このレシピではスープストックではなく牛乳が使われていること、そしてオニオンスープといえば思い出す、スープの上で溶けたグリュイエール・チーズがないことだ。とはいえグリュイエールを入れたければ、誰も反対しないと思う。ぼくのレシピは、ラ・バレンヌが書いた『フランスの料理人』から取った。同書が出版されたルイ14世の治世下では、フランス、そしてとくにフランス料理が黄金時代を迎えていた。しかし太陽王ルイ14世が君臨していた間ですら、フランス料理の威光に暗雲が立ち込める日がないわけではなかった。

　時は1671年4月、場所はシャンティイ城。ルイ・ド・ブルボン、つまりコンデ公の住まいだ。コンデ公の従弟であるルイ14世の来臨を週末に控え、城内は騒然としていた。もてなす側の緊張はいつものことだ。なにしろルイは取り巻きの宮廷人数百名を引き連れてくるうえ、招待客は数千人にも上るのが常だったからだ。そして今回、緊張の度合いはいつにも増して高かった。コンデ公が従弟である王に対して反旗を翻し、結局敗北した内戦から、まだ数年しかたっていなかったからだ。コンデは、表向きは王からの赦しを得ていたが、両者のあいだの緊張関係は続いていたのだ。週末の催しは、つつがなく進行しなければならなかった。そして祝宴の監督と城中の緊張のすべてを両肩に負ったのが、コンデ公の料理長であったフランソワ・バテ

ジャン=レオン・ジェローム
『ルイ14世による大コンデ公の歓待』

ル（1631〜1671）だった。
　バテルは、国王ルイを含めた大物の貴賓を今まで何度ももてなしてきた。フランス屈指の権力者たちのための饗宴をつかさどるバテルの、完璧なまでの手腕に対する評判は非常に高く、一介の料理長には珍しいほどの高待遇を受けていた。城内に居室を与えられ、帯剣まで許されるという大きな栄誉に浴していたのだが、帯剣していたことがこの話の重要な鍵になる。バテルは週末に予測されているような大きなプレッシャーには慣れていた。とはいえ、国王と彼の雇い主コンデ公のあいだの剣呑な関係が彼のストレスを増大させたことは想像に難くない。週末の祝宴に来席した人びとによると、第一夜は大成功であったが、問題が皆無だったわけではなかった。明るい月夜は晩方の狩猟にはうってつけだったが、多少の夜霧も相まってせっかくの花火が映えなかったという。肝心の食事も、立派であったが焼いた肉の量が不足する結果となった。バテルが見積もっていたより多くの人がやってきたせいだった。バテルがコンデ公にこう漏らしているのを聞いた者もいた。「なんとも不名誉なことです！　この不面目には耐えられません」。コンデ公は、すべてうまくいっているではないか、と彼に請け合ったが、晩餐の出来に料理長バテルが苛立っていたのは明らかだった。そして翌朝の事件によって彼の我慢は限界に達した。
　その日は金曜日だった。教会のしきたりで肉食が禁じられていた。バテルはロブスター、魚、その他の魚介類をノルマンディーの港のいくつかに注文しており、これらの食材は早朝に到着するはずだった。しかし届いた荷を開けてみると注文した量に全然足りない。

＊美食家として知られる。この饗宴にも顧問格として参加していた。

「これだけか?」とバテルは言いました。「はい、その通りで」と男は答えました。この男は、バテルがほかの漁港全部にも運送人を手配していたことを知らなかったのです。バテルは少しのあいだ待ってみましたが、ほかの商人たちはなかなか現れません。彼の頭は混乱し始め、欲しかった魚はもう届かないんだ、と思い込んでしまったのです。バテルはグルビル男爵＊のもとへ走り「閣下、私はこの不名誉に耐えられません」と訴えましたが、グルビルはこれを一笑に付しました。バテルは自宅に戻ると、扉に剣の柄を取りつけて自分を刺し殺そうとしましたが、2回失敗した末、3回目にようやく剣が心臓に達し絶命しました。ちょうどそのとき、魚を携えた運搬人が到着したのです。

——サラ・ジョセファ・ビュエル・ヘイル編『セビニェ夫人による娘と友人への書簡集』
（英訳版・1869）

　少なくとも現代人の目から見ると、胸がつぶれるような信じられない結末ではあるが、17世紀のフランスで、王侯貴族の食事を担当することがいかに重要であったかを如実に示すエピソードでもある。というわけで、このポタージュ・ドニオン・オ・レを作るときは、何のプレッシャーもなく料理ができることに感謝しよう。そして哀れなムッシュー・バテルに思いを馳せようではないか。

作れる量：4人分　調理時間：1時間15分

[材料]

黄タマネギ（大きめのもの）　2個

有塩バター　57g

水　350ml

コーシャー塩

黒コショウ（挽きたてのもの）

牛乳　700ml
　室温にしておく

フランス風のバゲット　硬くなったもの
　を薄くスライスして8〜12切れ

オリーブオイル　お好みで

† オーブンの機種や使用年数等により、火力に誤差が生じることがあります。焼き時間は目安にし、必ず調整を行ってください。焼き色が付きすぎてしまう場合は、アルミホイルをかけてください。

1.　皮をむいて上下を切り落とした黄タマネギを、真ん中で縦に2つ割りにしてから、ごく薄くスライスする。大きめの片手鍋に中火でバターを溶かす。弱火に落としてからタマネギを入れ、焦げつかないよう絶えずかき混ぜながら、濃いキツネ色になるまで約45分炒める。

2.　タマネギを炒め終わったら、その鍋に水を注ぎ入れ、木べらで鍋肌のこびりつきをこそげ落とす。コーシャー塩と黒コショウを適量加えて味付けする。牛乳を加えてふつふつとしてくるまで加熱する。中火にして見守りながら静かに煮立たせる。沸騰し始めたら火からおろす。

3.　オーブン†を205℃に予熱する。天板にアルミホイルを敷いておく。

4.　薄切りにしたバゲットを天板に並べる（オリーブオイルを薄く塗ってもよいが、必須ではない）。オーブンの上段で、パンが軽く色づくまで5〜7分焼く。焼けたバゲットを1枚ずつスープ用の皿の底に置き、オニオンスープを注ぐ。注いだスープにバゲットを浮かべてもよい。熱いうちに供する。

カヌトン・ド・ルーアン・ア・レシャロート
(小鴨のルーアン風エシャロット添え)
✳︎✳︎✳︎✳︎✳︎✳︎✳︎✳︎✳︎✳︎✳︎✳︎

都市・地域：フランス
時代：1739年

> ### 当時の文献から
>
> なるべく白っぽい小鴨を選ぶ。紙に包んで弱火で火を通す。みじん切りにしたエシャロットをブイヨンの中に入れる。エシャロットとオレンジの果汁を鴨にかけて供する。
>
> 出典：ムノン†『新料理概論』

ルイ15世の肖像画。ジャン＝マルシャル・フルドゥによるルイ＝ミシェル・バン・ローの模写

† 18世紀フランスを代表する料理人。経歴は謎に包まれている。宮廷料理からブルジョワ料理に至るまでの料理書を刊行。生年不詳〜1771。

　この料理は1960年代に大流行した甘ったるい鴨のオレンジソース添えの前身ともいうべきものだが、ルイ15世時代のフランスで書かれたレシピということで、この一皿も国王自身の食卓を彩った可能性はある。ルイ15世の時代、それはフランスのオートキュイジーヌ（高級料理）が花開いた時代でもあった。

> **ルイ15世の親政開始以降、美食にとって幸せな時代は続いた。[中略]集まって楽しもうとする意識はあらゆる社会階層に浸透した。全体として、食卓における秩序や清潔、優美がより重視されるようになった。そうした給仕作法の洗練は、われわれの時代[18世紀末]にいたるまで度合いが高まり続け、今では度を越してほとんど滑稽になりかけている。**
>
> ──ジャン・アンテルム・ブリア＝サバラン『美味礼賛』[1]

　ルイ14世は、これ見よがしに華やかな宮廷生活を送ったことでよく知られているが、その跡を継いだルイ15世はこの傾向に歯止めをかけた。ルイ14世は、40〜170皿を誇示するグランクベール（大膳式）という名の食事会を毎日開いていた。王室楽団が最新の人気楽曲を奏でるなか、料理名が告げられ、それぞれの皿が王の目の前を恭しく通り過ぎる。ベルサイユの宮廷人が総出で太陽王を囲むなか、王はそれぞれの皿を食べてみたり拒んでみたりするのだった。

　王やその家族が食べなかった料理は、この儀式を見守っていた宮廷人に買わせていた。しかし、ルイ15世は即位後、この儀式を毎日の夕食として

行うのはやり過ぎだと考え、グランクベールは特別な機会にのみ開催し、食事は身内だけでとることが多かった。ルイ15世が特別な機会に開催したグランクベールの料理内容は、先代よりは控えめになったものの、王の名にふさわしいものだった。1755年9月のある夕食は、通例の8コースではなく6コースで構成されていたが、そのうちの1コースにはウサギ、キジ、ウズラ、キジバト、胸腺、子牛、そしてここで説明するルーアン風小鴨料理を含む16品で構成されていた。その小鴨料理が以下のレシピだ。

作れる量：鴨1羽分　調理時間：2時間20分

---

1. 鴨の外側と内側を洗ってよく乾かす。外側にコーシャー塩を擦りこみ、何もかぶせずに冷蔵庫で1時間から一晩寝かせる。

2. オーブン[†1]を175℃に予熱する。

3. 冷蔵庫から鴨を取り出し、胸の部分にナイフで格子状の切れ目を入れる。切り込みは、脂肪部分が見えるくらい、そして赤身部分には達しないくらいの深さにする。鴨をローストパンのラックの上、または天板にラックを置いた上にのせる。鴨と天板のあいだに空間ができるようにするためだ。オーブンで450gにつき20分を目安に焼く。調理用温度計を胸の部分に刺してみて75℃になっていれば焼きあがっている。

4. 鴨が焼きあがる30分前に、ソースを用意する。中くらいの片手鍋に**3**でできた鴨のスープストックを入れて弱火にかける。沸騰させないように気をつけながら、元の1/4量（約235ml）になる[†2]まで静かに煮詰める。そのあいだに、小さなフライパンを中火にかけて無塩バター大さじ1を溶かす。ここに薄切りにしたエシャロットを入れて約5分、透明になるまでかき混ぜながら炒める。スープストックが煮詰まったら、炒めたエシャロットとオレンジの果汁を入れ、混ぜる。静かに煮立った状態で5分火にかける。

5. 鴨が焼きあがったら、オーブンから取り出して皿にのせ、10分休ませる。スライスしてエシャロットとオレンジのソースを添えて供する。

[材料]

鴨* 1羽
コーシャー塩　小さじ2
鴨のスープストック　1L
無塩バター　15g
エシャロット（大きめのもの）　2個
　刻む
オレンジ果汁（搾りたてのもの）
　120ml

＊料理名のカヌトンは「小鴨」を意味するが、ここでは鴨を使用。

†1　オーブンの機種や使用年数等により、火力に誤差が生じることがあります。焼き時間は目安にし、必ず調整を行ってください。焼き色が付きすぎてしまう場合は、アルミホイルをかけてください。

†2　原文の記述の通り訳していますが、元が1Lで1/4になるまで煮詰めればいいので、およそ250ml前後を目安にするといいでしょう。本書の1カップ＝235mlです。

セムロール（アーモンド入りヘットベグ）

✳✳✳✳✳✳✳✳✳✳✳✳✳✳

都市・地域：スウェーデン
時代：1755年

『若い女性のための家事手引書』の口絵

当時の文献から

アーモンド入りヘットベグ。
小麦粉でできた小さな丸いパンの上部を円盤状に
切り落とし、パンの中身を全部くり抜いてボウルに入れる。
これをクリームか牛乳に浸し、スプーンでよく混ぜる。
パン1個につき卵1個を用意し、浸したパンに加えて混ぜる。
ここに皮をむいて細かく砕いたアーモンド、砂糖、
パン1個につき大さじ2の溶かしバター、
そして塩少々を加える。全体をよく混ぜて、
何も固まらないように鍋に入れる。
これをくりぬいたパンに詰め、切り落としたパンで蓋をして、
太めの糸で縛って固定する。
パンを互いにくっつかないよう置ける程度の
大きな鍋に立たせて並べる。
この鍋に牛乳を注ぎ入れるが、
パンが頭まで完全に浸かってしまってはいけない。
火にかけて30分煮る。［中略］もう1つの容器に
1ストップ［1.3L］、またはパンの数によっては
もう少し多い牛乳を入れて火にかけ、
砂糖とバターを少々加える。供する直前に
パンを縛っていた糸を外し、深めの皿に入れる。
沸かした牛乳に卵黄2個分を入れてとろりとさせる。
この牛乳のソースを盛り付けたパンの上に少しかけ、
残りはソースポットに入れて出す。

出典：カイサ・バリ『若い女性のための家事手引書』
（トゥバ・エングによる英訳から翻訳）[1]

大陸ヨーロッパ諸国

ス ウェーデンでは毎年、昔ながらの習慣で告解の火曜日（P.93参照）にセムロール（単数形はセムラ）という甘くて柔らかいパンが食べられている。これは多くの場合カルダモンで香りづけされ、アーモンドペーストとホイップクリームが詰められている。カイサ・バリという人が1755年に書いたヘットベグのレシピは、基本的には同じものだけれど、ホイップクリームを使わず、アーモンドを使った詰め物を入れたパンを牛乳で煮るところが違う。そしてどうやらこのヘットベグ、アドルフ・フレドリクというスウェーデン王を死に追いやったデザートらしいのだ。

アドルフ・フレドリクは現在のドイツ領にあるリューベック（当時は神聖ローマ帝国の都市）で生まれ、1743年に次期スウェーデン王に選定されたのち、1751年に王位に就いた。「自由の時代」として知られる、平和と繁栄の時代に君臨する幸運な王だった。当時のスウェーデンの国政を牛耳っていたのは国会の一種である四身分制の議会（リクスダーグ）で、王は果たすべき職務もほとんどないまま、豪勢な生活を送っていた。アドルフ・フレドリクにとっての最大の頭痛の種は、王妃のロビーサ・ウルリカだった。政府から権力を奪取しようと画策し、引き留めても聞かないロビーサは、何度か政府に対してクーデターを謀っており、歴史上の人物としては夫よりも注目されるようになる。夫である国王はそんなことよりも嗅ぎ煙草入れ作りや美食のほうに熱心だった。しかしこの食いしん坊ぶりが命取りとなったのだ。

1771年2月12日、王はロブスター、キャビア、ザワークラウト、そしてニシンの燻製を食べながら、シャンパンを1本空けてしまった。そして腹いっぱいであるにもかかわらず、温かい牛乳に浸したヘットベグつまりセムロールを14個も平らげたのであった。

> **陛下は食後、楽しそうで、幸せそうで、いかにも満足なさっているようでした。[中略] しかし夜8時頃、突然激しい胃痛に襲われ [中略] 陛下は扉のそばにあった椅子にお座りになりました [中略] お顔の色が変わり、尊い精気もこのときに消えてしまったのです。**
>
> ——アドルフ・フレドリク王侍医長のヘルマン・シュッツァークランツ『スウェーデン王たちの悲運』[2]

王の命を奪ったのは何か別の消化器系疾患だったと思われるが、スウェーデンではセムロール14個が王の死因だとされることが多い。というわけで、セムロールを楽しむときには、13個で要注意と考えたい。

ローレンス・パシュ2世『スウェーデン王アドルフ・フレドリクの肖像』

[材料]

生地

牛乳　295ml

グラニュー糖　50g

強力粉　480g

インスタントイースト　7g

コーシャー塩　小さじ1と1/2

カルダモン（挽いたもの）†1　小さじ1

無塩バター　85g
　柔らかくしておく

卵（Lサイズのもの）　2個
　溶きほぐしておく

卵液

卵白　Lサイズの卵1個分

水　大さじ1

フィリング

生クリーム（脂肪分の多いもの）235ml

卵（Lサイズのもの）　6個
　溶きほぐしておく

生アーモンド（塩味がついていないもの）
　260g
　粗目の粉末状にしておく

有塩バター　226g
　溶かしておく

グラニュー糖　100g

コーシャー塩　小さじ1

ゆで用

牛乳　1L
　パンをゆでるために使う

甘いミルクソース

牛乳　1L

グラニュー糖　100g

有塩バター　56g

卵黄　Lサイズの卵2個分
　室温にしておく

†1　市販のパウダーを使うのがよいでしょう。

†2　オーブンの機種や使用年数等により、火力に誤差が生じることがあります。焼き時間は目安にし、必ず調整を行ってください。焼き色が付きすぎてしまう場合は、アルミホイルをかけてください。

作れる量：セムロール12個　調理時間：3時間

---

1. 生地を作る。小さな片手鍋に牛乳を入れて中火にかけ38℃になるまで温める。この鍋にグラニュー糖を混ぜ入れて溶かす。大きなボウルに強力粉、イースト、塩、そしてカルダモンを入れて泡立て器で混ぜる。この中に鍋の牛乳を注ぎ、ざっとまとめる。ここに柔らかくした無塩バターと溶き卵を加えて、むらがなくなるまで混ぜる。この生地をこねて、滑らかな、しかしべたつき感は残るボール状にまとめる。薄くオイルを塗ったボウルに生地を入れ、覆いをして60〜90分、2倍の大きさに膨らんでくるまで発酵させる。

2. 生地が膨らんだら、ガス抜き（パンチ）として平らに叩き、軽く打ち粉をした台の上に出す。生地は12等分にして、それぞれバンズ型に成形し、オーブンペーパーを敷いた天板2枚に並べる。パン生地にふんわりと覆いをして、さらに45分発酵させる。

3. オーブン†2を200℃に予熱する。

4. パン生地が膨らんだら、卵液を作る。小さなボウルに卵白と水を混ぜ、生地の上面に刷毛で塗る。天板1枚ずつ、15分焼く。焼けたパンはラックにのせて完全に冷ます。

5. フィリングを作る。パンが冷めたら、上部1/4を切り取る。切り取った部分は取り置いておく。穴を開けないように気をつけながら、パンの器を作るような要領で、パンの中をくりぬく。パンの器と切り取った上部は一対にしておく。くりぬいたパンの中身を親指の爪ほどの大きさに細かくちぎり、大きな鍋に入れる。ここに生クリームを入れてパンになるべくたくさん吸わせてから、溶き卵、粉末状にしたアーモンド、溶かしバター、グラニュー糖、そしてコーシャー塩を加えて、なじむまでよく混ぜる。この鍋を弱火にかけ、たえずかき混ぜながら、卵に火を通し、全体が少し色づいてくるまで5分ほど煮る。鍋を火からおろし、フィリングを12等分してパンに詰め、切り取った上部をフタにする。

6. 調理用糸30cmでパンを縛る。パンの下から糸をくぐらせ、フタを本体に固定するようにフタの上で蝶結びにする。この蝶結びの部分をつまんで煮上がったパンを取り出すので、鍋に入れる前にパンが簡単に持ち上がるかどうか確認しておこう。同じようにしてパン全部を糸で縛る。

7. 家にあるいちばん大きい鍋を選び、底に五徳または皿を伏せて置く。これは、煮ているときに鍋底にパンがくっつかないようにするためだ。鍋の中の五徳に、パンを互いにくっつかないように並べる。ここに、牛乳をパンの高さの1/2くらいの深さまで、ゆっくりと注ぐ。強めの中火にして沸騰させ30分煮る。このあいだに甘いミルクソースを作る。

8. 甘いミルクソースを作る。中くらいの片手鍋に牛乳とグラニュー糖を入れて混ぜ、中火にかける。バターを入れて溶かし、泡立て器で混ぜながら卵黄を加える。やさしくかき混ぜながら静かに煮る。数分後には少しとろみが出てくるが、カスタードクリームほど濃いとろみはつけない。パンができあがるまで、弱火にかけたまま温め続ける。

9. パンが煮えたら、糸とフライ返しを使って鍋から取り出し、盛り付け皿に置く。糸をはずして、甘いミルクソースをパンの周りに流して完成。

Cook's Note: 今風のセムロールに仕上げる場合は、パンに詰めるアーモンドのフィリングの分量を半分に減らし、その上から泡立てた生クリームを詰めて、切り取った「蓋」をのせ、上から粉砂糖を振りかける。パンを牛乳で煮る工程と甘いミルクソースの工程は飛ばして、そのまま食べる。当時のレシピでは、牛乳の分量は「ストップ」で表されているが、これは昔の単位で、およそ1.3Lに相当する。

トマトの香草詰め

✳✳✳✳✳✳✳✳✳✳✳✳✳

都市・地域：イタリア
時代：1773年

当時の文献から

パセリ、タマネギ、ソレル、そしてミントをみじん切りにする。
ここにハムを加えて塩コショウする。
卵黄とすりおろしたプロバトゥーラを加える。
これをトマトに詰めて焼き、ハムのブイヨンをかけて供する。

出典：ビンチェンツォ・コルラード『優雅な料理人』
（フランチェスコ・ビッテリーニによる英訳から翻訳）[1]

ビンチェンツォ・コルラード

＊スズ合金の一種。鉛を含む

　トマトは新大陸由来の食物で、遅くとも紀元後700年にはすでにメソアメリカでは重宝されていた。1500年代に新大陸に来たスペイン人は、アステカ人がつけたトマトルという名前と共にヨーロッパに持ち帰った。その呼称を彼らなりにどうにか発音しようとした結果、トマトという名に落ち着いたわけだ。ただヨーロッパでの反応はまちまちだった。この実を古代神話に出てくる黄金のリンゴになぞらえ、催淫効果があると信じた人もいた。イタリア語でトマトをさすポモドーロという単語も「黄金のリンゴ」を意味する言い回しに由来している。16世紀のイタリアでは同じナス科の植物で致死毒を含むベラドンナが毒薬作りに多用されていて、トマトとベラドンナを同一視する向きもあり、彼らの恐怖は実際トマトで中毒を起こす人が出てくるに至って裏付けられたかにさえ見えた。というより、少なくとも当時の人びとはそれで毒性が立証されたものと思い込んでいた。

　じつは、16〜17世紀のヨーロッパでは裕福な人びとはピューター合金＊製の皿を使っていたので、これに酸性のトマトが触れて溶け出した鉛の毒にやられただけだったのだろう。一方、貧しい人びとはトマトを食して酷い目を見ることもなかったらしく、徐々に地中海周辺の日常食で使われ始める。やがて地中海沿岸地方の毎日の食卓に欠かせない食材になっていったのだ。

　北に位置する英国やアメリカ大陸の英国領では、トマトが大流行していた。しかしほとんどが鑑賞用で、庭の花が寂しいときに鮮やかな色を添えていたのだった。19世紀に入っても、米国南部の州では食卓に登場し始めていたものの、北部では食用としての人気はそれほどなかった。

トマトを初めて食べたあと、あの酸っぱくてまずいものをまた食

大陸ヨーロッパ諸国

[材料]

イタリアンパセリ　みじん切りで30g

黄または白タマネギ　みじん切りで60g

ソレル（またはルッコラかホウレンソウに
　　レモン汁をかけたもので代用）　みじ
　　ん切りで45g

ミントの葉　みじん切りで大さじ2

プロシュート　113g

塩

黒コショウ（挽きたてのもの）

プロバトゥーラチーズ、またはフレッシュ
　　モッツァレラ　226g

卵黄　Lサイズの卵3個分

トマト（中くらいのもの）　6〜8個

エクストラバージンオリーブオイル　大
　　さじ2〜3

ハムと野菜のブイヨン、または皮がサク
　　サクのパン
　　お好みで添える

・・・・・・・・・・・・・・・・・・・・・・

Cook's Note:　ハーブとタマネギ
の量は、自分の好みに合わせて調整
しても大丈夫。

・・・・・・・・・・・・・・・・・・・・・・

† 機種や使用年数等により、火力に誤差が生じる
　ことがあります。焼き時間は目安にし、必ず調
　整を行ってください。焼き色が付きすぎてしまう
　場合は、アルミホイルをかけてください。

べようという気になる人間は、100人のうち2人いるかいないかだ。
　　　　　　——J・B・ガーバー（ペンシルベニア州、1820頃）

　やがて、フランスの影響の濃い南部料理がトマトを米国に広め、19世紀末の大量のイタリア移民によって、あらゆる料理に不可欠の食材になった。ところで、トマトは果物なのだろうか？　植物学者なら是と答えるだろう。しかし米国最高裁は不賛成を表明した。それも思いもよらないような理由で。

　1883年の関税表では、輸入野菜には関税が課されていたが、果物は免除されていた。カリブ海地域からトマトを輸入していたジョンニックス社は関税を不服として告訴した。なぜならトマトは果物なのだから、というわけだ。裁判は最高裁にまで持ち込まれ、1893年ホレース判事は次のような判決理由を書いた。「植物学的には、トマトはキュウリ、カボチャ、マメ、エンドウなどと同じ、つる植物の果実である。しかし、食品の販売者や消費者といった一般の人びとが使う言葉からすると、これらはみな野菜である」

　ユーモア作家のマイルズ・キングトンの言葉を借りれば、「トマトが果物であるということを知っているのは知識。トマトをフルーツサラダに入れないのは知恵」[2]だ。トマトにハーブとチーズを詰めて焼くのは無難な方法だと思う。

作れる量：6〜8人分　調理時間：30分

1.　オーブン†を175℃に予熱する。

2.　中くらいのボウルにパセリ、タマネギ、ソレル、そしてミントを混ぜ合わせる。プロシュートを小さくちぎり、ボウルの中のハーブと合わせて塩と黒コショウを加えて味付けする。ここにチーズをおろし入れ、卵黄も加えて混ぜ合わせ、ペースト状にする。

3.　トマトの上部を切り取って中身をスプーンでくりぬく。切った上部とくりぬいた中身は使わない。トマトの中にハーブのペーストを詰める。このとき詰め込み過ぎないようにすること。また詰めたペーストはトマトの縁と同じ高さになるようにする。

4.　オーブン対応のフライパンに、底を覆うくらいの量のエクストラバージンオリーブオイルを注ぐ。トマトを底を下にして入れて、2〜3分焼き、トングを使ってペーストが流れ出ないように上下をひっくり返す。上部を下にして2〜3分焼く。焼いたら上下の位置を戻し、フライパンをオーブンに入れて10分焼く。焼けたらフライパンをオーブンから取り出して、熱いうちに供する。元のレシピでは、ハムのブイヨンを添えてもよいとあるが、この料理は皮がサクッとしたイタリアのパンを添えて出すのが最高だとぼくは思っている。

ペシュメルバ（ピーチメルバ）

✳✳✳✳✳✳✳✳✳✳✳✳✳✳✳

都市・地域：フランス／英国
時代：1903年

> ### 当時の文献から
>
> ペシュメルバ。
> 桃をバニラ入りのシロップに入れ低温で加熱したのち、
> バニラアイスクリームを盛り付けた上にのせ、
> すりおろしたラズベリーをかける。
>
> 出典：オーギュスト・エスコフィエ『料理の手引き』

ネリー・メルバ

＊のちの英国王エドワード7世（在位1901〜1910）。エスコフィエはエドワード7世即位式の宴会の料理長を務めるなど、顧客との信頼関係を築いた。

　ピーチメルバ（ペシュメルバ）のレシピを本書のどの章で扱うかを決めるとき、英国のレシピとするか、その他のヨーロッパの国のレシピとするかでとても迷った。ピーチメルバが誕生したのは英国のロンドンにあるサボイ・ホテルだったけれど、考案者であるオーギュスト・エスコフィエは紛れもないフランス人であり、これを英国の章に入れるのは不当なように思われた。というわけでこの章に落ち着いた次第だ。ピーチメルバは19世紀末のオーストラリア出身のソプラノ歌手ネリー・メルバ（メルバ・トーストでも有名だ）にちなんで名づけられた。シェフ・エスコフィエの料理には、有名人顧客たちの名前を冠しているものがとても多く、ピーチメルバもその1つだ。

　料理人オーギュスト・エスコフィエのキャリアは、フランスで始まった。普仏戦争が勃発すると、初めは参謀本部付き料理人として、次にウィースバーデンで6カ月間、捕虜となった同胞たちのために食料を切り詰めながら賄いを担当した。戦後はパリに戻り、プティ・ムーラン・ルージュで働いたのち、カンヌでル・フザン・ドレというレストランを立ち上げた。その後、ルツェルンのグランド・ホテル・ナショナルに雇われ、そこで野心溢れるホテル支配人セザール・リッツと出会った。料理史上最高の二人三脚として名を残すことになるエスコフィエとリッツは、1890年、ギルバートとサリバンのオペレッタ作品のプロデューサーとして名高いリチャード・ドイリー・カートに誘われてサボイ・ホテルの経営を任された。

　エスコフィエの名が広く知られるようになったのは、サボイ・ホテル時代だった。ロンドンの著名人たちを絶えず変わるメニューや個人の好みに合わせた料理で惹きつけ、顧客の中にはネリー・メルバ、女優のサラ・ベルナール、さらにウェールズ公すなわち英国王子＊までいた。サボイ・ホテルで

1900年頃のサボイ・ホテルのレストラン待合室

は、「ラ・ブリガード・ド・キュイジーヌ（厨房軍）」と呼ばれるホテルの厨房管理の新方式が編み出された。導入以前は、料理人がそれぞれ一皿ずつ担当していたので、客に出すすべての料理を揃えるまでに時間がかかった。しかしエスコフィエは厨房に軍隊式の序列を取り入れ、料理長を元帥とし、その指揮下に個別の任務を帯びた料理人たちで構成される軍を作ったのである。

　料理人たちは、ソースだけを担当する者、魚料理だけを担当する者、そして肉のローストだけを担当する者、などに分かれた。数十の持ち場が設定され、部下たちはそこで、決められた1種類の作業を完璧にこなせるようになるとともに、エスコフィエ料理総長の監督の下、一皿をチームの協同で作り上げていく。フォード社の組み立てラインの料理版先駆けともいえるこの方法は、非常に大きな成果を生み、現在もほとんどのレストランがこの「ラ・ブリガード・ド・キュイジーヌ」的な方式をとっている。

　エスコフィエとリッツは結局サボイ・ホテルを去ることになるのだが、当時は個人的な理由によるものだとされていた。しかし最近発見された資料によって、賄賂と着服によってサボイを追われたことが分かっている。ところが、これが2人のキャリアにとっておそらく最大のチャンスをもたらしてくれた。セザール・リッツはオーギュスト・エスコフィエを料理長に据えてオテル・リッツを創業、協力してホテルチェーンを築き、その名は格式と贅沢の代名詞となった。リッツの名ばかりが語られるけれど、エスコフィエがリッツのホテル事業に貢献してくれたおかげで、ぼくたちはみなレストランでの食事を楽しむことができているのだ。[1]

［材料］

桃（熟したもの）　6個

グラニュー糖　大さじ1

ラズベリー（熟したもの）　250g

粉砂糖　150g

フレンチ・バニラ・アイスクリーム　1L

生アーモンド（皮むき縦割りのもの）
　飾り用

作れる量：6人分　調理時間：1時間15分

1.　大きな鍋に水を入れて沸かす。沸騰するまでのあいだ、大きな広口のボウルに氷水を用意する。桃を、一度に2個ずつ湯の中に入れ、2〜3秒後にトングを使ってひっくり返し、計7秒湯通ししたら、取り出して氷水に浸ける。10秒浸けたら、取り出して皿に入れる。すべての桃に湯通ししたら、皮を剥く。つるりと剥けるはずだ。それからよく切れるナイフを使って桃を半分に割り、種を取る。半割りにした桃の両面にグラニュー糖を振り、皿に並べてラップで覆い、冷蔵庫に入れて1時間冷やす。そのあいだにラズベリーソースを作る。

2.　ラズベリーを洗い、ミキサーにかけてピュレ状にする。これを目の細かい濾し器に入れて押し付けながら、中くらいのボウルに漉し入れる。滑らかで種が入っていない状態になっていればよい。粉砂糖を入れてよくなじむまで泡立て器で混ぜる。ボウルに覆いをして冷蔵庫で冷やす。盛り付け用の皿を6枚冷凍庫に入れて冷やす。金属の容器が望ましいが、陶磁器でも大丈夫。

3.　すべてが冷えたら、皿を冷凍庫から出して、バニラアイスクリームを大盛りで2〜3すくい、入れる。その上にグラニュー糖をかけた半割りの桃を2切れ置き、ラズベリーのピュレを、桃を覆うようにしてかける。アーモンドをのせて出来上がり。

中近東から
東アジア

The Near & Far East

パヤサム

****

都市・地域：インド
時代：12世紀頃

＊サンスクリット語で書かれ、宮廷で実際に食された料理などをまとめた百科全書。1129年頃に成立。

当時の文献から

食事の途中に、
米と牛乳と砂糖をよく煮込んだパヤサムを、
王は食べることになっている。

出典：『心の喜び（マーナソーッラーサ）*』[1]

パヤサムはインド版ライスプディングで、今でもインド各地にはキール、フィルニ、パエシュなど、さまざまなパヤサムの変種がある。それぞれ、使う米の種類や食感、味付け方法も異なり、インドではどのバージョンが原型なのかについて意見が対立している。ぼくは特定のバージョンに肩入れはしないが、最古のレシピはほぼこれに違いないと確信しているものはある。12世紀にインド南部を支配していた後期チャールキア王朝の王ソーメーシュバラ3世（在位1126～1138）のために書かれたレシピがそれだ。しかしパヤサムの歴史、というか神話は、ソーメーシュバラ3世の時代よりさらに前にさかのぼる。

はるか遠い昔のことだった。あるときクリシュナ神は米が底をつきかけているのに気づいた。そこで年老いた賢者の姿に化け、インドのケララ州で、アンバラプーラ寺院を中心とした一地域を支配している王の宮廷に行った。クリシュナは王に、チェスの起源と言われるチャトランガの対局を申し出た。何度も戦争で勝利をおさめてきた老王は、自分は優れた戦略家だとうぬぼれていたので、クリシュナからの挑戦を受けた。王は自分の腕前を信じて疑わず、勝ったら何でも欲しいものをやろうと目の前の老人に約束した。クリシュナは少し考えてから、米の粒をいただくだけでよいと答えた。米粒の数は、最初のマスで1粒、2番目のマスで2粒、3番目のマスで4粒、4番目のマスで8粒、5番目のマスで16粒、つまりマスを1つ進めるごとに倍の数の粒を置くことにしましょう、と提案した。王は、どうやらこの老人は少し頭がおかしいらしい、もらえるなら何でもよいのだろう、と考えて同意した。神であるクリシュナはもちろん勝って褒美を要求した。米粒の数は倍々ゲームで増える計算になり、900京（10の18乗）粒、つまり地球上の砂粒の数よりも多くなった。米の量を知ったときの王の絶望的な表情を見て、クリシュナは哀れに思い、時間をかけて払えばよいと言った。そして現に、この支払いには長い時間がかかっている。今日にいたるまで、アンバラプーラ寺院では毎日、巨大な椀に入ったパヤサムが王からの返済として捧げられており、クリシュナの化身の1つであるグルバーユーラッパン神がこれを受け取ることに

なっている。

この話の教訓は2つ。まず取り引きにおいては、同意する前にかならず計算をしよう。それから、決して神さまとボードゲームをしないこと。さもないと、ぼくのレシピの分量ではぜんぜん足りないくらい大量のパヤサムを作るはめになるだろう。

作れる量：6〜8人分　調理時間：1時間

---

1. 米をよく洗ってボウルに入れ、きれいな水に30分浸けたあと、水を切っておく。

2. 中くらいの片手鍋に牛乳を入れて、強めの中火で煮立たせる。牛乳が沸騰したら弱めの中火に落として、水を切った米を入れる。米粒が指でつぶせるくらい柔らかくなるまで20分ほど煮る。米が鍋底に焦げ付かないよう、数分ごとにかき混ぜる。

3. 米が煮えたら、赤糖または砂糖にモラセスを加えたもの、カルダモン、サフラン（挽く必要はない）、そしてコーシャー塩を加え、全体をむらなく混ぜる。時々かき混ぜながら5分弱火で煮る。火からおろして数分粗熱をとる。パヤサムは冷めるにつれてとろみを増す。供するときには温かいままでも、また冷やしてもよい。

[材料]

精米　100g

牛乳　1L

赤糖（すりおろしたもの[†1]）　150g、または砂糖67gにモラセス（糖蜜）大さじ2を加えたもの
P.13「赤糖」の項参照

カルダモン（挽いたもの）[†2]　小さじ3/4

サフラン　10〜12本

コーシャー塩　小さじ1/4

---

†1 日本で赤糖はすりおろされた状態で販売されているので、粉末状のものを購入して差し支えありません。

†2 市販のパウダーを使うのがよいでしょう。

サモサ

****

都市・地域：ムガル帝国
時代：1590年頃

当時の文献から

ヒンドゥスタン人がサンブサと呼んでいるクタブの作り方。
いろいろな調理法がある。
材料は、肉10シア、細挽き小麦粉4シア、ギー2シア、
タマネギ1シア、生のショウガ1/4シア、塩1/2シア、
コショウとコリアンダーシードそれぞれ2ダム、
カルダモン、クミンシード、クローブ、それぞれ1ダム、
スマック1/4シア。調理法は20種類ほどあり、
たっぷり4皿分できる[†]。

出典：アブル・ファズル『アクバル・ナーマ』

中世インドの写本『ナーシルッディーン・シャーの恵みの書』の1ページ（1500頃）

† ムガル帝国の計量単位によって記されています。シアはシーアとも。英国領時代の英語話者世界でも使っていた単位です。1シア≒0.93kg、1ダム≒20g。

サモサ、サンブサ、サムサ、そしてこのレシピのクタブ。名前は違うけれど、みな同じ料理のことだ。ペイストリー生地に香辛料を利かせたフィリングを詰めて、焼くか揚げる。あらゆる文化圏に似たような料理があると思われ、完全に独自の進化を遂げて今にいたるもの（中国の蒸し餃子よ、君たちのことだ）も、もちろん多い。それでもほとんどの場合、これらのレシピはみな、原型となったある料理の末裔なのだ。

中央アジアのどこかで誕生したらしい最初のサモサは、長旅に持っていく保存肉だった。ムスリム商人たちがアジアやアフリカ、スペインを旅するなかで、サモサを各地に持ち込んだのだ。これを、それぞれの文化が取り入れて自分たち流にアレンジした結果、形、フィリング、生地、そして加熱方法はさまざまに変化していったが、共通の祖先の痕跡は今もその名前に残っている。しかし、これほど多くの種類がある中で、「サモサ」と聞いてぼくがすぐ思い浮かべるのはインドで、このレシピもインド生まれだ。出典は、ムガル帝国の偉大な皇帝、アクバル（在位1556〜1605）の宮廷付き歴史家アブル・ファズルが1590年頃に書いた『アクバル・ナーマ』。宮廷言語であったペルシャ語で書かれた全5巻には、軍事、帝国内の地域集団、さらに宗教から道徳、言行録など、皇帝の管轄下にあるすべての分野が網羅されている。また宮廷料理についても数ページが割かれている。

さてレシピであるが、同書は材料の分量については詳しい反面、調理方法の指示がない。クタブの場合、調理方法は20通りあるとしながらも、肝心の内容には触れていない。だから、ムガル帝国のクタブを再現しようと思ったら、後世のサモサのレシピに頼るしかない。サモサを焼くか揚げるかという問題については、サモサ作りが描かれた当時の絵画のおかげでめでたく

[材料]

フィリング

ギー　25g

タマネギ（大きいもの）　1個
　　みじん切りにする

コーシャー塩　小さじ2
　　分けて使う

赤身の挽き肉（ラム、牛またはシカ）
　　450g

ショウガ　12g
　　みじん切りにする

スマック（挽いたもの）[†1]　小さじ2

黒コショウ（挽きたてのもの）　小さじ1

コリアンダーシード（挽いたもの）　小さじ1

カルダモン（挽いたもの）　小さじ1/2

クミン（挽いたもの）　小さじ1/2

クローブ（挽いたもの）　小さじ1/2

大豆油またはヒマワリ油などの植物油
　　揚げ油用[†2]

サモサの皮

中力粉　480g

コーシャー塩　小さじ1

ギー　100g
　　溶かす

水　120ml

チャツネ
　　食べるときにお好みで

---

†1　スマックは「赤」の意味を持ち、ウルシ科の植物の果実を乾燥させ粉状にした香辛料です。赤紫色で、日本のシソに似た見た目と味です。赤ジソのふりかけ「ゆかり*」（三島食品）で代用できます。代用する場合は塩味に気をつけるため、コーシャー塩やゆかりの使用量を控えるといいでしょう。

†2　著者は揚げ油用の植物油の分量を書いていません。レシピを見ると、片手鍋の深さ7.5cmまで油を注ぐとありますが、日本では通常、揚げ物用鍋の深さ3〜3.5cmくらいが適量です。片手鍋を直径16cm程度で考えますと、適正油量は600〜700mlとなります（目安計算式：8 × 8 × 3.14 × 3〜3.5〈単位：cm〉）。お使いの鍋に記載されている適正油量を参考にするとよいでしょう。

解決した。『アクバル・ナーマ』と同世紀の『ナーシルッディーン・シャーの恵みの書』に、サモサをフライパンで揚げている場面が描かれている。これで決まりだ。

作れる量：サモサ12個　調理時間：90分

1.　フィリングを作る。中くらいのスキレット（鋳鉄でできた小型のフライパン）を中火にかけてギーを溶かす。タマネギを入れてコーシャー塩小さじ1を加える。茶色く色づくまで約8分炒めたら、強火にして挽き肉とショウガを加える。残りの塩小さじ1、スマック、黒コショウ、コリアンダーシード、カルダモン、クミン、そしてクローブを加える。挽き肉によく火が通るまで、ときどきかき混ぜながら8〜10分炒める。サモサの中に詰めやすいよう、フィリングの汁気をしっかりと飛ばす。挽き肉をできるだけばらばらにほぐしながら炒め、火からおろして完全に冷ます。冷ましているあいだに皮を準備する。

2.　皮を作る。大きいボウルに中力粉とコーシャー塩を入れて泡立て器で混ぜ、ギーを注ぎ入れてスプーンで混ぜる。2〜3分、手のひらで粉をもむようにしてギーを完全になじませる。水を加えてボール状にまとめ、必要であれば水をさらに足す。打ち粉をしていない台の上で約10分、なめらかになるまで生地をこねる。生地をボウルに入れて濡れた布巾で覆い、25分寝かす。

3.　寝かせた生地を打ち粉のしていない台の上に置き、弾力が出てくるまで3〜4分こね、6等分する。分けた生地を1つ取り出し、それ以外はボウルに戻して濡れ布巾をかけておく。薄く油（分量外）を塗った台かまな板の上で、生地を20×15cmかそれより少し大きめの、縦長の楕円形にのばす。生地は厚過ぎないほうがよいが、薄過ぎてもサモサの形にするのが難しくなる。生地を横半分に切る。

4.　ボウルに張った水で指を濡らし、2つに分けた生地の、曲線の縁を片面だけ軽く濡らし、指の周りに生地をそっと巻き付けるようにして円すい状に形作り、直線の縁は開口部として残す。接着面を軽く押して円すい形が崩れないようにする。形づくった生地の中にフィリングを3／4分目まで詰める。生地の開口部を濡らし、生地を閉じる。閉じた部分を折って平らにし、サモサがピラミッドのような形で立てられるようにする。この作業を繰り返し、すべての生地をサモサに成形して皿に並べ、濡らした布巾で覆って冷蔵庫で10分冷やす。

5.　サモサを冷やしているあいだに、中くらいの片手鍋の深さ7.5cmまで植物油を注ぎ、175℃に熱する。サモサを全部揚げ終わるまで、油の温度変化は8℃以内に保つ。揚げ油が適温になったら、冷蔵庫からサモサを出し

て油の中にそっと入れる。油の中で、サモサの生地からは細かい泡が立ちはじめるが、じゅうじゅうと音を立てないくらいの温度にする。片手鍋の大きさに合わせて、一度にたくさんのサモサを揚げないようにする。触らずに揚げて、2〜3分たって浮かんでくるまで待つ。それから、全体がむらなく揚がるようにときどき油の中で返す。10〜12分たって生地が色づき始めたら、強めの中火にしてこんがりとキツネ色になるまで揚げる。鍋から引きあげて、ペーパータオルを敷いた皿の上に置いて油を切る。そのまま、またはお好みでチャツネを添えて供する。

サーグ

＊＊＊＊＊＊＊＊＊＊＊＊＊＊＊

都市・地域：ムガル帝国
時代：1590年頃

180
＊＊＊
中近東から東アジア

当時の文献から

ホウレンソウやほかの緑の葉野菜の入ったサーグ。
これほど食欲をそそる料理はめったにない。
ホウレンソウやフェンネル、そのほかの野菜を合わせて
10シア、ギー1と1/2シア、タマネギ1シア、
ショウガ1/2シア、コショウ5と1/2ミスカル、
カルダモンとクローブそれぞれ1/2ミスカルで、6皿分になる[†1]。

出典：アブル・ファズル『アクバル・ナーマ』

ムガル皇帝バーブルの肖像

現在のインド料理の定番であるサーグ。これは、16、17、そして18世紀にインドとパキスタンの大部分の地域を支配していたムガル帝国のレシピだ。1526年にムガル帝国を建国したのは、「虎」という意味の名を持つ冷徹な征服者バーブル（在位1526～1530）で、食通だったことでも知られる。

バーブルが存命中に残した回想録『バーブル・ナーマ』では、旅行や征服地の話はもちろん、自分の好物についても饒舌に語っている。彼の回想は、故郷の町、現在のウズベキスタンに位置するアンディジャーンについての描写に始まる。

穀物が豊かで果物も多い。素晴らしいブドウやメロンを産する。[中略]アンディジャーンの梨に勝るものはない。[中略]キジはすこぶる肥えていて、1羽のキジをシチュー[†2]にしたら4人[の男]をもってしても食べつくせなかったという話もあった。[中略]アンズとザクロは最高だ。ザクロの一種には「大種」と呼ばれているものがあり、小さなアンズの甘酸っぱさに比べると甘味に欠けるものの、セムナーンのザクロよりも優れていると思われる。

ウズベキスタンを通り、アフガニスタンに下ってカブールを征服した頃の記述においても、メロンをはじめとする現地のさまざまな果物についての話題には事欠かず、子ども時代に故郷で食べた果物と比べてみたりしている。またこの国の酒にも言及している。バーブルは酒をこよなく愛したが、彼の人生は飲酒についての葛藤の連続だった。イスラム教徒として飲酒は禁じられていると承知の上で、宴会で部下たちと一緒に酒を飲んで大騒ぎし、酒宴の歌を歌うのが大好きだったのだ。「カブールの城で酒をくめ！　やむ

---

†1　分量の表記については、前項のサモサと同様です。1ミスカル≒5g。
†2　『バーブル・ナーマ』間野英二訳では、「シチュー」の箇所は「つけ合せの米と一緒に」としています。

ことなく盃をまわせ！」バーブルが酒を完全に断ち切ったときでさえ、誰かが酒宴を開けば加わった。

> あるとき酒宴があったので行ってみたのだが[中略] 私は酒を飲まなかった。準備のゆきとどいた宴会で、あらゆる種類の酒[と酒用の珍味]が並べられた。鶏やガチョウのケバブ、そしてあらゆる種類の料理が運ばれた。[中略] この人物が催した酒宴に2〜3回出席した。[中略] しかし私が酒を飲まないとわかってからは、**酒を無理強いする者もいなくなった。**

酒を飲まなくなってから、彼の関心は果物に向けられた。ヒンドゥスタン（現在のパキスタンとインド）への侵攻後、おいしい料理と果物がまったくないことを嘆いている。彼がましだと思っていた果物は、皮が簡単に剥けるからという理由でプランテン†1、そしてマンゴーだった。

> マンゴーはおいしいものにあたれば、じつにおいしい。しかしどんなにたくさん食べようと、最高品質のマンゴーにはめったに会えない。[中略] マンゴーは食物のよい混ぜものになるし、シロップ漬けにしてもおいしい。総じて、マンゴーはヒンドゥスタンで**最良の果物**だ。

ひどいことに、彼の食道楽を利用して陥れようとする者たちが現れた。血なまぐさい戦いの果てにヒンドゥスタンを支配下に入れて間もない頃、ヒンドゥスタンの料理人たちが彼に毒を盛ろうとしたのだ。

> 金曜日*だった。[中略] 野ウサギと[油で]揚げたニンジンの料理が出た。毒の入ったその料理を二口ほど食べたが、べつに**不快な味はしなかった。**[中略] それから具合が悪くなった。[中略] 2、3回吐きかけた。私は、[中略] もはやどうにもならぬと考えて立ち上がった。[中略] 途中でもう一度吐きかけた。

征服者たるバーブルは犬を連れてきて、自分の吐しゃ物を食べさせた†2。すると犬も具合が悪くなった。料理人が呼び出されて拷問にかけられ、自分と、毒見係、若い女が2人と年老いた女が1人、策略にかかわっていたと白状した。バーブルにとっては、情け深く寛容な統治者であることを新しい臣下たちに示すよい機会だった……のだが、彼は許さなかった。

毒見係を八つ裂きにさせ、料理人は生きたまま皮を剥がせた。

181

***
サーグ

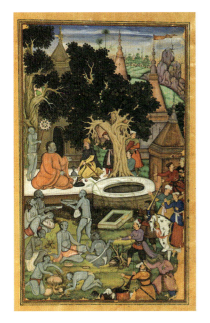

『バーブル・ナーマ』の挿絵、バグラーム近くの石窟寺院を訪れるバーブルの図

＊金曜日はイスラムの礼拝日で休日。

†1 プランテンは、バナナと同じバショウ科バショウ属の果実です。
†2 『バーブル・ナーマ』間野英二訳では吐しゃ物ではなく、何か分からぬもの（毒の入った料理）を犬に与えています。犬の具合が悪くなったのは同様です。

女の1人は象の下敷きにさせ、もう1人は銃で撃たせた。年老いた女は監視下に置いた。自らの行為に囚われながら、その報いを受けるだろう。

この16世紀のレシピでサーグを作るときには、バーブルも同じものを食べていたかもしれないことを思い出し、彼がこの世にもういないこと、生きたまま皮を剥がされたり、象に潰される危険がないことを喜ぼう。

作れる量：4人分　調理時間：35分

[材料]

ホウレンソウまたはそのほかの緑の葉野
　菜　300g

フェンネルの球根[†1]　90g

ショウガ　20g

ギー　50g

タマネギ　35g
　みじん切りにする

コーシャー塩　1つまみ

水　120ml

黒コショウ（挽きたてのもの）　小さじ
　1/2

カルダモン（挽いたもの）[†2]　1つまみ

クローブ（挽いたもの）　1つまみ

1. ホウレンソウか緑の葉野菜、またはその両方、そしてフェンネルの球根を洗ってみじん切りにする。フードプロセッサーに何回かに分けて入れプッシュボタンを2～3回パルスプッシュ（スイッチを押しているあいだのみ運転）すると、簡単にみじん切りができる。

2. ショウガを洗って皮を剥き、みじん切りにする。

3. 大きなスキレットを弱めの中火に熱してギーを溶かし、みじん切りにしたタマネギを入れてコーシャー塩を振る。ときどきかき混ぜながら、柔らかく、かつ色づく前の状態になるまで約5分炒める。ここにショウガを加えてさらに2分炒める。

4. 葉野菜とフェンネル、そして水1/2カップを加えたら、コショウ、カルダモン、そしてクローブを振る。火を中火に上げて、ときどきかき混ぜながら野菜が柔らかくなり水気がほとんど飛ぶまで、15～20分炒める。野菜が好みの柔らかさになったら火を止め、できたてをすぐに供する。

---

†1　フェンネルを丸ごと購入すれば球根も入手
　　できます。

†2　市販のパウダーを使うのがよいでしょう。以
　　下、「挽いたもの」についての対応は同様と
　　します。

年糕

****

都市・地域：中国
時代：544年

当時の文献から

もち米の粉を絹製の目の細かい網でふるう。
水とハチミツを混ぜて、硬めの生地ほどになるまでこねる。
およそ長さ1尺余、幅2寸余になるように手で整える。
これを十つに切り分け、ナツメの実と栗で上下を覆い、
油を塗った竹の皮で包む。
完全に火が通り柔らかくなるまで蒸す。

出典：賈思勰『斉民要術』[1]

中国のお菓子、年糕は古い歴史のある料理だ。もちろん、古代史にはときとして少々の神話が混ざることもあり、史実かそうでないかを見極めるのはほとんど不可能だ。それでも語られる内容の興味深さに変わりはない。

紀元前5世紀の春秋時代と呼ばれる時期、楚という国に伍子胥という若者がいた。伍子胥の父親は、統治者である平王の怒りを買う。それがなぜだったのかは不明だが、この話においては重要ではない。重要なのは、平王が怒りのあまり伍子胥の父と兄を殺し、伍子胥のことも殺そうとしたが、子胥は捕まる前に逃げた、ということだ。平王の手下がようやく追いついたとき、彼は逃走生活における心労のせいで一気に老け込み、同一人物とは思えないほどだったという。今度誰かにランニングをすすめられたら、このエピソードを持ち出して反論しよう。ここまでの話は一種の伝説であると見なしてよいと思う。理由は何であれ、伍子胥は逃げ続け、隣国の呉に着いた。

伍子胥は、父と兄の敵を討つために壮大かつ複雑な計画を立てた。詳細な内容は現存していないが、呉の王子の1人にある策を持ちかけたことが分かっている。それは、王子が叔父である現王を殺害し、みずから王になるという筋書きだった。この案に飛びついた王子は叔父に対してクーデターを起こして成功。呉王、闔閭として即位し、伍子胥を著名な兵法家である孫氏*とともに将軍に任命した。

新たに軍事力を手に入れた伍子胥は、故国である楚への軍事侵攻を認めるよう新王を説得し、これを実現した。ただ、楚に入ってみると平王はすでに他界しており、息子の昭王が王位を継いでいた。伍子胥は、王なら誰でもよいとばかりに、都である郢を攻撃して町を占拠し、昭王を国外へ追いやった。それでも父と兄の死に対する恨みは晴れず、伍子胥は平王の墓を

---

*孫武（紀元前535頃～没年不詳）のこと。兵法書『孫子』を著した。

† 当時の文献での料理名は「糫（えつ）」と記されました。田中・小島・太田編訳（雄山閣、2017）での大意は「あんこちまき」としています。

中近東から東アジア

月岡芳年『月百姿』より「淮水月 伍子胥」

暴いてその遺体に300発のむち打ちを食らわせた。前王が死に、現王が逃げ、自分の主君である闔閭が呉へ戻った今、伍子胥は楚の実質的な統治者となり、首都の周りに堅牢な城壁を築いた。すべてが伍子胥の思うままであった。彼の盟主であり擁護者でもあった闔閭が亡くなり、その息子の夫差が次の呉王として即位するまでは。

　夫差が新たに任じた政治顧問は伍子胥を疎んじ、彼についての讒言を新王に吹き込んだ。こうしたなか、伍子胥は隣国からの攻撃が目前に迫っていることを夫差に警告したが、王はこれを聞き入れず、あろうことか子胥に剣を与えてこれで自害せよと命じた。中国史にありがちな展開だ。伍子胥は王の命に従った。しかし自決の直前、もし首都に戒厳令が敷かれ人びとが飢えそうになったら、自分が建てた城壁の根元を掘るように、という指示を王に近い部下に残した。そこでようやく剣を自分の腹につきたてたのである。さて、それから間もなくして伍子胥の警告通り敵軍がやって来て、城壁まで迫った。町には戒厳令が敷かれ、人びとは飢餓に苦しみ始めた。そこで遺言通り城壁の下を掘ってみると、レンガの多くは本物のレンガではなく、もち米でできた菓子──つまり年糕だった。

　現在、年糕は中国の新年のお祝いに欠かせないものとされ、丸い形の餅菓子になっている。でもここで紹介する紀元後544年のレシピでは、それより1000年前に伍子胥が城壁建設に使った年糕と同様、レンガ型に成形している。

[材料]

笹の葉またはクッキングシート　8〜10
　　枚
　　大きめのもの
米油、または植物油　大さじ3
もち粉（もち米の粉）　450g
水　235ml
ハチミツ　235ml
乾燥ナツメ　8〜10個
　　刻んでおく
焼き栗　6〜8個
　　刻んでおく

作れる量：12人分　調理時間：10時間20分

1. 笹の葉を大きな鍋に入れて、皿などで上から重石をする。ここに冷水を注ぎ入れて、一晩または少なくとも8時間は浸けておく（クッキングシートを使う場合はこの工程は省略する）。

2. 笹の葉が水をよく含んだら、乾いたタオルで水気を取り、薄く油を塗る。クッキングシートの場合も油を塗る。油を塗った葉またはクッキングシートを、長さ23cmのアルミ容器（ローフパン）の底と側面に敷く。型の縁から葉が数cm垂れさがっている状態にする。

3. 餅を作る。もち粉に水とハチミツを加えて混ぜ、まとめる。台の上に移してレンガ状の塊にする。現代版レシピによる生地は液状なのだが、このレシピの生地はかなり硬いため、手で簡単に成形できる。生地の塊を容器に入れて、生地の上に刻んだナツメと焼き栗を置く。餅の生地を笹の葉で包み、端を型と生地のあいだにたくし込む。葉で隠れていない部分があれば、型の上にさらに葉をのせて、蒸し器の水滴が生地に落ちてこないようにする。

4. 大きな蒸し器に、トレイの底ぎりぎりまで水を入れる。水を沸騰させて生地を入れた型を置き、90分から120分蒸す。途中何回も水の量を確認して、必要なら熱湯を注ぐ。水はつねにたっぷりの量を保つが、型の底には触れない程度にする。

5. 餅を蒸し終えたら、蒸し器から出して笹の葉またはクッキングシートに包んだまま完全に冷ます。冷めたら餅改め年糕を型から出して葉をはがす。レンガのような餅ができていれば年糕の完成だ。薄く切って、少量の油、または卵に絡めて、スキレットで炒めて供する。

元宵
げんしょう

****

都市・地域：明
時代：1620年代

中近東から東アジア

当時の文献から

細かい粉末状にしたもち米を使う。
皮の中に入れる餡はクルミと白砂糖で作る。
餡に水を振りかけて粉の上で転がして団子状にする。
大きさはクルミくらいにする。
これは江南地域の人びとが湯円と呼ぶ料理と
同じものである。

出典：劉 若 愚『酌 中 志』(ロイ・チャンによる英訳から翻訳) [1]

甘いクルミ餡を詰めたもち米の団子、元宵。今回は17世紀のレシピを参照した。注目してほしいのは、このレシピの出どころである、劉若愚が書いた『酌中志』という本にまつわる逸話だ。

明代の宮廷は、当時の天啓帝（在位1620～1627）がまだ10代だったため、権力を握り奸計に長けていた魏忠賢という宦官に牛耳られていた。中国王朝には権勢をふるう狡猾な宦官がよく登場するが、魏忠賢ほどの大物の極悪人はいなかった。魏忠賢は皇帝の乳母である客氏とともに、皇帝への影響力を持つ人間を徹底的に排除した。追放される者、飢え死にさせられる者、自殺に追い込まれる者。このカップルは、若い皇帝を帝国内での出来事から遠ざけておき、自分たちで政治を動かしていたのだ。

魏忠賢の恐怖政治の時代、劉という若い宦官が優れた書家として頭角を現した。書をよくするということは、紫禁城で働く宦官としては珍しい技能だった。劉の仕事ぶりは読み書きができなかった魏忠賢の妬みを買った。自分の地位を脅かしかねない優秀な人間はすべて敵と見なしていた魏忠賢は、劉を書記官の地位から追い払い、厩舎で働かせた。劉はそこで数年間、苦しい仕事に耐えながら、魏忠賢の支配下では愚か者を装っていたほうがよいと肝に銘じるため、「愚者」を意味する「若愚」と名を改めた。

しかしそのうち、実権を握る宦官魏忠賢は劉若愚の才能を活用する方法を見つけた。文書改ざんである。彼は皇帝の押印付きの白紙文書を何部も手に入れていた。誰かに命じて、自分に都合のよい法令をその文書中に書き込ませれば、何の咎めもなく政府を操ることができるだろう。この仕事にうってつけなのが劉だった。

しかし魏の目論見は長続きしなかった。天啓帝が21歳で崩御すると、その弟の朱由検が崇禎帝（在位1627～1644）として即位した。16歳という若さながら、魏忠賢に取り込まれてはいなかった朱由検は、新帝としてこの問題

の多い宦官を追い払って客氏を処刑し、魏の配下にあった人間を全員投獄した。そして、その中には劉若愚も含まれていた。牢屋で、劉は『酌中志』を執筆した。この書の中で劉は自らの無実を訴えると同時に、紫禁城内での毎日の生活についての記録もしたためた。料理についての記述も多く、その1つがこの元宵だ。

中国では毎年、春節の最後に「元宵」を食べる。そしてこの行事はお菓子と同じ元宵節という名前でも呼ばれている。

[材料]

クルミ（殻なし、無塩で生のもの）
140g

グラニュー糖 100g

無塩バター 57g
溶かしておく

もち粉 225g

作れる量：元宵16個　調理時間：2時間15分

1. 大きなスキレットを強めの中火に熱し、クルミを重ならないように並べる。絶えずかき混ぜながら、クルミがうっすらと色づくまで5分ほど炒る。クルミがこんがりと色づいたらスキレットから取り出して皿に入れ、約10分冷ます。冷めたクルミは手で砕くかフードプロセッサーにかけて粗目の粉末状にする。

2. 砕いたクルミ、グラニュー糖、そしてバターを合わせてよく混ぜ、餡にする。これを冷蔵庫で60分冷やす。

3. 餡を冷蔵庫から出して、16等分する。清潔な手でそれぞれをボール状に丸めておく。

4. 大きなボウルに分量外の冷水をボウルの3/4量入れる。別の大きなボウルには、もち粉を入れておく。丸めた餡を、一度に3〜4個ずつもち粉のボウルに入れて、もち粉をまぶしてから、目の細かい網杓子にのせる。網杓子を冷水のボウルの中にさっとくぐらせて、もち粉のボウルに戻して粉をしっかりまぶす。この一連の作業を、餡が完全に粉で覆われて見えなくなるまで7〜10回繰り返す。すべての丸めた餡に同じようにして粉をまぶし、団子にする。粉のコーティングにひびが入っていても、餡がすっかり隠れていれば大丈夫。

5. 大きな鍋に分量外の水を半分の高さまで入れ、強火にかけて沸騰させる。**4**の団子を一度に3〜4個、何回かに分けて入れ、水面に浮かんでくるまで、2〜3分ゆでる。水面に浮かんで来たら、冷水235mlを鍋に注ぐ。このとき団子は少し沈む。冷水を加えるのは、沸騰を一時止めることにより、団子の周りに膜を作るためだ。再び沸騰し始め、団子がまた浮かび上がってくるまで待つ。浮かび上がってきた団子を鍋からすくって取り置いておく。鍋の水を再度沸騰させて、残りの団子についても同じようにしてゆでる。温かいうちに供する。

190

中近東から東アジア

中国の宦官たち。唐代の章懐太子墓の壁画より

にゅうめん

✳✳✳✳✳✳✳✳✳✳✳✳✳✳✳

都市・地域：日本
時代：1643年（江戸時代）

> ### 当時の文献から
>
> にゅうめん
> にゅうめんは、そうめんを短く切ってよく茹で、
> さっと洗って水気を切っておく。
> たれ味噌に出汁を加えて煮立たせ、味を調え、
> 出すときにそうめんを入れる。
> 茄子などを加えてもよい。うす味噌でも作れる。
> 胡椒、山椒をかける
>
> 出典：『料理物語』[1]

月岡芳年『月百姿』より「銀河月」

† 宮廷の相撲節会が最後に開催されたのが高倉天皇治世の承安4（1174）年の儀式で、その後廃絶となりました。また、相撲節会に参加する相撲人（力士）の多くは地方の農民でした。

日本といえば麺類。うどん、蕎麦、そしてもちろんラーメンが有名だが、このレシピで取り上げるのは、おそらく世界にはそれほど知られていない、しかし最も繊細で長い麺「素麺」だ。さかのぼること1270年の記述によれば、素麺は小麦粉でできた綱に見立て、これを約6mかそれ以上の長さまで延ばし、竿にかけて乾燥させる、とある。落語には、長い麺を耳や首の周りに巻き付けたり、二階の窓から素麺を垂らし、一階に駆け下りて下から素麺を啜るという話が登場する。喉に詰まらせる危険大なので、お勧めできない食べ方だ。素麺はまた、14世紀のアスリートたちの好物でもあった。宮廷の相撲節会†の直前に開かれる宴会では、大きな椀に入った素麺が供された。スポーツの前にお腹いっぱい麺を食べるのはどうかと思うだろうが、このスポーツというのが、じつは現在の相撲の原型だった。炭水化物をしっかり食べておくことは、力士たちにとって、かなり有効な体調管理だったのかもしれない。

現在、素麺は7月に行われる七夕祭りの主役だ。755年に孝謙天皇（在位749～758）によって中国から日本に持ち込まれたこの祭りは、織姫と彦星（それぞれ、こと座のベガとわし座のアルタイルという星）という恋人の再会を祝う行事だ。2人は年に一度だけ会うことを許されている。織姫は空の神の娘で、美しい布地をこしらえる織り子。父親は娘が織る布をたいそう気に入っていたので、織姫は父を喜ばせるために来る日も来る日も一日中機織りばかりしていた。出会い系アプリもない時代、このような生活を送る織姫には男性に会って恋に落ちる機会がなかった。娘を不憫に思った父親が、川（天空

歌川広重『不二三十六景』より「大江戸市中七夕祭」

193
***
にゅうめん

[材料]
たれ味噌
赤味噌または白味噌　大さじ4 (60g)
水　250ml
出汁
水　2L
コンブ　50g
かつお節　40g
酒　大さじ4 (60ml)
　お好みで
からし菜　56g
ナス　80g (1個)
　薄切りにする
素麺　150g
醬油または塩　お好みで
ネギ　50g
　斜め薄切りにする
黒コショウ (挽きたてのもの)†
粉山椒 (花椒で代用可)†

† 黒コショウと粉山椒はレシピの記述通り、お好みで適量を振りかけるといいでしょう。また、原文では花椒で代用可としていますが、日本での入手性と歴史的経緯から山椒を使用するのが望ましいでしょう。

の住人にとっての川とは、天の川のことだ) の向こう岸に住む牛使いの彦星に引き会わせると、2人は恋に落ちて結婚した。ところが新婚生活に夢中になり過ぎて、織姫は機織りを止め彦星は牛たちを天界で野放しにしてしまった。ハネムーン期間の夫婦の実態に理解がなかったらしい織姫の父である天帝は、この事態を不服とし、2人を天の川のあちらとこちらに引き離してしまった。織姫は悲しみに暮れ、機織りもせずに昼夜泣き暮らした。そこで天帝は、7番目の月の7日目までに仕事を終えるという条件のもとで、彦星と年に一度だけ会えるようにしてやろうと決めた。なんともご立派なことである。

というわけで、7月7日に素麺を供えるという風習が宮中にうまれた。麺の1本1本は、織姫が着物を織るのに使う糸を表し、椀に入った麺は愛し合う夫婦を1年のうち364日隔てる天の川の象徴だ。現在では素麺は氷水に浸して冷たくして食べることが多い。このレシピでは、17世紀の『料理物語』に倣って、毎日の食事に取り入れやすい温かい麺料理を作ってみた。

作れる量：2〜3人分　調理時間：1時間

1. 「たれ味噌」を作る。片手鍋に味噌と水を合わせ、味噌を溶かす。弱火にかけて煮立たせないようにしながら、約15分、160mlまで煮詰める。沸騰させないこと。たれ味噌が煮詰まったら、濾し布で濾して室温で冷ましておく。
2. 出汁を作る。鍋に水を入れてコンブを浸け、柔らかくなるまで約30分

置く。コンブの表面に浮き出ている粉は旨味が凝縮された部分なので拭き取らないこと。コンブが柔らかくなったら鍋を中火にかけてゆっくりと温度を上げる。泡がふつふつとしてきたら、沸騰する直前なので、トングを使ってコンブを引き上げる。このコンブはもう使わない。鍋が沸騰している状態で、かつお節を入れ30秒煮る。鍋を火からおろし、かつお節が鍋の底に沈むまで約10分、十分に旨味を浸出させる。濾し器か濾し布を使って別の鍋に濾し入れ、透明な出汁に仕上げる。出汁をとったあとのかつお節は使わない。酒を入れる場合はこのときに加える。鍋を中火にかけて1分静かに火を入れる。火からおろしてそのまま置いておく。

3. たれ味噌と出汁を冷ましているあいだ、からし菜とナスを準備する。からし菜とナスはよく洗って、ゆでるか、蒸すか、焼くかして好みの食感にしておく。

4. 別の鍋に水を沸かし、素麺を入れて柔らかくなるまで2〜3分ゆでる。水を切り、冷水でしめる。

5. すべての材料の調理が終わったら、たれ味噌を出汁に混ぜて鍋を中火にかける。鍋の中身が温まったら、味見をしてお好みで醤油か塩を足す。出汁がふつふつしてきたら、ゆでた素麺を入れて30秒温める。このとき出汁を沸騰させないように気をつけること。鍋を火からおろし、麺を椀に盛り付け、出汁とたれ味噌を混ぜたものを玉杓子で注ぎ入れる。加熱した野菜とネギを盛り付け、黒コショウと粉山椒をお好みで振りかけて供する。

Cook's Note: たれ味噌と出汁は作り置きして、冷蔵庫で1週間保存できる。

肉団子[†1]

****

都市・地域：元
時代：1330年頃

> **当時の文献から**
>
> マトンを10斤使う。マトンの脂肪、筋膜、そして腱を切って取り除く。肉にアサフェティダ3銭、黒コショウ2両、ヒハツ1両、コリアンダーの粉末1両を加えて、よく潰しペースト状にする。塩で調味する。調味料が均一に行き渡るようにする。指で団子状に丸め、油の中で揚げる。
>
> 出典：忽思慧（生没年不詳）『飲膳正要』
> （ポール・D・ビュールによる英訳から翻訳）1

チンギス・カンの肖像

のレシピは、14世紀初頭[†2]、元の忽思慧が著した食養論『飲膳正要』を出典とする。同書が扱う多くのレシピと同様、偉大なるチンギス・カンが建国した帝国全域からの濃い影響が見て取れる。ラム肉といえばモンゴル人の主要な食料であるし、コショウは中国産、ヒング（アサフェティダ）は現在のアフガニスタンからやって来た。そして料理そのものは、現代トルコで食べられているキョフテに似ている。『飲膳正要』は太祖チンギス・カンの子孫に捧げるために書かれた本だが、チンギス自身も晩年には同じような料理を賞味していたと思われる。帝国内の各地から大量の料理人や食材が彼の宮廷の厨房へ押し寄せてきていたからだ。チンギスが若い頃の食事とは大違いだった。

12世紀のモンゴル国が位置していた中央アジア大草原地帯では、手に入る食料の種類が限られていた。遊牧民族は、フタコブラクダ、オオカミ、ユキヒョウ、トナカイ、ヒグマ、マーモット、そして鳥など、狩りで手に入れられる肉を食べていた。家畜である馬、羊、そして山羊などを食べるのは、本当に必要に迫られたときだけだった。家畜は食べるよりもその乳を使ってバターやクルトを作るのに利用されていた。クルトとは乾燥させた凝乳を石に挟んで圧縮し、硬いチーズ状にしたものだ。飲み物では乳、とくに馬乳を発酵させたアイラグあるいはクミスと呼ばれる低アルコール飲料は人気があった。これらの美味なる食べ物は、長じてチンギス・カンとなるテムジン少年が、父亡きあと母と兄弟とともにモンゴル高原に放り出され、生きるか死ぬかの瀬戸際にいた頃に食いつないでいたものとはまったく違う。こんな状況下ではたいていの家族は死んでしまうところだ。しかしテムジンの一家がたいていの家族と違うところは、母ホエルンという存在だった。

[†1] 当時の文献では「肉餅児」と記されました。今回、レシピの内容の大意から、肉団子と訳出しています。

[†2] 飲膳太医という宮中の飲食事を司る官職についた忽思慧は、1330年（天暦3年）に本書を第9代皇帝文宗トク・テムルに進献しました。

ホエルン夫人は[中略]山梨、さくらんぼを摘みて、日夜、喉を養えり。[中略] われもこう、さわぎくを掘りて養えり。母なる夫人の野韮、山葱を以って養える子達は、王侯諸王たるにふさわしくなれり。[中略] [息子たちは]釣具、鉤を整え合って／様々な雑魚を釣りあげ／針をもって鉤に曲げ作り[中略]己が母に孝養をつくした。

——『元朝秘史（上）』小澤重男訳、岩波書店より一部注記を省いて引用

そしておそらく、その辛い子ども時代があったからこそ、テムジンは鍛え上げられ、モンゴル軍を率いて草原地帯から飛び出てチンギス・カンとなり、アジア一帯の土地も料理も征服することができたのだろう。彼の死後、わずか2世代しかたたないうちに、モンゴル人は自分たちの祖先の努力の果実（と香辛料）を食卓で享受できるようになった。この最高においしい「肉団子」のように。

作れる量：肉団子12個　調理時間：25分

---

1. 中くらいのスキレットに深さ4cmまで油を入れ、175℃になるまで熱する。
2. 中くらいのボウルに、ラムの挽き肉を入れ、ヒング、黒コショウ、ヒハツ、コリアンダーシード、そしてコーシャー塩を入れて混ぜ、約12個の同じ大きさの団子に丸める。直径は2cmほどになるが、揚げると膨らむ。
3. 油の中でくっつかないように間隔を開けて肉団子を入れ、団子に触らないようにして2分揚げる。油に入れるとすぐ膨らみ始めるので、沈まなくなるが、それで大丈夫。2分たったら、トングを使って肉団子をひっくり返し、全体がこんがりとキツネ色になるまで、約1分30秒揚げる。
4. 揚がった肉団子はペーパータオルを敷いた皿にのせて、油を切る。残りの肉団子もすべて揚げる。

Cook's Note: 元のレシピでは、揚げ油について、「植物油」と書いてあるだけで、とくに指定はない。これは現代の精製・加工植物油を使ってよいという意味ではなく、動物由来以外の油であればよいということだ。ここではおそらく大豆油を使っていたのだろうと思われる[2]。

[材料]
大豆油またはそのほかの植物油
　揚げ油として（Cook's Note参照）
ラムの挽き肉　450g
ヒング（アサフェティダ）　小さじ1/4
　P.12「ヒング（アサフェティダ）」の項
　参照
黒コショウ（挽きたてのもの）　小さじ2
ヒハツ（挽いたもの）[1]　小さじ1
　P.13「ヒハツ」の項参照
コリアンダーシード（挽いたもの）　小さじ1
コーシャー塩　小さじ1

[1]　市販のパウダーを使うのがよいでしょう。以下、「挽いたもの」についての対応は同様とします。
[2]　『薬膳の原典 飲膳正要』（金世琳訳、八坂書房）では、本レシピの「植物油」についてゴマ油と訳出しています。

カジェユク[†]

****

都市・地域：李氏朝鮮
時代：1670年頃

当時の文献から

豚肉をちょうど散炙の串にさせるくらいの厚さに切り、
油の入った醬油につけてねかす。これに小麦粉を
白くまぶしてから、もう一度醬油と油をつけていためる。
胡椒をきかすと味が非常によろしい。

出典：張桂香『飲食知味方』
（『朝鮮の料理書』鄭大聲訳、平凡社より引用）

朝鮮半島最古の料理書『飲食知味方』にのっている、シンプルだけれどおいしい、豚肉のレシピ。この本は、東アジアで初めて女性によって書かれた料理書の1つでもある。彼女の名は張桂香。1598年、李氏朝鮮王朝における王族を除いた身分階級の最上位である両班の家に生まれた。彼女の父親は張興孝という朱子学と陽明学の有名な教師だった。女子が高い教育を受けられない時代にありながら、彼女は父の授業をこっそり聞き、父の書庫に忍び込んで本を読んだ。こうして密かに勉強しながら、独学で絵画と詩作を習得し、9歳で『聖人頌歌』という詩を書いている。この「聖人」は過去の偉大な学者たちのことだ。少女は詩の中で、彼らに会えないことを嘆きながらも、後世に残された書物によって彼らの魂に触れることができる喜びを表現する。自分が9歳だったときのことを思い出してみてほしい。

詩人になることはかなわなかったけれど、張の並はずれた才能は『飲食知味方』の中に永遠に刻まれている。『飲食知味方』が執筆されたのは1670年頃、彼女が70歳代前半のときである。

視力の衰えに抗いながら書かれたこの本は、7人の息子の妻たちがその夫たちに十分な食事を与えられるようにという手引書だった。この料理書には、大きく異なる2種類のレシピが収録されて、当時の朝鮮王朝における2つの社会の存在を垣間見せてくれる。ほとんどのレシピは「朝鮮王朝宮中料理」と称されるもので、張が属していた上流階級の人びとだけに手が届く料理だった。これと対極にあるのが「マッチルパンムン」と彼女が呼ぶ16のレシピである。彼女の母親の故郷であるマッチル村の庶民が食べている料理だ。『飲食知味方』では、富裕層の食べ物を中心に取り上げながらも、

[†] カジェユクは、「カ」が家を、「ジェユク」が肉という意味を持ち、転じて家畜として飼われる豚を表します。

張と同じ階級の人間が下賎と見なしていたであろう料理を、評価し尊重している。このような考え方は、彼女の人生にも料理にもはっきり表れている。

1636年、李氏朝鮮は満州族率いる清朝の侵攻を受けた。戦争によって、社会の下層にいた多くの人びとが住まいを失い、飢えに苦しんだ。張の一家はそれほどの被害を受けなかったので、家を失った人びとを受け入れ、村中にドングリの木を植えて飢えに苦しむ人びとを養った。夕方になると、彼女は村を見下ろして、台所から煙が上がっていない家を見つけると、その家の人びとを招いて夕食をごちそうした。富める者がそうでない者に富を分け与えるのが道徳的な義務であるという信念を彼女が持っていたからだ。張はまた『飲食知味方』を通して、21世紀に生きるぼくたちを含めた後世の人びとに、食の知識という財産を分け与えてくれている。

作れる量：4人分　調理時間：40分

---

1. 豚ヒレ肉を厚さ6mmの薄切りにし、保存用ポリ袋に入れる。ここに醤油とゴマ油を入れてバッグを振り、肉によく絡め、そのまま30分浸けておく。

2. 小さなボウルに全粒粉を入れる、フライパンに大豆油を入れて強めの中火にかける。豚肉によく味が染みたら、両面に粉をまぶしフライパンに入れる。両面がこんがりとキツネ色に焼けて中に火が通るまで、1〜2分焼く。焼けたら挽きたてのコショウをかけてすぐに供する。

3. お好みとして、付け合わせの作り方。ショウガとニンニクを洗って、できるだけ薄くスライスする。小さなフライパンに油を敷き、中火にかける。薄切りにしたショウガとニンニクを入れて1分炒め、フライパンから取り出したら刻んだワケギと混ぜる。この付け合わせをガジェユクの上にのせて完成。

[材料]

豚ヒレ肉　450g

醤油　60ml

ゴマ油　大さじ2（30ml）

全粒粉　140g

大豆油
　分けて使う

黒コショウ（挽きたてのもの）　1つまみ

付け合わせ（お好みで）

ショウガ　2.5cm

ニンニク　3片

ワケギ　25g
　みじん切りにする

マクシュファ

****

都市・地域：バグダード
時代：13世紀

当時の文献から

作り方。砂糖、アーモンドまたはピスタチオ、ハチミツ、ゴマ油を同量ずつ用意する。粉末状に砕いた砂糖とアーモンドを混ぜ合わせる。色付けに十分な量のサフランをローズウォーターと一緒に加える。ゴマ油を鍋に入れて煮立たせる。ハチミツを加えてよくかき混ぜながら、泡が立ってくるまで加熱する。ここに砂糖とアーモンドを混ぜたものを入れ、弱火で加熱し、ねっとりしてくるまで絶えずかき混ぜる。火を止めて完成。

出典：ムハンマド・ビン・ハサン・アル=バグダーディー『キターブ・アッ=タビーハ（料理の書）』†（チャールズ・ペリーによる英訳から翻訳）[1]

マクシュファは中世のバグダードで食べられていたナッツがぎっしり詰まったキャンディーで、他のキャンディーと同様、主役は砂糖だ。紀元前8000年頃にはすでにニューギニア島で食べられていたサトウキビは、インドネシア諸島を経由して、インドに伝わった。インドでは「サルカラ」と呼ばれ、アーユルベーダという古代医学の実践にも用いられるようになった。元々は、サトウキビの茎を切って中の蜜を吸って味わっていたが、紀元後1世紀頃までにインドでこのサトウキビの蜜を結晶化して精製、現在の砂糖に近いものに精製する方法が開発された。グプタ朝の人びとはこの結晶化した砂糖を「カンダ」と呼んだ。これが現代の「キャンディー」の語源である。

アレクサンドロス大王（在位 紀元前336～前323）がインドに侵攻していた紀元前325年頃、提督ネアルコスが、同地にはミツバチを必要とせずともハチミツが得られる葦のあることを記している。彼らはヨーロッパへ戻ると、インドで発見した砂糖について報告した。ギリシャ人医師たちが著した医学書によれば、砂糖は腎臓結石や胃のむかつきに対する治療薬だった。また大プリニウスも、インドの砂糖が特に優れていると説いている。それでも砂糖は医療目的の利用に限定されていた。アラビアの料理人たちが、高価だがハチミツの代用品に砂糖が使えると考えたのは7世紀に入ってからだ。正統カリフたちが北アフリカを征服し、スペインに入ると、行く先々で製糖工

---

† バグダーディー（生年不詳～1239）が1226年頃にバグダードで編纂したアラビア語の料理書。バグダーディー自身の経歴は謎に包まれています。

場を建設していった。13世紀、シオンの丘のブルヒャルトと呼ばれたドイツ語圏の修道士が、工場での精糖方法について説明している。

> サトウキビの茎を集めて、手のひらの半分ほどの長さに切り、圧搾機で潰す。絞り出された果汁は、銅の鍋で煮詰められたところで細い枝で作ったカゴに移す。この液体がすぐに乾いて硬くなり、砂糖ができあがるのである。完全に乾くまでに、水分が滲み出てくるが、この液体は砂糖の蜜と呼ばれる。非常に美味であり、菓子の香りづけに適している。

——『聖地詳説』

　砂糖は、ヨーロッパの料理ではまだごく少数の富裕層にしか手が届かない、稀少な食材だったが、修道士ブルヒャルトが描いたように、イスラム世界ではすでに日々の食卓に欠かせない食べ物になっていた。中世エジプトの歴史家アル゠マクリーズィーは、エジプトのマムルーク朝のスルタンが毎月300トンも食べていたと主張している。幸運なことに、このマクシュファのレシピに必要なのは1カップより少し多い程度だ。

作れる量：キャンディー25〜35個　調理時間：45分

---

1. 大きめの天板にアルミホイルを敷き、焦げつき防止スプレーを吹きかけておく。

2. フードプロセッサーにピスタチオを入れて粉末状にし、グラニュー糖を加えて均一になるまで混ぜる。ここにサフランとローズウォーターを入れてさらに混ぜる。大きめの片手鍋にゴマ油を入れて強めの中火にかける。そのまま5分温めてから弱火にし、ハチミツを注ぎ入れてよく溶かしこむ。液面全体に軽く泡が立つまで、約5分温める。

3. 2に、油が跳ねないように気をつけながら、ピスタチオと砂糖を混ぜたものを静かに入れ、全体が均一になるまでよく混ぜる。火を中火に強め、鍋の中身をかき混ぜ続ける。15分ほどすると熱せられて粘りが出てくるので、キャンディー用温度計か即時読み取り温度計を差し入れながら、温度が132℃になるまでかき混ぜ続ける。もう少し色の濃い、甘さを抑えたキャンディーにしたい場合は、ここからさらに10℃高くなるまで加熱する。143℃以上にすると焦げてしまうので気をつけよう。

4. キャンディーが程よい温度に達したら、片手鍋を火からおろす。中身を天板に薄く広げれば、あとでピーナッツブリトル（炒ったピーナッツを使った米

[材料]

ピスタチオ（無塩、殻をむいたもの）、または皮むきアーモンド　250g

グラニュー糖　265g

サフラン　1つまみ

ローズウォーター　大さじ3（45ml）

ゴマ油（未焙煎）[†]　240ml

ハチミツ　160ml

ゴマ　お好みで

† ゴマを焙煎せずに搾るゴマ油で、「エキストラバージンごま油」や「太白胡麻油」「生搾り 黒ごま油」などがあります。

国のお菓子)のように割ることができる。または、キャンディーをスプーンですくって手早く天板の上に落としてもよい。

5. キャンディーを約20分完全に冷まし、供する。マクシュファをすぐに食べない場合は、室温に置いておくとべとべとして艶がなくなってくるので、冷蔵庫で保存する。

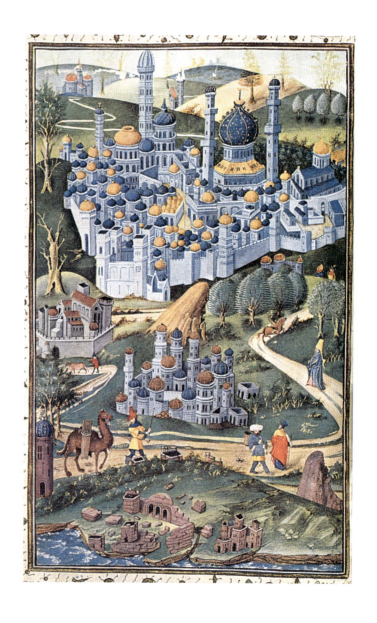

修道士ブルヒャルト（シオンの丘のブルヒャルト）『聖地詳説』の挿画より、エルサレムとその周辺の図

フムス・カッサ

****

都市・地域：エジプト
時代：14世紀頃

当時の文献から

フムス・カッサの作り方。
ゆでたひよこ豆を滑らかになるまでしっかりと潰す。
ビネガー、香りのよいオリーブオイル、タヒニ、黒コショウ、
アトラフティブ、ミント、マケドニア・パセリ、
そして乾燥ヘンルーダ少々を混ぜ入れる。
クルミ、アーモンド、ピスタチオ、
そしてヘーゼルナッツを潰してから加え、
さらにセイロン・シナモン、炒ったキャラウェイシード、
コリアンダー、塩、塩漬けレモン、そしてオリーブも入れる。
すべてを混ぜ合わせたら、ボウルか皿に広げて、
1日寝かせて供する。
神のご加護によって、美味であること間違いなし。

出典：『優れたものの宝庫』（ナワル・ナスラッラによる英訳から翻訳）[1]

　のフムスのレシピは14世紀エジプトから伝わるものだが、ぼくにはこんなに複雑なレシピはとうてい考えられなかったと思う。今の時代、ほとんどのフムスのレシピは4つから5つの材料ですむが、このレシピには、アトラフティブまたはアトラフ・アル＝ティブという手間のかかる混合香辛料の材料を含めると、30近くの材料が必要だ。少なくともフムスに関する限り、準備をするのは大仕事だ。しかしだからこそ、特別感があり本書で取り上げる価値があるのだとぼくは思う。

　元のレシピがのっている『優れたものの宝庫』では、700年前のエジプトについて興味深い考察がなされている。本はまず、厨房を清潔にする方法と、よい料理人とは何ぞやという話から始まる。

　　料理人は好感の持てる人物でなければならない。[中略] 爪はいつでも短く調えておくこと。しかし、爪を痛めるほど短過ぎてもよくない。また汚れが溜まるほど伸ばしっぱなしにしてもいけない。[2]

当時から7世紀たった今でも、厨房スタッフの応募者を選り分けるとき、こ

の基準は立派に通用する。さて、同書では厨房の運営と食品の扱いに関する良識的なアドバイスが記されたあと、いよいよレシピが始まる。ときどき、決して役に立つとは言えないアドバイスもあるが、これがかえって今の読者としては興味をそそられる。たとえば、起床直後、食事中、または食後は、水、とくに冷たい水を飲まないようにすること、というくだり。肝臓を冷やし過ぎるから、というのがその理由だ。そう述べたうえで、「肉付きのよい人、血の色が真っ赤で、食欲が旺盛な人」[3]なら、食事中であっても冷水を飲んでよい、としている。ということは、ぼく自身は大丈夫みたいだ。

　水がだめなら何を飲めばよいのだろう？　答えは「フッカ」だ。同書には、中世エジプトで人気のあったアルコール飲料で、「フッカ」と呼ばれる泡状のビールのレシピが十数種類以上ものっている。ビールは、ミント、ザクロ、コショウ、またはカルダモンなどで香りづけしたもので、これらのビールはおいしいが、頭痛や腹部の膨満感を起こすことがあると著者は警告している。そう、現代人からすると『優れたものの宝庫』はひっきりなしに腹にガスが溜まることを警告してくる本のように読めてしまうのだ。だから、ぼくのフムスのレシピにそれ相応の警告めいたことが書いてあっても驚かないでほしい。なにしろ、原著者が腹を膨張させる容疑者の筆頭と睨んでいるのはほかでもない、ひよこ豆なのだから。ともあれ、警告に怯まず料理してみる価値があることだけはぼくが保証しよう。

[材料]

アトラフティブ

乾燥ローリエ（小さめのもの）　2枚

バラの乾燥つぼみ　小さじ1

甘松　小さじ1
　P.13「甘松」の項参照

ショウガ（挽いたもの）　小さじ1

カルダモン（挽いたもの）　小さじ1

ナツメグ（挽いたもの）[†1]　小さじ1/2

メース（挽いたもの）[†1]　小さじ1/2

ビンロウ（挽いたもの）[†2]　小さじ1/2

ヒハツ（挽いたもの）　小さじ1/2
　P.13「ヒハツ」の項参照

黒コショウ（挽きたてのもの）　小さじ
　1/2

クローブ（挽いたもの）　小さじ1/8

フムス

乾燥ひよこ豆　200g

タヒニ　大さじ4（60g）

白ワインビネガー　大さじ2（30ml）

エクストラバージンオリーブオイル　大
　さじ3（45ml）
　盛り付け用は分量外

黒コショウ（挽きたてのもの）　小さじ
　1/4

オリーブ　90g
　種を取って刻む

生クルミ（無塩）　30g
　盛り付け用は分量外

生アーモンド（無塩、殻なし）　30g
　盛り付け用は分量外

†1　メースが入手できなかったら、ナツメグで代
　　用可能です。ナツメグは、常緑高木の一種ニ
　　クズクの果実の中にある種子（仁）から作ら
　　れる香辛料で、メースはニクズクの種子のま
　　わりを覆っている網目状の赤い皮（仮種皮）
　　を指します。ナツメグを使用する場合、「ナツ
　　メグパウダー　小さじ1」にして使用しましょう。
†2　日本で食用としてのビンロウの入手は難しい
　　ため、省略して構いません。インターネット通
　　販では浴用ハーブや染料の利用で見かける
　　ことができます。
†3　本書に登場する1カップは235mlです。

作れる量：2カップ分[†3]　　**調理時間：18時間**

1.　アトラフティブを作る。ローリエ、バラのつぼみ、そして甘松を挽き、小さなボウルに入れてショウガ、カルダモン、ナツメグ、メース、ビンロウ、ヒハツ、黒コショウ、そしてクローブを加えてよく混ぜ合わせる。このフムスのレシピに必要な量よりもかなり多くできあがるが、これが一番計量しやすい分量だ。瓶に入れて保存しよう。

2.　フムスを作る。乾燥ひよこ豆を8時間冷水に浸けておく。水気を切って、中くらいの片手鍋に入れる。ここに、ひよこ豆の上10cmの高さになるまで新しい水を注ぐ。鍋を中火にかけて沸騰させ、蓋をしてひよこ豆が簡単につぶせるくらい柔らかくなるまで90分ほど静かに煮る。火からおろし、水気を切り、粗熱をとる。

3.　ひよこ豆が冷めたら、手でつぶすかフードプロセッサーにかけて滑らかにする。必須ではないけれど、口あたりをより滑らかにしたいときは、ひよこ豆の薄皮を取り除いてからフードプロセッサーにかけるとよい。冷水120mlの中にタヒニを混ぜ入れて溶かし、白ワインビネガー、オリーブオイル、そして黒コショウとともに、つぶしたひよこ豆の中に加える。フードプロセッサーを使うことをお勧めするが、その場合は、ここでさらにオリーブ、クルミ、アーモンド、ピスタチオ、ヘーゼルナッツ、ミント、パセリ、塩漬けレモン、アトラフティブ、ヘンルーダ、コーシャー塩、シナモン、キャラウェイシード、そしてコリアンダーも加え、滑らかになるまでフードプロセッサーを回す。手で混ぜる場合は、あらかじめナッツ類、オリーブ、そしてレモンをできる限り細かくみじん切りにし、アトラフティブとフムスを混ぜたものの中に加える。すべての材料がむらなく混ざって滑らかになったら、スプーンですくって皿に入れて平らに広げ、アルミホイルで覆って、食材の風味が溶け合うよう、8時間以上冷蔵庫で休ませる。

4.　完成したら、フムスを室温に戻す。分量外のナッツとハーブをあしらって、オリーブオイルを回しかける。

生ピスタチオ（無塩、殻なし）　45g
　　盛り付け用は分量外
生ヘーゼルナッツ（無塩、皮つき）　30g
　　盛り付け用は分量外
ミントの葉（みじん切り）　大さじ3
　　盛り付け用は分量外
パセリの葉（みじん切り）　大さじ3
　　盛り付け用は分量外
塩漬けレモン　1/4個
　　みじん切りにする
アトラフティブ　小さじ1
乾燥ヘンルーダ　小さじ1
　　P.13「ヘンルーダ」の項参照
コーシャー塩　小さじ3/4
シナモン（挽いたもの）　小さじ1/4
キャラウェイシード（挽いたもの）　小さ
　　じ1/4
コリアンダー（挽いたもの）　小さじ1/4

Cook's Note:　アトラフティブは中世イスラム料理ではよく使われていた混合香辛料で、当時の料理本にはほぼかならず登場する。ところが香辛料の調合について教えてくれる本はほとんどない。今回のぼくのレシピは、13世紀に書かれたあるレシピに基づいているが、場所や時代によっても作り方は変わるので、レシピ通りの香辛料と分量に従わなければならないと考える必要はない。自分の好みに合ったアトラフティブを作るのも大いにありだ。

北米&中南米

The New World

タマル

都市・地域：メキシコ
時代：1520年頃

> **当時の文献から**
>
> アタマルクアリストリ（水に浸けたタマルを食べる行事）は8年ごとに行われた。[中略]7日間、誰もが断食した。チリも塩も硝酸カリウムも石灰も加えずに作った、水に浸けたタマルだけを口にした。[中略]そしてごちそうが運ばれてくる。ごちそうは「灰を表面に塗ったもの」「貝殻で飾ってあるもの」[中略]花輪の形にした「鶏肉」のタマル、などと呼ばれている。これらの前に置いてあるトウモロコシのカゴには、果物のタマルが詰めてあった。
>
> 出典：ベルナルディーノ・デ・サアグン『ヌエバ・エスパーニャ綜覧』
> （アーサー・J・O・アンダーソンとチャールズ・E・ディブルによる英訳から翻訳）[1]

出産祝いでタマルを食すアステカの人びと。『ヌエバ・エスパーニャ綜覧』（フィレンツェ写本）より

† 赤トウガラシを表すスペイン語 chile（チレ）、英語 chili（チリ）は、ナワトル語でこれを指す chilli（チリ）に由来する単語です。

メソアメリカ文化圏の多くの地域で主食だったタマル。1世紀のマヤ文明の壁画に登場しているほど、その歴史は古い。しかし、水に浸けたタマルについての最古の記述とされる、スペインのフランシスコ会修道士ベルナルディーノ・デ・サアグンの文を読むと、タマルは味もそっけもない食べ物だったように思える。塩も赤トウガラシ†も使わず、ニシュタマリゼーション（219ページのケサディーヤ・セルニダスのレシピの中でプロセスについて後述している）もせずに作られている。ただし、タマルが出される祝宴「アタマルクアリストリ」は、味気ないどころの話ではなかった。サアグンによると、人びとはタマルを食べる前に生きたヘビやカエルを食べ、供え物をしてから水に浸けたタマルを食べたのだという。

もちろんぼくたちのタマルには、ヘビの前菜や生きたカエルのデザートなどはついてこない。いやじっさい、ぼくは水に浸けたタマル自体に手を出さないことにしている。それよりも、サアグンの『ヌエバ・エスパーニャ綜覧』に出てきたフィリングを使おうと思う。当時のタマルの中身は、果物、チリソース、そしてシチメンチョウやメキシカン・ヘアレス・ドッグなど。でも、犬の肉を買いに行かせたりはしないので、ご安心を。現代のレシピでは生地をまとめるのにラードがよく使われるが、当時はコーン油だったようだ。ラードを採るために肥やした豚はスペインからの輸入だったからだ。今のタマルによく使われる牛や家禽のニワトリもスペイン人がもたらしたものだ。とはいえ、スペイン人入植者がタマルを食べ始めたのはだいぶあとになってからだった。

*カリフォルニア州、ネバダ州、ユタ州、アリゾナ州、ワイオミング州、コロラド州、ニューメキシコ州、テキサス州にまたがる米国の西南地域。

[材料]

乾燥トウモロコシの皮（市販品）　30〜40枚

フィリング（詰め物）

パパイヤなどの果物またはカボチャ[†1]

海塩[†2]　適量

シチメンチョウ（ゆでたもの、または焼いたもの）[†1]

赤トウガラシ　適量
　　角切りにする

チリソース
　　お好みで

生地

水　700ml
　　Cook's Note 参照

テケスキーテ（炭酸塩ソーダ）　小さじ2、またはベーキングパウダー小さじ1と1/2
　　P.13「テケスキーテ」の項参照

トウモロコシ粉（マサハリナ）　600g

海塩　小さじ1と1/2

コーン油　310ml

†1　果物とシチメンチョウの分量の指定がありませんので、量はお好みで、その比率は自由にしてよいと思われます。一例として果物とシチメンチョウを合計500〜800g程度用意するとよいでしょう。

†2　海塩がなければ、一般の塩を使ってかまいません。

というのも、ヨーロッパ人は先住民たちの好物はほぼみな下等な食べ物だと見なしていたからだ。カルロス・ゴンザレス・ペーニャの小説『逃げるキメラ』は1915年の作品だが、タマルを食べる場面は、みだらな関係に身を投じる主人公の道徳的堕落の象徴として描かれている。

　そのような偏見がなかった米国、とくに旧メキシコ領の州*では、タマルは祝日や特別の機会に食べるとっておきのごちそうだった。1893年に開催されたシカゴ万国博覧会では目玉料理として喧伝され、それ以来米国の至るところで人気が上昇した。1920年代、カリフォルニアからフロリダにいたる各地で、「タマル売り」と呼ばれる男たちが「真っ赤な熱々はいらんかね！」と叫ぶ光景が見られるようになる。ところが露天商の増加にともなって縄張り争いが激化し、とうとう当時の新聞が「タマル戦争」と命名するほどの大事になった。「戦争」という表現は、まったくの誇張表現というわけではなく、1921年のネブラスカ州オマハではこんな事件が起こっている。

> **ウェストンとルイスは競合する2つの「タマル組織」のメンバーだった。[中略] 事件のあった晩、敵対派閥に所属するライバルどうしの行商人たちは、パーティーが開催されていたため、停戦を宣言していた。しかし、誰かが停戦条約を破り、ルイスの頭を斧で数回叩き割った。**
>
> ——『オマハ・デイリー・ビー』紙、1921年12月16日付

　暴力沙汰にまでなったタマル狂騒はすっかり鎮まった今の時代、タマルを作る機会といえば、クリスマス前の数週間に暴力とは無縁の穏やかなお祖母ちゃんたちが開く、タマラーダ（タマル作りパーティー）だ。

作れる量：タマル30〜40個　調理時間：3時間

1.　広めのボウルに湯を入れてトウモロコシの皮を浸す。浮かんでこないように重石をして柔らかくなるまで30分ほど置く。湯から取り出してペーパータオルで水気をふき取り、取り置いておく。

2.　フィリングを作る。フィリングは果物とシチメンチョウだった、とサアグンは言うが、別個に使われたに違いない。だから、どちらか1種類だけ作るのも、果物とシチメンチョウの2種類のタマルを作るのも自由だ。果物は柔らかくなるまで蒸すか焼くかして、つぶして塩少々を加えておく。シチメンチョウは、手で簡単に裂けるくらいまで焼くかゆでるかして、角切りにした赤トウガラシと海塩少々で味付けしておく。味付けした牛肉、鶏肉、または豚肉など

Cook's Note: コクを出したいときは、水ではなく現代風にチキンブイヨンを使うとよい。

が今の時代にはよく使われている。自分の好きなフィリングを入れてみよう。

3. 生地を作る。中くらいの片手鍋に水を入れて弱めの中火にかけ、軽く沸騰してきたら砕いたテケスキーテを入れて溶かす（ベーキングパウダーを使う場合は、トウモロコシ粉に直接入れる）。大きめのボウルにトウモロコシ粉と海塩を入れて混ぜ、片手鍋の湯とコーン油を入れ、ピーナッツバターくらいの固さの、塗り広げられるくらい柔らかい生地になるまで混ぜる。滑らかでふんわりした生地にしたい場合は、スタンドミキサーで生地を撹拌するとよい。生地が固過ぎる場合は、水を大さじ1ずつ加えては混ぜ、調節する。タマルを包むあいだ、生地の乾燥を防ぐためにボウルに濡れタオルをかぶせておく。

4. タマルを包む。トウモロコシの皮のツルツルして光沢のある面を上にして置き、生地を大さじ3〜4すくって皮の真ん中に置く。スプーンを使って生地を6mm厚みに広げる。このとき生地を皮の端のほうへは広げないこと。また皮を縦長にして置いて、その上半分にのみ生地を広げること。フィリングを大さじ1〜2すくい、生地の中心に置く。

5. 皮の長辺の片方をフィリングに重ねるように折り、その上からもう片方の長辺を、便箋を折る要領で重ねる。次に皮の下部分を折り上げる。包み終わったらそのまま置いておく。生地とフィリングがなくなるまで繰り返す。

6. 蒸し器に熱湯2〜3カップとコイン（煮沸消毒したもの）を入れる。水が沸騰しているあいだはコインがカラカラと鳴る。鳴らなくなったらそれが湯を足す合図だ。蒸し器に専用ラックを置き、トウモロコシの皮を敷く。その上に、タマルを、開口部を上にして立てて並べる。さらにトウモロコシの皮をかぶせて蓋をする。強火にして沸騰したら、火を弱め、静かに沸いている状態で、蒸し器の大きさにもよるが、50〜60分蒸す。50分たったらタマルを1つだけ取り出して、皮をはがせるかどうか確認する。簡単にはがせたら、蒸し上がっている。生地が皮にくっついたり、どろどろしていたら、蒸し器に戻してさらに10分蒸し、ふたたび確認する。できあがったタマルはそのままでも、チリソースをつけて食べてもおいしい。

History Fact: メキシコ革命が勃発中の1911年、反乱軍のパスクアル・オロスコは奇襲作戦で殺した相手方の兵士の軍服を剥ぎ取り、こんなメッセージを添えてメキシコのポルフィリオ・ディアス大統領に送りつけた。「皮を返す。おかわりのタマルをもっと送ってくれ」

アステカ・チョコレート

✳✳✳✳✳✳✳✳✳✳✳✳✳✳

都市・地域：メキシコ
時代：1520年頃

> **当時の文献から**
>
> 高級チョコレートの売り手は[中略]カカオを挽く。
> 彼女はカカオを砕いて、殻を取り除き、水に浸ける。
> 水を少しずつ加える[中略]2つの容器に交互に注ぎ入れて
> 空気を含ませる。たっぷりの泡を立てる。
>
> 出典：ベルナルディーノ・デ・サアグン『ヌエバ・エスパーニャ綜覧』[1]

妻の「蛇」からカカオを受け取る「鹿」。ザッチ(ュ)=ナットール写本

　アステカ人が愛した「ショコラトル」。スペイン人修道士のベルナルディーノ・デ・サアグンの記述のおかげで、アステカ人があの有名なチョコレート飲料をどのように作っていたのかおおよその見当がつく。またチョコレートの風味付けとして、花、ハチミツ、アチョーテ†、チリペッパー、バニラ、オールスパイス、そのほか現在のホットチョコレートには入れないような材料も使われていたことが分かる。

　しかしアステカ人にとって、カカオ豆はおいしい飲み物の原料という以上の存在だった。カカオ豆は貴重な商品で、ときには通貨としても用いられた。1545年、メキシコシティの市場では、シチメンチョウ1羽はカカオ豆100粒と、ウサギは30粒と、鶏卵は2粒と交換されていた。また、カカオ豆1粒でタマルが1個買えた。どんな通貨にも起こる話だが、偽造カカオ豆問題も発生した。悪徳カカオ豆業者が蠟やアボカドの種をカカオ豆の形にくり抜いて、本物のカカオ豆の皮で包み、何も知らない人たちに売っている、とサアグンも書いている。

　だが偽カカオ豆を売るならば、偉大なるモクテスマ2世（在位1502〜1520）の厨房に偽の1粒が紛れ込まないよう念じたほうが身のためだ。モクテスマ2世のショコラトル消費量はすさまじかったのだから。

> 温かい料理が下げられると、国内で採れるあらゆる種類の果物が食卓に並べられた。しかしモクテスマはほとんど手をつけなかった。覇者はカカオでできた液体を満たした黄金の杯を何度も受け取った。精力剤として飲んでいるのだ。[中略]この泡立つ液体が入った壺は50個ほどあった。女性たちが王にこの飲み物を大変恭しく捧げていた。[中略]モクテスマ大王の夕食が終わ

† ベニノキ科の植物で、その種子に含まれる食用色素アンナトが赤色で知られている。

ると、護衛人たちと宮廷の高官たちに食事が用意される。食卓には1000以上の料理が並ぶ。[中略] 食後には泡立つカカオ飲料の壺が2000以上運ばれてきた。

——ベルナル・ディアス・デル・カスティーリョ『メキシコ征服記』

　　ベルナル・ディアス・デル・カスティーリョは杯が黄金でできていたと言うが、ほかの著者たちの記述では、じつは金でできているように見せかけたひょうたんのカップだったらしい。というわけで、アステカ皇帝の好物を再現してみるときには、カップはどんなものでも大丈夫だ。

作れる量：4人分　調理時間：20分

1. スパイス用のミルを使って、カカオニブを粉末状にする。液状になり始めるかもしれず、できれば避けたいが、大きな問題ではない。粉末状になったら取り置いておく。
2. 赤トウガラシを粗く刻み、軸をとって、実と種を中くらいの片手鍋に入れて水を加え、強火にかける。沸騰し始めたら、火力を調節しながら、静かに沸いている状態を5分保つ。赤トウガラシを煮出した水を、濾し器を通して別の片手鍋に移し、赤トウガラシは取り除く。この片手鍋を弱火にかけて、バニラビーンズの鞘の中身をしごき入れ（またはバニラエクストラクトを入れ）、ハチミツとオールスパイスも加える。材料がよく溶けるまでかき混ぜながら加熱して静かに沸騰させ、挽いたカカオニブを加える。カカオニブが溶けるまで泡立て器で混ぜ、5分静かに煮る。鍋の中身をマグに注ぎ、泡立て器かモリニージョ（カカオ飲料を泡立てるための木の棒）を使って泡を立てる。水の分量の半分を牛乳に変えると、もっと泡立ちがよくなる。牛乳がメキシコにもたらされたのはスペインによる征服のすぐあとだった。

医者たちよ、厄介な書物は横においておけ
けちでいかがわしいペテン師たちよ
医者面するのはもう止めろ。今こそ説明しよう。
われらがチョコレートの素晴らしい効能を

——アントニオ・コルメネロ・デ・レデスマ[†2]
『チョコレート、または先住民の飲み物』（1652）

[材料]

カカオニブ　80g
赤トウガラシ　2個
水　1L
バニラビーンズ　1本、またはバニラエクストラクト　小さじ2（30ml）[†1]
ハチミツまたはアガベシロップ　80ml
オールスパイス　小さじ1/2

· ·

Cook's Note: どんな材料を入れるかは、飲む人の好みに合わせて自由に調節してほしい。ハチミツかアガベシロップの量を増やして甘めのショコラトルにしてもよいし、辛みのない飲み物にしたければ、赤トウガラシを入れない手もある。温かくしても室温でもおいしい。

· ·

†1　実際のところ、10〜15ml（小さじ2〜大さじ1）でちょうどいいと思います。
†2　アンダルシア出身の外科医。生没年不詳。

ケサディーヤ・セルニダス

✻✻✻✻✻✻✻✻✻✻✻✻✻

都市・地域：メキシコ
時代：1831年

> ### 当時の文献から
>
> トウモロコシをゆでてから洗い、乾かす。
> これを挽いてからふるいにかける。
> ここに少し溶かしたラード、塩、そして水に溶かした
> テケスキーテ少量を加えて扱いやすい生地にまとめる。
> 粉を振って、円盤状に形作ってから平たくし、
> お好みで、熟成したチーズまたは生のチーズを少量置く。
> 生地の端と端を合わせてくっつける。
> 熱くしたラードの中に入れて、
> 絶えずラードをかけながら膨らんでくるまで揚げる。
> 鍋から引きあげたら脂を切り、熱々のうちに食べる。
>
> 出典：作者不詳『メキシコの料理人』

トウモロコシを栽培するアステカ人。『ヌエバ・エスパーニャ綜覧』より

† スペイン語でqueso（ケソ）はチーズの意。

　ケサディーヤという名前は、中に詰められたチーズ†から来ているが、このレシピの主役はカリッと揚げたコーントルティーヤだ。メキシコ料理にチーズがもたらされたのはスペインからだったが、トウモロコシは有史以前からメソアメリカ食文化における主食だった。『ポポル・ブフ』に記されたマヤの創世神話によれば、トウモロコシは世界が始まったときにはすでに存在しており、神々はトウモロコシから文字通り人間を創ったという。それなのに運悪く、アステカ人はトウモロコシを手に入れるのに、羽毛のある蛇神ケツァルコアトルに頼らなければならなかった。

　伝説によると、はるか昔、第五の太陽の時代、アステカ人は狩猟や採集で手に入るものだけを食べていた。それでも、自分たちの住む谷の周りにそびえる誰にも登れない山々の向こう側に、トウモロコシという名の植物が生えていることは知っていた。アステカ人は神々に頼んで山を動かしてもらい、トウモロコシを手に入れようとしたが、山が予想外に大きかったか、神々にやる気がなかったかの理由で実現しなかった。しかし羽毛の生えた蛇神ケツァルコアトルは、90年代初頭に流行った通販番組みたいにこう宣言した。「もっとよい方法がある！」彼は急ぎ足で山のほうへ向かっていく1匹の赤アリを見て、自分も小さな黒アリに変身してそのあとに従った。危険な目に遭いながら何日もかけて、2匹は山の反対側、トウモロコシが生えている場所

北米&中南米

にたどり着いた。ケツァルコアトルはトウモロコシを1粒採り、これをハサミ状の顎に挟み、山の向こうにいるアステカ人のもとへ持ち帰った。人びとがお土産に喜んだことは想像に難くない。でも、アステカ人は少しばかり腹を立てたかもしれない。神ケツァルコアトルならもう少し大きな動物に変身して、トウモロコシの粒を1粒とはいわず、たくさん持って帰ってくれてもよかったのではないかと。それはしかたないとして、アステカ人が植えたその粒から、主食となるトウモロコシが育っていった。歯ごたえのよいケサディーヤ・セルニダスを食べる前には、羽毛ある蛇神の機転に感謝を捧げよう。

作れる量：ケサディーヤ10〜12個　調理時間：45分

1. テケスキーテを砕いて粉末状にし、熱湯を注ぎ、できるだけ溶けるようにかき混ぜる。溶け切らない粒が底に沈むまで、10分そのままにしておく。
2. 大きなボウルにトウモロコシ粉と海塩を入れて泡立て器で混ぜ合わせたら、ぬるま湯と溶かしたラードを加えてさらに混ぜ、生地にする。これがマサだ。テケスキーテを溶かした水から、底に沈んだ粒々を避けながら上澄みを大さじ2すくいとり、生地に加える。生地の固さの目安は子どもが遊ぶ粘土くらい。生地が指につく場合は、トウモロコシ粉を大さじ1ずつ加えて調節する。生地が乾いてぼろぼろしている場合には、水を大さじ1ずつ加えて調節する。生地の入ったボウルに濡れたタオルをかぶせて10分休ませる。
3. 2から生地となるマサ大さじ2をとって、ボール状に丸める。このボールを四角く切ったクッキングシートか保存用ポリ袋のあいだに挟み、めん棒またはトルティーヤプレスを使って12.5cm幅の薄いトルティーヤにする。クッキングシートや保存用ポリ袋は、生地にくっつかず簡単にはがせるはずだ。残りのマサも同様にトルティーヤにする。
4. トルティーヤの半分にチーズを置き、縁から2cmは空けておく。トルティーヤを半分に折り、チーズを密閉するように縁を押さえつけ、ケサディーヤの形にする。
5. 分量外の揚げ用のラードまたは油をフライパンの深さ2.5cmまで入れて強めの中火にする。ラードの温度が175℃になったらケサディーヤをフライパンにそっと入れる。ラードをスプーンですくってかけ続けながら1分揚げ、フライ返しを使ってひっくり返し、反対側も揚げる。すでに揚がっている面にもラードをかけ続ける。ケサディーヤがキツネ色になって少し膨らんできたらフライパンから引きあげ、ペーパータオルにのせて油を切ったら完成。

[材料]

テケスキーテ　大さじ1
　Cook's NoteとP.13「テケスキーテ」の項参照
ぬるま湯　250ml
熱湯　60ml
　それぞれの湯を分けて使う
トウモロコシ粉（マサハリナ）　180g
海塩† 　小さじ1
ラード　溶かして大さじ2（またはコーン油）
　揚げ用は分量外
オアハカ・チーズ、またはマイルドな溶けるチーズ　115g

Cook's Note: テケスキーテは、ベーキングソーダ小さじ1をぬるま湯大さじ2で溶かしたもので代用できる。

† 海塩がなければ、一般の塩を使ってかまいません。

ジンカクテル

✳✳✳✳✳✳✳✳✳✳✳✳✳

都市・地域：米国
時代：1862年

> **当時の文献から**
>
> ジンカクテルの作り方（小さいカクテルグラスを使うこと）
> ガムシロップ3〜4振り、ビターズ（ボガート）2振り、
> ジン1グラス、キュラソー1〜2振り、
> レモンピール小一切れ、砕いた氷を1/3まで入れ、
> 材料を入れてシェイクし、ストレーナーを通してグラスに注ぐ
>
> 出典：ジェリー・トーマス
> 『カクテルの作り方または美食家のためのハンドブック』

ジェリー・トーマス

ぼくの好きな蒸留酒は、ジュニパーベリーの風味がついたオランダ生まれのスピリッツ、ジュネヴァ†。17世紀末、オランダは2つの重要な自国産品を英国へ送り込んだ。オラニエ公ウィレムとジュネヴァである。英国で両者は、ウィレム改め英国王ウィリアム3世（在位1689〜1702）に、ジュネヴァは縮めて「ジン」に名を変えた。薬効があると信じられていたジンを新王ウィリアムが愛飲していた影響で、ジンは、それまで大衆に広く飲まれていたエールや、フランス的な飲み物というイメージが災いしたブランデーをしのぐ人気を博すようになった。しかし残念なことに、ジンの人気はやがて製造の質の低下や過剰飲酒を招いてしまう。1714年、バーナード・デ・マンデビルはこう書いている。

> **貧しい人びとの健康を損ない、真面目で勤勉に働く意欲を失わせる、最大の原因はあの憎むべき蒸留酒、[中略] ジンである。ジンは、怠惰で、自暴自棄になっている、頭のおかしな連中を男女問わず虜にしてしまう。空きっ腹にジンを飲んだ酒浸りは、鈍く無気力な眼差して体をかろうじて覆っているボロ着をじっと見つめるばかり。さもなければ、突拍子もない笑い声をたてたり、つまらぬ冗談を言ったりして、人をからかうだけだ。**
>
> ——『蜂の寓話』

しかし尊敬すべきマンデビル氏の警告もむなしく、ロンドンは「狂気のジン時代」に突入する。「狂気」とはよく言ったもので、下層階級の人びとがい

† オランダ語では「イェネフェル」と読みます。

ジョージ・クルックシャンク『ジン酒場』(1829)

つも飲んでいた自家製のジンには、手っ取り早く酔えるように硫酸やテレピン油が加えられていた。ロンドンで貧困層の増加が問題になっていたこの頃、粗悪なジンは凶悪犯罪数の上昇の原因であるとされていた。中でも1734年に起こった恐ろしい事件はよく知られている。

ある日、ジュディス・ドフォアとその友人は、酒を買う金を工面しようとしていた。2人はジンで酔っており、救貧院で貰った服を着た、ジュディスの2歳になる娘を連れていた。以下は裁判におけるジュディスの証言である。

私たちは子どもを連れて野原へ行き、服を脱がせ、泣かないよう麻のハンカチで首をきつく締めて、溝に放置しました。そのあと連れ立って子どもの服を売りに行きました。コートとコルセットは1シリングに、ペチコートと靴下は1グロートになりました。お金を山分けし、一緒にジン売り場に行きました。

ジュディスは有罪を言い渡されてタイバーン†で絞首刑に処され、彼女の犯罪の大きな原因はジンだとされた。この衝撃的な事件をきっかけに、ジン販売を取り締まる法律が制定され、酒税が課されるようになったのだが、「狂気のジン時代」はなかなか衰えを見せなかった。1751年、幼児殺害よりも強烈にジンのイメージを損なう美術作品が登場するまでは。

ウィリアム・ホガースの2点の版画『ビール通り』と『ジン横丁』は、「ジン法」を後押しするために製作された作品だ。『ビール通り』に描かれているのは、仕事に励んだり芸術活動を楽しむ住民たち。どんどん新しい建物が造られていく町の中で、人びとは幸せそうに微笑んでいる。これに対して『ジン横丁』には、わが子を階段の吹き抜けに落としかけているのにも気づかない、梅毒による潰瘍だらけの母親や、その隣で犬と骨を奪い合う男などが描かれている。建物が今にも崩れ落ちそうになっている町では、貧民がジンの飲み過ぎで若くして死にかけている。

ロンドンのジン熱は冷め、消費量は減ったが、19世紀半ば、最新のカクテルのレシピに取り入れられ、人気を回復した。そのレシピの1つを紹介しよう。

作れる量：カクテル1人分　　調理時間：1分

[材料]
ロンドン・ドライ・ジン　60ml
ガムシロップ　小さじ1
オレンジキュラソー　小さじ1/2
ボガートまたはボーカーズ・ビターズ
　2振り
生レモンの外皮　2.5cm

シェイカーの半分まで氷を入れる。ジン、ガムシロップ、オレンジキュラソー、ボガートまたはボーカーズ・ビターズを入れてシェイクする。ストレーナーを使って小さめのロックグラスかカクテルグラスに注ぐ。グラスの上でレモンの外皮をひねって香りを移してからカクテルの中に入れる。

Cook's Note: ここで紹介したレシピを作ったのは、当時のカリスマバーテンダー、ジェリー・トーマス。そのレシピは時とともに変化し、材料の分量も異なれば、カクテルをシェイクするかステアするかについても一定していない。自分の好きなやり方で作ってみよう。

† ロンドン郊外の有名な刑場。国家転覆を企てた者が歴史上しばしばここで処刑されました。

ブレッドプディング

****

都市・地域：米国
時代：1862年

> ### 当時の文献から
>
> 30番：ブレッドプディング。牛乳1パイントに、シナモン1かけらとレモンピールを入れて煮立てる。パン粉2オンスにこの牛乳を注ぎ、卵2個、カラント1/2オンス、そして砂糖を少々入れる。バターを塗った型またはパイ皿に入れて1時間蒸す。
>
> 出典：ジョセフ・J・ウッドワード医学博士『看護兵のための手引書』

ジョセフ・ジャンビアー・ウッドワード

米国で南北戦争（1861〜1865）が勃発して間もない頃、ジョセフ・J・ウッドワード軍医は、部下の看護兵たちが医薬についてほぼ何も知らず、調理については輪をかけて無知であるということを嘆かわしく思っていた。抗生物質や外科消毒のない環境下、適切な食事は大半の患者にとって健康回復のための頼みの綱だったのだ。

病院において最も力を入れるべき問題はおそらく、食材の質ならびに調理への取り組み方だろう。米国の軍病院では、前者よりも後者について、より大きな改善の余地が残されていることは確かだ。

そして南北戦争が始まって1年たった頃、ウッドワード医師は『看護兵のための手引書』を著した。看護兵のスキルを満足できるレベルまで引き上げることを目的とした、手軽なガイドブックだ。同書はまず、手術室と厨房を清潔に保つ方法について、フローレンス・ナイチンゲールから多くの手法を取り入れつつ、細かな指示を与えている。クリミア戦争は10年ほど前のことだったが、ナイチンゲールは担当する軍病院でウッドワードが直面している問題の多くを解決していた。さらに、回復期にある兵士の食事や、1日3回、各人に適した量を与える食事法について解説している。まず「低量食」では、飢えないですむぎりぎりの量を与える。「半分食」ではそれよりもう少し多い量、一番量が多い「全部食」は、現代人が考える前菜程度の量だ。食事の内容は、たいていの場合は薄いシチュー、バターつきパンまたは粥、そして牛乳とコーヒー1杯だった。しかし、たまたま運がよかったり、すぐに栄

養補給が必要だったりする兵士たちには、場合によっては卵、鶏肉、新鮮な果物、発泡酒、またはブレッドプディングなどの「おまけの食事」が与えられた。

　手引書の最後には、必要な病院食すべてのレシピが掲載されている。ウッドワードによれば、そのうちの多くを考案したのは、クリミア戦争中に英国軍の料理改善を助言した有名な料理人アレクシス・ソワイエであるという。ウッドワードのレシピは「80人分のお茶」や「100人分の豆のスープ」など、なにしろ分量が多いのが特色だが、ぼくたちはブレッドプディングを8人分だけ作ってみよう。

[材料]

牛乳　475ml

シナモンスティック　1本

レモンの皮（細長く切ったもの）2〜3本

細挽きのパン粉（固くなったパンで作ったもの）　60g

卵（Lサイズ）　2個
　室温にして溶きほぐしておく

乾燥カラント　20g
　P.12「カラント」の項参照

ブラウンシュガー（色の濃いもの）　25g

作れる量：8人分　**調理時間：**1時間30分

1.　牛乳を小さめの片手鍋に入れて、シナモンスティックとレモンの皮を加える。中火にかけて沸騰したら1分そのまま温める。

2.　シナモンスティックとレモンの皮を取り出して、**1**の牛乳を大きいボウルに入れたパン粉に注ぎ入れる。パン粉がしっとりするまでよく混ぜる。まだ湯気が出ているときには、湯気がおさまった温かい状態にまで冷ます。ここに溶きほぐした卵を少しずつ入れ、滑らかになるまで混ぜ続ける。これがブレッドプディングの生地になる。カラントとブラウンシュガーを加えて、むらなく混ぜる。

3.　ヤカンに湯を沸かす。そのあいだにプディングの容器を用意する。溝のついていない小さいプディング型（容量1L）に、焦げつき防止スプレーで油膜を作るか、バター（分量外）をたっぷり塗っておく。クッキングシートを小さく切り、型の底に敷く。生地を型に流し入れて表面を平らにならす。

4.　アルミホイルを大きめの正方形に、クッキングシートをそれより少し小さい正方形に切る。クッキングシートをホイルの上に置いておく。ホイルとシート両方の中央部分に折り目をつけて、ひだを作る。このひだの部分があることで、プディングが膨らむ余地ができる。ひだの山はホイル面側にくるようにする。

5.　4をシートのほうを下にしてプディング生地の上にかぶせ、縁を型の周辺によく押し付ける。長めの調理用糸で型の周囲にホイルを固定する。余分なホイルとシートは切り取り、型の中に水が入らないようにホイルをしっかりと押し込む。

6.　ハンドルを作る。プディング型の周りに巻いた糸に、2重にした糸を通し、反対の端にも通して両端を結ぶ。

7.　プディング型を鍋に入れ、沸騰させた湯を型の高さの半分まで注ぎ入

れる。鍋の蓋をして中火にかける。蒸し時間は60分だが、水位を見守り、型の高さの1/4以下にならないように注意すること。水を足すときには、ヤカンで沸騰させた湯を使う。冷水は入れないようにしよう。

8. プディングが蒸しあがったら、鍋を火からおろし、注意しながら型を取り出す。糸を切り、アルミホイルとクッキングシートの蓋を外す。20分粗熱をとり、型の側面にナイフを入れてプディングを取り出す。皿にひっくり返して盛り付け、温かいうちに供する。

『駐屯地での料理。フレモント隊の厨房の様子』

エッグノッグ

✳✳✳✳✳✳✳✳✳✳✳✳✳✳

都市・地域：米国
時代：1887年

> ### 当時の文献から
>
> エッグノッグ
> 卵黄12個分を軽く泡立て、
> 溶けるだけの白砂糖を混ぜ入れる。
> 卵の臭み消しにブランデーをグラス1杯、
> 熟成したウイスキーをグラス1杯、すりおろしたナツメグ1個、
> そして乳脂肪の多い牛乳3パイントを少しずつ注ぐ。
> 卵白を泡立てて最後に加えて混ぜる。
>
> 出典：F・L・ジレット、ヒューゴ・ジーマン
> 『ホワイトハウスの料理帖』†

ハンフリー・プリドー

† 『ホワイトハウスの料理帖』は、ホワイトハウスの料理人であるF・L・ジレットとヒューゴ・ジーマンが執筆した家庭用の総合百科事典です。レシピのみならず、夕食時のテーブルマナー、病の時の料理、健康を保つための提案など、知っておくと便利な情報が掲載されています。

エッグノッグ。奇妙な名前だ。エッグ（卵）はいいとして、ノッグとはいったい何なのだ？ これについては諸説ある。「ノッギン」と呼ばれる木製のカップで飲まれていたから、という説や、スコットランドの「ナッグ」というエール専用のカップが由来であるとする意見もある。彼の地ではカップに入れたエールを真っ赤に焼けた火かき棒で温めるのだ。本当の由来は、ハンフリー・プリドーが1693年、ノリッジ首席司祭について描写した次の文章の中にあるらしい。「パイプを咥えて部屋の中を歩き回っている彼の姿が見えるだろう。テーブルの上にはフレンチ・クラレットのボトルと熟成した強いビール（この国ではノッグと呼ばれる）のボトルが置かれている」（のちのノリッジ首席司祭ハンフリー・プリドーからジョン・エリスへの手紙）。真相はどうであれ、この単語が「エッグ」と合体したのは、18世紀に入ってからだった。

卵とエールまたはワインを混ぜ合わせて作る飲料ポセットの派生形として英国で始まったらしいこの飲み物は、中世以来広く飲まれていたが、19世紀の料理書やカクテル書ではなぜか米国生まれとして紹介されている。誕生地はともかくとして、エッグノッグと米国のクリスマスとの縁の深さは、1790年代にまでさかのぼれる。たとえば、1793年1月14日付『バージニア・クロニクル』紙は、次のような逸話を掲載している。

先のクリスマスイブ、数人の男性がノーサンプトン裁判所で落ち

合い、陽気な祝いの夕べを過ごした。一行が飲んでいたのはおもにエッグノッグ。好きなだけ飲んだあと、誰かがこう言い出した。賭けてもよいが、今この状態で、韻をふみ意味も通った即興四行詩を書ける人間などいないだろう。[後略]

　パーティー参加者の1人がこれを受けて立ち、その場で思いついたとおぼしき、ワインに優るエッグノッグの美点を称える詩を朗誦した。

エッグノッグは黄金の奔流
酩酊（めいてい）する五感に豊かな宝を注ぎ込む。
ワインの女神は刹那の煌めきを与え、
エッグノッグ娘は腹持ちよき滋養の塊をもたらす。

　ぼくには、一生かかってもこんなエッグノッグ賛歌を作れないだろう。エッグノッグをたくさん飲んだあとだったらなおさらだ。でも、18世紀のバージニアで飲まれていたノッグは、1887年のこのレシピほどアルコール度は高くなかったのかもしれない。というのも、この最高においしいエッグノッグを2杯飲んだあとでは、詩を暗唱するなんて、ましてや即興で詠むなんて到底無理だからだ。

[材料]
卵（Lサイズ）　10個
グラニュー糖　150g
ブランデー　350ml
ライウイスキー　350ml
牛乳　1L
生クリーム（脂肪分の多いもの）
　475ml
ナツメグ（挽いたもの）　小さじ2
　飾り用は分量外

作れる量：12杯分　調理時間：4時間30分

1. 卵の白身と黄身を分け、それぞれ別の大きなボウルに入れる。黄身を白っぽくなるまでハンドミキサーで泡立てたあと、さらに泡立てながら砂糖1/4カップを加え、完全に混ざったら次の1/4カップを加える。これを泡立てながらブランデー、次にライウイスキーを加える。牛乳、クリーム、そしてナツメグも加えてよく混ぜる。
2. ハンドミキサーで白身を角が立つまで泡立て、1の黄身のボウルの中に3回に分けて加える。ボウルにアルミホイルをかぶせ、冷蔵庫で少なくとも4時間は寝かせる。長く寝かせるほど香りが立ってくるからだ。
3. エッグノッグは冷たいままでもよいし、コンロの火で温めて飲んでもおいしい。パンチグラスに入れ、ナツメグを全体にまぶそう。

ビネガーキャンディー

****

都市・地域：米国
時代：1896年

> ### 当時の文献から
>
> ビネガーキャンディー
> 砂糖2カップ。ビネガー1/2カップ。有塩バター大さじ2。
> バターを鍋に入れて溶かし、砂糖とビネガーを加える。
> 砂糖が溶けるまで混ぜ続け、溶けたらときどき
> かき混ぜればよい。液を冷水に落としてみて、
> すぐ小さな塊状になったら火を止める。
> バターを塗った皿に流す。
> モラセスキャンディーと同じように引っ張って切る。
>
> 出典：ファニー・ファーマー
> 『ボストン料理学校料理書』

ファニー・ファーマー

ビネガーキャンディーという響きに食欲はそそられないかもしれない。しかし良質なアップル・サイダー・ビネガーで作ったそれは、甘味と酸味が見事に調和した味わいを持つ。しかも、ビネガーキャンディー作りの工程には飴のばしという古くからの伝統がつきものだ。これは楽しくはありつつも家族総出の骨の折れる作業で、冬の休暇中に暇を持て余している子どもたちにあてがう遊びにはうってつけだった。今回取り上げるレシピは、米国料理の母、ファニー・ファーマーによる数多くのレシピの中から選んだ。

ファニー・ファーマーは1857年ボストン生まれ。16歳のときに発作を起こして半身不随になり、学校へ通えなくなった。体が不自由なために両親の家から出られなくなった彼女は、ひたすら母の料理姿を眺めていたというから、飴のばしくらいは手伝ったんじゃないかとぼくは思う。しかし台所で長時間を過ごすうちにファニーは料理の腕を上げ、両親を説得して実家を改装して下宿に変えてしまった。この施設はファニー自身が作る素晴らしい食事を出すことで有名になった。

30歳になったファニーは、1人で歩けるようになったが、足は一生引きずったままだった。この頃、ボストン料理学校へ入学して調理を深く学ぼうと決心する。当時のボストン料理学校はボストン界隈の裕福な中産階級の家庭に雇われている料理人向けの教育を提供していた。同校は最先端の「家

19世紀のボストンでの料理の授業風景

政学運動」つまり疑似科学の少々混入した食物学を重視するカリキュラムを組み、食材の組み合わせによる化学的変化と、それが食事や栄養摂取にもたらす影響の考察を行っていた。ファーマーが興味を持っていたのはまさにこれだった。

　同校では、生徒たちは前校長メアリー・J・リンカーンが書いた料理本をテキストとして学んでいた。ファニーは数年間ここで学び、最終的には自身が校長となり、リンカーンの本の改訂版として、1896年に『ボストン料理学校料理書』を出版した。版元であるリトル・ブラウン・アンド・カンパニー社はこの本の商業的な成功に期待しておらず、初版発行部数はたった3000部、しかもファニーの自費出版というかたちだった。こうして版権は彼女1人が所有したわけだが、存命中に数十万部が売れ、同書はかなりの収益を彼女にもたらした。

　ファニー・ファーマーの料理本がほかの多くの本と違うところは、レシピがそれ以前の数十年間には考えられなかったほど詳細に書かれており、家庭料理について何も知らない素人でも簡単にレシピを再現できるという点だ。レシピのページに先立って、ファーマーは読者に、正しい計量の仕方を教えている。

　　　経験豊富で正しい判断ができる人は、目分量でよいと教えて
　　　います。しかし大半の人たちには具体的な指示が必要です。
　　　[中略] カップ1杯を計るには、材料をスプーンかスコップですく
　　　い入れ、軽く盛り上げてから食卓用ナイフですりきりましょう。軽

量カップをゆすったりしないよう気をつけましょう。

今日では当然のように思われるが、すりきりで計量するという考えは革新的で、重量での計量より精度は低いが、計量カップと計量スプーンさえあれば、だれでも同書のレシピに沿って料理ができるように解説されている。

住み込み料理人の数が激減していた当時、ファニーの本を読めば普通の家庭の主婦も家族のためにおいしい料理を作れるようになった。その後数十年間、ファニー・ファーマーの料理本は「新妻のバイブル」としてもてはやされることになり、1947年、『ボストン・グローブ』紙はファーマーを「多くの独身女性に男性の心をつかむ方法を教える、ニューイングランドの花嫁学校の名物教師」と評している。隔世の感を禁じ得ない。

ファニー・ファーマーの分かりやすいレシピのおかげで、本書でもアップデートはほとんど必要なかった。1つだけ、砂糖をカップで計量するときには、ファーマー先生の指示通り、すりきることをくれぐれも忘れないように。

作れる量：キャンディー30個　　調理時間：1時間45分

---

1. 大きな焼き型、または皿を何枚か用意し、バターをたっぷり塗っておく。

2. 大きめの片手鍋に微粒グラニュー糖、アップル・サイダー・ビネガー、バター、そしてコーシャー塩を入れて混ぜる。中火にかけ、ときどきかき混ぜながら砂糖を溶かす。耐熱ゴムベラを使うとよい。鍋の中身が沸騰したら、かき混ぜるのを止める。そのまま、キャンディー用温度計で測って120℃から130℃になるまで炊く。この温度はガラス転移温度と呼ばれ、液を冷水に入れると小さな玉状に固まる状態だ。これより高い温度でもキャンディーにはなるが、食感が固くなる。

3. 炊いた飴がガラス転移温度に達したら、火からおろして用意した焼き型に注ぎ、10〜15分置いて、触れるようになるまで粗熱をとる。冷まし過ぎると引きづらくなる。

4. 飴が冷めたら、型から取り出す。飴が型にくっつくときにはバターナイフを使って引きはがす。指にバターを塗り、飴を両手で引っ張ったりねじったりしてから、2つに折り畳み、さらにのばす。飴は温かいうちは琥珀色をしている。引っ張るうちに、艶が消え白っぽくなり、引きにくくなってくる。およそ30〜60分かかるので、腕が痛くなってきたら交代できるよう2人で作業するとよい。いよいよ引っ張れなくなってきたら、長めの縄状にねじり、2.5cmの長さに切る。くっつかないようにワックスペーパーで包んで完成。

［材料］

微粒グラニュー糖　400g

アップル・サイダー・ビネガー　120ml

有塩バター　大さじ2（30g）
　　型に塗る分と飴のばしのときに指に
　　塗る分は分量外

コーシャー塩　1つまみ

ラズベリーシュラブ

✳✳✳✳✳✳✳✳✳✳✳✳✳

都市・地域：米国
時代：1911年

> **当時の文献から**
>
> 熟したラズベリー1クォートをボウルに入れ、
> ビネガー2カップを加える。ラズベリーを軽く潰して、一晩置く。
> 翌朝、火を入れて濾し、清澄な液体にする。
> 液体を計量し、ジュース1カップにつき砂糖1カップを加え、
> 20分煮たてて、密閉容器に入れる。
>
> 出典：ルーファス・エステス『ルーファスおすすめのおいしい料理』

ルーファス・エステス

ビネガーをベースにした飲み物と聞くと一瞬ひるむかもしれないが、少なくとも古代ローマ時代には兵士たちのための栄養補給飲料「ポスカ」があったし、以来長いあいだ、ビネガードリンクは広く飲まれている。大昔はビネガーと水だけでできていたビネガードリンクも、ここ数世紀でベリーと砂糖が加わるようになったのはうれしいことだ。甘さと酸っぱさのコンビネーションは、ウイスキーサワーや酸っぱいレモンドロップマティーニをほうふつとさせる。

シュラブのレシピは18世紀と19世紀に発行された料理書の多くに見られるが、このバージョンの出どころはほかでもない、『ルーファスおすすめのおいしい料理』。アフリカ系アメリカ人によって書かれた最初の料理本だ。ルーファス・エステスは1857年テネシー州で奴隷の子として生を受けた。男の子7人と女の子2人の9人きょうだいの末っ子だった。

> 戦争が始まると、近隣数マイルに住む男奴隷たちはみな出て行って「ヤンキー」軍に加わった。このときから、ぼくたちちびっこが代わりに重労働を担うようになった。5歳のぼくは、家から1/4マイル離れた泉まで行って水を汲み、牧草地まで牛を連れて行き、そして戻り、仔牛の世話をし、「チップス」を集め、そのほかにもいろんな仕事をしなければならなかった。

「チップス」とは、ここではポテトチップスではなく、乾燥した牛の糞のこと。集めて燃料にするのだ。牛の糞拾いのあとでは、ルーファスはどんな仕事だってうきうきして引き受けたに違いない。戦争が終わり、一家はナッシュビ

ルに引っ越した。このときルーファスは16歳、レストランで働き始めた。料理人としての才能を発揮し、1881年には、シカゴにおいて週給10ドルという破格の待遇で雇われ、料理への情熱を追求できる環境を得た。ほどなくして、あの名高いプルマン客車での働き口が見つかった。プルマン客車とは、19世紀後半以来、米国の最富裕層や国民的名士らの御用達だった豪華客車である。ルーファスは自著の中で、アフリカ探検家ヘンリー・モートン・スタンリー、スペイン王女、グローバー・クリーブランドとベンジャミン・ハリソンの両大統領など、多くの著名人の名を挙げている。米国の特権階級専属の料理人として、ルーファス自身も有名人になり、19世紀末には、J・P・モルガンとアンドリュー・カーネギーが設立したUSスチール社のイリノイ支社で料理長に就任した。

　セレブリティーシェフは（ユーチューバー・シェフも）みな料理本を出すものだが、シェフとして高く評価されていたルーファスも例外ではなかった。彼の本の初版本はなんとオークションで11ドル、現在の貨幣に換算すると350ドルで競り落とされた。レシピは、彼のこれまでの顧客層向けの料理が中心だが、中には子ども時代の食事に想を得たものも掲載されている。フライドチキンや挽き割りトウモロコシのマフィン、そしてこのラズベリーシュラブもその1つだ。

作れる量：1L　調理時間：12時間45分

[材料]
ラズベリー（熟して新鮮なもの）　700g
　　洗っておく
白ワインビネガー　475ml
グラニュー糖　600g
炭酸水
　　お好みで

1. ラズベリーを小さな片手鍋に入れ、白ワインビネガーを注ぎ、ラズベリーを潰す。1つひとつの実が潰れていなければならないが、ピュレ状にする必要はない。鍋に蓋をして12時間置いておく。

2. ラズベリーの色がワインビネガーに染み込んだら、鍋を中火にかけて1分加熱する。火からおろし、濾し器を通しながら大きめの片手鍋に注ぐ。グラニュー糖を加え、泡立て器で混ぜてよく溶かす。鍋を弱めの中火にかけて、20分コトコト煮る。砂糖が溶けるようにときどきかき混ぜる。鍋を火からおろし、シュラブを完全に冷ましてから、容器に移して冷蔵庫で冷やす。

3. シュラブが冷えたら、氷を入れるもよし、お好みで炭酸水を少し入れてもよい。白ワインやそのほかのスピリッツで作るカクテルに混ぜてもおいしい。

テキサス・ペカンパイ

都市・地域：米国テキサス州
時代：1914年

> ### 当時の文献から
>
> テキサス・ペカンパイの作り方。牛乳1カップ、砂糖1カップ、よく溶きほぐした卵3個、小麦粉大さじ1、そして細かく刻んだペカンナッツ半カップを一緒に煮る。パイ皿にパイ皮を敷き、鍋の中身を注ぎ、固まるまで焼く。卵白2個分に砂糖大さじ2を加えて角が立つまで泡立て、パイの上に塗り広げ、うっすらと焦げ目がつくまでオーブンで焼く。刻んだナッツを散らして完成。
>
> 出典：「お墨付きレシピ」。
> クリスチャン・サイエンス・モニター紙、1914年3月24日付

ペカンナッツのさまざまな品種

† ペカンナッツはピーカンナッツとも呼ばれています。

ぼくはペカンパイが大好きなのだが、ペカンの量に対してコーンシロップの量が多過ぎるように感じることがよくある。つまり、パイ皮の中はコーンシロップだらけで、ペカンは申し訳程度に上に散らされている感じなのだ。理想のペカンパイを追求するにあたって、ぼくはコーンシロップを使わないことにした。そのために参照したのがこの1914年のレシピ。つまり、コーンシロップがペカンパイを全面占領し始める前のペカンパイだ。当時はまたペカンナッツ†の黄金時代でもあった。

「ペカン」という語は、アルゴンキン語で「石でないと殻を砕けないナッツ」を意味する「パッカン」が、フランス語を経由して英語に取り込まれたものだ。この名前が定着してよかった。なにしろスペイン人入植者はこのナッツを「ヌエス・デ・ラ・アルーガ」、つまり「しわくちゃのナッツ」と呼んでいたのだから。感謝祭のごちそうを並べるとき、しわくちゃナッツパイという名のお菓子を大歓迎する家庭はあまりないと思う。

ペカンの木は長いあいだ野生だった。最初に人の手によってペカンの木が植えられたのは、1772年、ニューヨーク州ロングアイランドだ。この頃、ペカンナッツは合衆国の建国の父たちによって広められ人気を博していた。第3代米国大統領を務めたトーマス・ジェファーソンが書いたものによく出てくるイリノイ・ナッツというのもまさにペカンナッツのことで、これを1袋、初代米国大統領で有名なジョージ・ワシントンに贈っている。ワシントンはこれを自分の農園のマウントバーノンに植えた。ワシントンはポケットにいつもペカ

北米＆中南米

＊米国の最南部地域、特にジョージア州、アラバマ州、ミシシッピ州、ルイジアナ州、サウスカロライナ州を指す。

[材料]

パイ皮

粉砂糖　65g

無塩バター　113g
　冷やして1.27cm角に切る

卵黄　Lサイズの卵3〜4個分

純バニラエクストラクト　小さじ1

中力粉　238g

コーシャー塩　1つまみ

フィリング（詰め物）

卵（Lサイズ）　3個

牛乳　235ml

ブラウンシュガー（色の濃いもの）
　220g

中力粉　大さじ1

生のペカンナッツ（無塩のもの）　70g
　細かく刻む。フィリングにのせるための刻んだペカン、または半割りのペカンは分量外

コーシャー塩　1つまみ

メレンゲ

卵白　Lサイズ2個分
　室温にしておく

上白糖　大さじ3

ンナッツを入れていて、総司令官を務めた独立戦争中ずっと食べていたという。

　初期のペカン果樹園での問題は、ナッツの品質に大きなばらつきがあることだった。ある木からは甘くておいしいペカンが採れたのに、その隣の木には苦過ぎて食べられないナッツが生ったりした。多くの木と同様、この問題の解決法は接ぎ木だったのだが、ペカンの木に関しては、接ぎ木は困難だった。19世紀初頭に数件、接ぎ木の成功例があったものの、接ぎ木を大きな成功に導いたのは、ルイジアナ州のオーク・アレー・プランテーションで働くアントワーヌという奴隷の庭師だった。アントワーヌは1846年に16本を、同年さらに100本を接ぎ木した。そしてこの歴史に残る偉業から何年もたった1876年、アントワーヌの木から採れたナッツは、フィラデルフィア万国博覧会において最優秀ペカン賞のタイトルを獲得した。アントワーヌが植えた木は「100年祭のペカンの木」として知られるようになり、これらの木に生るナッツは市場に流通させることのできる最初のペカンナッツとなった。

　たしかにペカンパイはこれ以前から作られていたが、100年祭のペカンの登場によって、ペカンの大流行が始まった。パイのレシピだけでも何百種類もあり、ペカンを使ったほかの料理も、おもにディープサウス＊やテキサス州で出版された料理書に掲載されるようになった。しかしペカンパイが全国各地の感謝祭の食卓における人気者になったのは、1930年代にカロ・シロップというブランドが自社のコーンシロップのボトルにペカンパイのレシピを貼り付けたのがきっかけだった。このレシピの主要材料はもちろんカロ・シロップだ。最近のペカンパイに多少シロップが入るのは構わないけれど、真のペカン愛好者としては、この1914年のレシピ以上に感謝祭の食卓にふさわしいパイはないと認めざるを得ない。

作れる量：直径23cmのパイ1個　調理時間：2時間

1.　パイ皮を作る。粉砂糖をボウルにふるい入れ、角切りにした無塩バターを加え、滑らかになるまでハンドミキサーで撹拌する。ここに卵黄を1個分ずつ入れる。分離しているように見えるかもしれないが大丈夫。純バニラエクストラクトを加えたら、中力粉とコーシャー塩をふるい入れ、やさしく混ぜながら、ホロホロした崩れやすい生地にする。まったくまとまらないときには、卵黄をもう1個分加える。この生地をボール状にまとめてクッキングシート2枚のあいだに挟み、直径28cm、厚み3mmの円形にのばす。生地をシートに挟んだまま冷蔵庫に入れて20分冷やす。バターまたは焦げつき防止スプレーで直径23cmのパイ皿またはタルト型に薄く油膜を引いておく。

2. 生地が冷えたら、冷蔵庫から出してシートをはがす。準備したパイ皿に生地を入れ、縁はひだを作る。アルミホイルで覆って冷凍庫に入れて20分冷やし固める。

3. オーブンを215℃に予熱する[†]。

4. パイ皿を冷凍庫から取り出して、アルミホイルを取る。パイ皮の底一面にフォークで穴をあけ、アルミホイルをパイ皮の縁までしっかりと覆うように敷き、パイ用の重石をのせる。天板にのせてオーブンの下寄りの中段に置き、15分焼く。パイ皿をオーブンから出して、オーブン手袋を使って重石とアルミホイルをすばやく除き、空になったパイ皮をオーブンに戻してさらに7分、底面が乾燥してキツネ色になるまで焼く。焼けたらオーブンから出して完全に冷ましておく。

5. オーブンの温度を175℃に下げる。

6. フィリングを作る。中くらいの片手鍋に卵を溶き、牛乳とブラウンシュガーを入れて、泡立て器で滑らかになるまで混ぜる。中力粉大さじ1をふるい入れ、刻んだペカンナッツ1/2カップと塩を加えてむらなく混ぜる。鍋を弱めの中火にかける。絶えず静かにかき混ぜながら、湯気が出てくるまで温める。沸騰させないように気をつけながら、2〜3分加熱し、火からおろして熱の取れたパイ皮の中に注ぐ。さらにペカンナッツを足す場合は、流し込んだフィリングの上に並べる。このパイ皿をそっとオーブンに戻し、30〜35分、中央部分が少し揺れるくらいになるまで焼く。焼けたらオーブンから出して、メレンゲを加える前に完全に冷ましておく。

7. メレンゲを作る。まずボウルとハンドミキサーが清潔で完全に乾いていることを確認する。中速で卵白を艶のある柔らかな角が立つまで泡立てる。高速に切り替えて撹拌しながら、上白糖を大さじ1ずつゆっくりと加えていく。艶があってしっかりとした角が立つまで撹拌する。できあがったメレンゲは、パイの上に塗り広げるか、口金で絞り出す。オーブンの上段にパイを入れ、オーブンの天井とメレンゲのあいだに10cmの間隔を確保する。175℃で、メレンゲの稜線がキツネ色になるまで10分焼く。焼きあがったら、好みで飾りに刻んだペカンナッツをのせて出来上がり。

· ·

Cook's Note: タルト型ではなく深めのパイ皿を使うときには、フィリングの量を2倍にすること。

· ·

[†] 215℃に予熱したオーブンで15分焼くのは、温度が高いように感じます。200℃に予熱したオーブンで10分か、190℃15分でやってみるのはどうでしょうか。

謝辞

まずは、YouTubeのチャンネルを始めるというアイデアが浮かんだときからずっと支え続けてくれた夫のホセに感謝を捧げる。仕事を一時解雇されていたぼくに、テレビなんか見ていないで動画を撮り続けろと励ましてくれた。彼（そしてぼくたちの猫、ジェイムとサーセイ）という癒しがなかったらチャンネルの運営を続け、この本を書き上げることはできなかっただろう。

長年、ぼくの「ねえ、知ってた？」攻撃に耐えてくれた家族のみんなへ。とくに、歴史やそのエピソードを語ることが大好きになったのはおじいちゃんのおかげだ。そして母さんと父さんは、あらゆる種類の料理を体験させてくれた。ぼくの好き嫌いにはお構いなく。

『ブリティッシュ・ベイクオフ』とメアリー・ベリーのことを教えてくれたモーリーン・グランシャン。ぼくが料理に興味を持ちお菓子作りを学べたのは、メアリー・ベリーのマスタークラスのおかげだ。この本を書く機会を与えてくれたアンジャ・シュミット、そして本の完成まで力を貸してくれたジャスティン・シュワルツとサイモン＆シュースター社のチームのみんなに感謝する。

アン・ボークワインは、ぼくのややこしい調理手順を、本書のためにすっきりとしたレシピに書き直してくれた。このプロジェクトにかけるアンの情熱のおかげで最後までがんばれた。

この企画をはじめからずっと応援してくれた、エトリガンそしてペイトリオンの支援者のみなさん。週末を返上してレシピを試作し、貴重なフィードバックを提供してくれた方がたには、とくに厚くお礼を申し上げる。

古文書や古い時代のレシピの翻訳や解読をしてくれたみなさん。ケン・アルバーラ、ゴイコ・バリャモビッチ、トゥバ・エング、フランチェスコ・ビッテリーニ、ロイ・チャン、ジョシュアとエレン・バッジリー、ナワル・ナスラッラ、リッチ・オー、スザンナ・モンテロス、グレン・ゴルサッチ、ジャキー・マーフィー、そしてエリー・ホマード・ロイに感謝をささげる。

マネージャーのジェレミー・カッツ。画像を探し出して鮮明に処理し、ぼくがしょっちゅう見落としているミスを見つけ出し、頼んだ仕事は事実上なにもかも引き受けてくれ、ぼくのために莫大な時間を費やしてくれた。エージェントのジム・シュタインとマーラ・ハウトは、ぼくがやることすべてをいつでも支持してくれた。

フォトグラファーのアンドリュー・ブイとそのチームのみなさん。彼らの仕事のおかげで、ぼくの作った料理が、期待していたよりも、そして自分で撮るよりもずっとおいしそうに見える。

ウォルト・ディズニー・スタジオの仲間たち。食べ物の歴史についてのおしゃべりにつきあってくれ、歴史料理の試作品をたくさん試食してくれた。ぼくがチャンネルに集中できるよう、職場復帰しなくても済んだのは彼らの支えがあってのことだった。

素晴らしい歴史料理オタクの仲間たちにも大きな感謝をささげる。先輩たちがいなかったらぼくの夢もかなわなかった。過去の文化と歴史の再現に人生をかけているSCA（Society for Creative Anachronism、創造的アナクロニズム協会）やそのほかの組織のみなさんは、歴史のリサーチの中でもとりわけ手間のかかる領域について、長年にわたって取り組んでこられ、ぼくもその恩恵に浴している。

最後に、毎週YouTubeチャンネル「マックス・ミラーのテイスティング・ヒストリー」を見てくれているみなさん。この本は視聴者のみなさんのために書きました。みなさんがいるからこそ、毎朝うきうきしながら起き上がり、仕事にとりかかることができるのです。

図版クレジット

本書に掲載しているすべての図版は二次元の著作権消滅作物の忠実な画像複製物であり、図版そのものは米国における著作権消滅作物である。ただし、以下を除く。

Page 16: Babylonian Collection at the Yale Peabody Museum, photographer: Klaus Wagensonner

Page 20 (right): Babylonian Collection at the Yale Peabody Museum, photographer: Klaus Wagensonner

Page 51: Permission is granted to copy, distribute and/or modify this document under the terms of the GNY Free Documentation License, Version 1.2, Attribution: Classical Numismatic Group, Inc.

Page 53: Permission is granted under the Creative Commons License Deed, Attribution ShareAlike 3.0 Unported (CC BY-SA 3.0)

Page 56: Permission is granted under the Create Commons License Deed, Attribution 4.0 International (CC BY 4.0)

Page 99: Library of Congress, Prints and Photographs Division, Cartoon Prints, British.

Page 217: *Codex Zouche-Nuttall*, page 26, 1450 (obverse), Mixtec (Ñudzavui) culture; deerskin, gesso, pigment. The Trustees of the British Museum, London, UK, MSS 39671. Image. The Trustees of the British Museum.

Page 219: Image of seeding, tilling, and harvesting maize from the Digital Edition of *Florentine Codex* created by Gary Francisco Keller. Images are taken from Fray Bernadino de Sahagún, *Florentine Codex*. Complete digital facsimile edition on 16 DVDs. Tempe, Arizona: Bilingual Press, 2008. Reproduced with permission from Arizona State University Hispanic Research Center.

Page 231: Courtesy of Boston Public Library

出典・参考文献

ラムのシチュー、古代バビロニア、紀元前1740年頃
1. Gojko Barjamovic et al., *The Yale Babylonian Tablets*, last modified June 11, 2019, https://www.laphamsquarterly.org/roundtable/ancient-mesopotamian-tablet-cookbook.

トゥフウ、古代バビロニア、紀元前1740年頃
1. Barjamovic, et al., *Tablets*.
2. Stephanie Dalley, *Myths from Mesopotamia: Creation, the Flood, Gilgamesh, and Others*, rev. ed. (Oxford: Oxford University Press, 2009), 253–54.

キュケオーン、古代ギリシャ、紀元前700年頃
ホメロス『オデュッセイア』松平千秋訳、岩波書店、1994年

メラスゾーモス (スパルタの黒いスープ)、スパルタ、紀元前400年頃
1. Plutarch, *Moralia, in Fifteen Volumes, with an English Translation by Frank Cole Babbitt*,trans. Frank Cole Babbitt (Cambridge, MA: Harvard University Press, 1931).
2. Athenaeus, *The Deipnosophists*, Loeb Classical Library Edition, trans. Charles Burton Gulick(Cambridge: Harvard University Press, 1957).
3. 同上

エピテュルム、共和政ローマ、紀元前160年頃
1. Cato the Elder, *De agri cultura*, Loeb Classical Library Edition, trans. W. D. Hooper and H. B. Ash (Cambridge, MA: Harvard University Press, 1934).

グロビ、共和政ローマ、紀元前160年頃
1. Cato the Elder, *De agri cultura*.
2. Marcus Valerius Martialis, *Martial: The Twelve Books of Epigrams*, trans. J.A. Pott, M.A. and F.A. Wright (London: George Routledge & Sons Ltd., 193).

プラケンタ、共和政ローマ、紀元前160年頃
1. Cato the Elder, *De agricultura*.
2. Cato the Elder, *De agricultura*.

プルス、帝政ローマ、2世紀頃
1. Galen, *Galen: On the Properties of Foodstuffs*, trans. Owen Powell (Cambridge: Cambridge University
Press, 2003), 59.
2. Silius Italicus, *Punica*, trans. J.D. Duff (London: William Heinemann Ltd.,1934).

プルム・パルティクム (鶏のパルティア風)、帝政ローマ、1世紀から4世紀頃
1. John E. Hill, *Through the Jade Gate to Rome: A Study of the Silk Routes during the Later Han Dynasty, 1st to 2nd Centuries CE* (Charleston, SC: Booksurge Publishing, 2009), 23.

仔豚のウィテリウス風、帝政ローマ、1世紀から4世紀頃
1. Cassius Dio, *Roman History*, vol. VIII, trans. Earnest Cary (Cambridge, MA: Harvard

University Press, 1925), 225.

クルスタード・ロンバルド、イングランド、1450年頃
1. Benedict of Nursia, *St. Benedict's Rule for Monasteries*, trans. Leonard J. Doyle (Collegeville, MN: The Liturgical Press, 1950).

ソウルケーキ、イングランド、1600年頃
1. Hilary Spurling, *Elinor Fettiplace's Receipt Book* (New York: Viking Publishing, 1986).

ストバ・ゲーラ（アイリッシュ・シチュー）、アイルランド、1900年頃
1. Sisters of Mercy, *Leabhar cocaireachta*, trans. Jacki Murphy (1900).

日用ハーブのパイ、イタリア、1570年
1. Bartolomeo Scappi, *The Opera of Bartolomeo Scappi (1570): L'arte et prudenza d'un maestro Cuoco (The Art and Craft of a Master Cook)*, trans. Terence Scully (Toronto: University of Toronto Press, 2008), 99, 103, 481, 484.
2. 同上
3. 同上

カボチャのタルト、イタリア、1570年
1. Scappi, *Opera dell'arte*

牛肉のニンニクソース添えトランシルバニア風、トランシルバニア、1580年
1. Glenn Gorsuch, "The Prince of Transylvania's Court Cookbook," trans. Bence Kovacs, last modified 2018, http://www.fibergeek.com/leathernotebook/the-transylvanian-cookbook/.

ポタージュ・ドニオン・オ・レ（牛乳入りオニオンスープ）、フランス、1651年
『セヴィニェ夫人手紙抄』井上究一郎訳、岩波書店、1943年

カヌトン・ド・ルーアン・ア・レシャロート（小鴨のルーアン風エシャロット添え）、フランス、1739年
1. Jean Anthelme Brillat-Savarin, *The Physiology of Taste*, trans. M.F.K. Fisher (New York: Alfred A. Knopf, 1825).
ブリア＝サヴァラン『美味礼讃』、関根秀雄・戸部松実訳、岩波書店、1967年

セムロール（アーモンド入りヘットベグ）、スウェーデン、1755年
1. Cajsa Warg, *Hjelpreda i hushallningen för unga fruentimber*, trans. by Tova Äng.
2. Herman Schützercrantz, *The Misfortunes of Swedish Kings*, trans. by Tova Äng (1775).

トマトの香草詰め、イタリア、1773年
1. Vincenzo Corrado, *Il cuoco galante*, trans. Francesco Vitellini.
2. Miles Kington, "Heading for a sticky end," *The Independent*, last modified March 28, 2003,
https://www.independent.co.uk/voices/columnists/miles-kington/heading-for-a-sticky-end-112674.html.

ペシュメルバ（ピーチメルバ）、フランス／英国、1903年
1. Auguste Escoffier, *Auguste Escoffier: Memories of my Life*, trans. Laurence Escoffier (Hoboken, NJ: Wiley, 1996).

邦訳『エスコフィエの自伝：フランス料理の完成者』、オーギュスト・エスコフィエ著、大木吉甫訳、同朋舎出版、1992年

パヤサム、インド、12世紀頃
1. *Royal Life in Mānasollāsa*, trans. P. Arundhati (Sundeep Prakashan, 1994).

年糕、中国、544年
1. Jia Sixie, *Qímín yāoshù*, trans. Roy Chan.
『斉民要術―現存する最古の料理書』小島麗逸・太田泰弘・田中静一編訳、雄山閣、2017年

元宵、明、1620年代
1. Liu Ruoyu, *Zhuo zhong zhi*, trans. Roy Chan.

にゅうめん、日本、1643年（江戸時代）
1. *Ryori Monogatari*, trans. Joshua Badgley, https://sengokudaimyo.com.
『料理物語』、平野雅章訳、教育社、1988年

肉団子、元、1330年頃
1. Paul D. Buell and E.N. Anderson, *A Soup for the Qan: Chinese Dietary Medicine of the Mongol Era as Seen in Hu Sihui's Yinshan Zhengyao: Introduction, Translation, Commentary, and Chinese Text. Second Revised and Expanded Edition* (Leiden: Brill, 2010), 37, 307.
2. Buell and Anderson, *A Soup for the Qan*.
『元朝秘史（上）』小澤重男訳、岩波書店、1997年

カジェユク、李氏朝鮮、1670年頃
『朝鮮の料理書』鄭大聲訳、平凡社、1982年

マクシュファ、バグダード、13世紀
1. Muhammad b.al-Husan, *A Baghdad Cookery Book*, trans. Charles Perry (Totnes, UK: Prospect Books, 2005).

フムス・カッサ、エジプト、14世紀頃
1. *Treasure Trove of Benefits and Variety at the Table*, trans. Nasrallah Nawal (Leiden: Brill, 2017), 381, 382.
2. 同上
3. 同上

タマル、メキシコ、1520年頃
1. Bernardino de Sahagún, *Florentine Codex: General History of the Things of New Spain*, trans. Arthur J.O. Anderson and Charles E. Dibble (Salt Lake City: University of Utah Press, 1970).

アステカ・チョコレート、メキシコ、1520年頃
1. Bernardino de Sahagún, *General History of the Things of New Spain* (Santa Fe, NM: School of American Research), quoted in Sophie D. Coe, *America's First Cuisines* (Austin: University of Texas Press, 1994).

人類 4000 年のレシピ

バビロニアのごちそう・アステカの主食・華麗な宮廷料理
——食の歴史をたどる 65 皿

2024 年12月23日　第1版1刷

著　者	マックス・ミラー
	アン・ボークワイン
訳　者	神奈川夏子（翻訳協力：株式会社トランネット）
日本語版監修	遠藤雅司（音食紀行）
編　集	尾崎憲和　葛西陽子
デザイン	永松大剛
制　作	リリーフ・システムズ
発行者	田中祐子
発　行	株式会社日経ナショナル ジオグラフィック
	〒 105-8308　東京都港区虎ノ門 4-3-12
発　売	株式会社日経 BP マーケティング
印刷・製本	シナノパブリッシングプレス

ISBN978-4-86313-614-4
Printed in Japan

Japanese translation © 2024 Natsuko Kanagawa
© 2024 Nikkei National Geographic Inc.

乱丁・落丁本のお取替えは、こちらまでご連絡ください。
https://nkbp.jp/ngbook

本書の無断複写・複製（コピー等）は著作権法上の例外を除き、禁じられています。購入者以
外の第三者による電子データ化及び電子書籍化は、私的使用を含め一切認められておりません。
本書は米国 Simon & Schuster 社の書籍「Tasting History」を翻訳したものです。内容について
は原著者の見解に基づいています。